Das Buch

Geschichten · Bilder · Hintergründe

Herausgegeben von Monika Paetow
im Auftrag des

Lindenstraße ist eine Fernsehserie von Hans W. Geißendörfer, hergestellt von GFF und WDR.
Eine Serie der ARD in Zusammenarbeit mit dem ORF.

ZEITGEIST VERLAG

ZEITGEIST VERLAG
Hubert Bücken GmbH
Rheinallee 119
4000 Düsseldorf 11
Tel. 02 11 – 55 62 55

Ein Buch von Martin Keß

herausgegeben von Monika Paetow
im Auftrag des WDR

mit Beiträgen von Renate Schweizer,
Uli Hauser und Regine Schneider

Idee: Hubert Bücken
Redaktionelle Mitarbeit: Claudia Lück

Layout: Rudolf Schulz

Grafische Gestaltung und Gesamtherstellung:
Udo Ring und Monika Sack,
Publishing Partner Bochum

Umschlaggestaltung: Udo Ring

Titelfoto: Norbert Enker

Illustrationen: Ingrid Mizsenko

Lithos: Schwill GmbH Lithotechnik

Druck: Mohndruck

ISBN 3-926224-15-0

Ich finde, wenn das Buch so gut wird wie der Witz, dann hat es sich gelohnt. Und wenn es fertig ist, werde ich es lesen, weil ich ja wissen will, wie mein *Vorwort* geworden ist.

Klausi Beimer

Liebe Leser

Meine Mama hat mir erklärt, daß Vorworte zu einem Buch gehören. Damit alle wissen, was in dem steht und warum das überhaupt gemacht wurde.
Die vom Verlag wollen, daß ich das Vorwort schreibe, weil sie Angst haben, daß sonst der Intendant oder irgendein Direktor kommt und das macht. Sie haben gesagt, das würde dann langweilig.
Außerdem meinte der eine noch zu mir: „Das Vorwort soll aber besser werden als Deine Witze in der Lindenstraße."
Ich fand das nicht besonders komisch, aber die Leute haben alle gelacht.
Na ja, die Lindenstraße mag ich natürlich. Es ist nur schade, daß die meisten da so selten was Lustiges machen. Und deshalb habe ich mir gedacht, daß ich jetzt einfach einen Witz hier aufschreibe, weil ich sonst nix mehr weiß.
Also, der Witz geht so: Fliegen zwei Vögel nach Süden.
Sagt der erste: „Frag mich doch mal, wie's mir geht."
Sagt der zweite: „Na gut. Also, wie geht es dir?"
Sagt der erste: „Frag mich nicht."

Inhalt

Ein Vorwort von Klausi Beimer 4
Das Ensemble 6
Der Test: Wer kennt sich aus in der Lindenstraße? 8
Das Produktionsgelände 14

„Alles wird gut" - die schwere Geburt der Lindenstraße 16
    Portrait Hans W. Geißendörfer 20
    „Premieren-Schelte" (Pressespiegel) 24
    Das Studio 26

Hinter den Kulissen: So wird das Ding gedreht 28
    Die Autoren 30
    Betrifft: Herrn Hülsch 32
    Titelmusik von Jürgen Knieper 33
    Filiz Bilgen - die gute Fee der Lindenstraße 34
    Sagen Sie mal, Herr Geißendörfer 35
    Das Team 36

Das Haus Nr. 3 38
Die Wohnungen 40
Die Legende: Das Who's who des Tohuwabohu 50

Die Rollen: 53 Namen, Biografien und Portraits 52
Die Krabbelgruppe der Lindenstraße 113
Das Kapital: So viel Geld gibt's in der Lindenstraße 114

Geschichten aus der Lindenstraße
    Hans und Anna 116
    Benno hat Aids 122
    Die Ex-Frau 130

Bennys Notizbuch 136
So sieht's der Zuschauer 138
Der Sekunden-Auftritt: Statisten in der Lindenstraße 142
Auf dem Sprung: Die Kinder der Lindenstraße 145

Die Chronik der ersten zweihundert Folgen 152
    Sprüche 161
    Anekdoten 165
    Kochstudio Lindenstraße 169
    Aktion Sauberer Bildschirm 176

Neues in der Lindenstraße 186
WDR publik 189
Zu guter Letzt: Das Schlußwort der Herausgeberin 190
Testauflösung, Bildnachweis 192

Das Ensemble

Obere Reihe: Brigitte Annessy (Dominique), Gerard Herold (Jean-Luc), Nina Vorbrodt (Kornelia), Martin Armknecht (Robert)

Mittlere Reihe, stehend: Dietrich Siegl (Stefan), Joosten Mindrup (Celin), Ria Schindler (Vera), Manfred Schwabe (Matthias), Georg Uecker (Carsten), Thorsten Nindel (Zorro), Bernd Tauber (Benno), Andrea Spatzek (Gabi), Stefanie Mühle (Chris), Amorn Surangkanjanajai (Gung)

Untere Reihe, stehend: Annette Kreft (Bianca), Arnfried Lerche (Friedhelm), Irene Fischer (Anna), Marianne Rogée (Isolde), Ludwig Haas (Ludwig), Dagmar Hessenland (Elisabeth), Annemarie Wendl (Else), Wolfgang Grönebaum (Egon), Tilli Breidenbach (Lydia), Ute Mora (Berta), Fritz Bachschmidt (Gottlieb)

Sitzend: Domna Adamopoulou (Elena), Kostas Papanastasiou (Panaiotis), Christian Kahrmann (Benny), Marie-Luise Marjan (Helga), Joachim Hermann Luger (Hans), Martin Rickelt (Onkel Franz), Raimund Gensel (Franz), Sybille Waury (Tanja), Susanne Gannott (Beate), Hermes Hodolides (Vasily)

Kniend: Moritz A. Sachs (Klausi), Marcel Kommissin (Manoel)

Nicht auf diesem Foto: Margret van Munster (Rosi), Robert Zimmerling (Hubert), Guido Gagliardi (Enrico), Dieter Schaad (Dr. Pauli)

Der Test
Wer kennt sich aus in der Lindenstraße?
Mit einer Einführung von Else Kling

1. Wer hatte bisher die meisten Auftritte in der Lindenstraße?

a) Helga Beimer
b) Ludwig Dressler
c) Else Kling
d) Franz Schildknecht

2. Sie sehen hier die Bilder von drei Küchen. Welche Küche gehört zu

a) Carsten Flöter
b) Familie Beimer
c) der Wohngemeinschaft

So, Sie wollen behaupten, Sie haben eine Ahnung von der Lindenstraß! Na, des glab i Eahna net. Wenn man da bloß manchmal einischaut, mei, dann kennt man sich no lang net aus in dem Haus, dem narrischen. Auskenna tuat ma sich erst, wenn man ois ganz genau oschaut, so wie i des tua.

Überall muaß ma zur gleichen Zeit sei, d'Augn aufmache, d'Ohrwaschl spitzen, daß ma ois mitkriagt. Denn in dem Haus geht's zua wie in Sodom und Gomera. De Leit san spinnert und oft ganz verruckt. Es muaß halt spannend bleiben, daß Sie dahoam was zum Schaun haben und mit dene Leit in der Lindenstraß mitleben kennan.

Manchmal kommt mir sogar was aus und i kriag ganz a spannende G'schicht net mit. So wie damals, wia der Vasily den Dressler dawischt hat. Da war i grad mit dem Franz Wittich in Mallorca. Wissen'S, was i mir manchmal denk'? Na, des wissen'S net. I denk mir, daß ich der oanzige Mensch bin in der Lindenstraß, der wo no an Verstand hat. Sonst gang's ja net. Denn die andern, die san ja alle narrisch.

Und Sie, Sie behaupten, Sie wissen was über uns? Also, des können'S gleich omal zoagn. Schaugn'S, die Fragen, die sich da wer ausdenkt hat, bei dene hab' ich sogar manchmal nachdenken müssen! Und Sie, wie werds Eahna da geh? Auf jeder Frage werden'S koa Antwort wissen, da wett i glei mit meim Egon mitsamt seine gscheckerten Hemden.

Küche 1

Küche 2

Küche 3

3. Elfie und Sigi Kronmayr haben bis zur Folge 48 in der Lindenstraße gewohnt, dann sind sie nach Rosenheim gezogen. Wie lange hat ihre Wohnung leergestanden?

a) 12 Wochen
b) 55 Wochen
c) 78 Wochen

4. Wer ist in die Wohnung der Kronmayrs gezogen?

a) Hubert und Rosi Koch
b) Vasily und Beate Sarikakis
c) Enrico und Isolde Panowak-Pavarotti

5. Warum hat Chris Barnsteg die Lindenstraße verlassen?

a) Sie hat sich einer militanten Untergrundorganisation angeschlossen
b) Sie tingelt mit einer Theatergruppe durch Dänemark
c) Sie erwartet ein Kind von Hans Beimer
d) Sie lebt mit ihrem Freund Frank Dressler in den USA

6. Wo erwischte Benny Beimer seinen Vater knutschenderweise mit Anna Ziegler?

a) im Hausflur
b) im Olympiastadion
c) im Aufzug
d) auf dem Friedhof
e) in einem Hauseingang

7. Wer ist Herr Hülsch?

a) eine Urlaubsbekanntschaft von Helga Beimer
b) der Vormund von Anna Zieglers Sohn Tom
c) der Verwalter des Hauses Lindenstraße 3
d) der neue Hund von Klausi Beimer

8. Wie oft haben Beimers Weihnachten unter einem Plastikbaum gefeiert? (Foto oben)

a) einmal
b) zweimal
c) immer

9. Matthias Steinbrück hat bei Franz Schildknecht ein Bild in Auftrag gegeben. Was soll Franz malen?

a) Marion Beimer
b) Dominique Mourrait
c) Franz von Assisi
d) die Lindenstraße
e) Grace Kelly

10. Im Sommer 1986 ist Benny von zu Hause abgehauen und hat zwei Monate in einem Fischerdorf gelebt. Wo war das?

a) in Dänemark
b) in Portugal
c) auf Sizilien

11. Celin hatte die seltsame Angewohnheit, ständig mit etwas herumzuspielen. Es war

a) ein Schokoladenriegel
b) ein Jojo
c) ein Tischtennisball
d) ein Fremdwörterlexikon
e) ein Farbfernsehgerät

12. Wer ist bisher am häufigsten in der Lindenstraße umgezogen?

a) Henny Schildknecht
b) Berta Griese
c) Elisabeth Dressler

13. Else Kling hat im Juni 1987 im Mittwochslotto 31.000 Mark gewonnen. Was hat sie mit dem Geld gemacht?

a) Sie hat ihrem Mann ein Wohnmobil gekauft
b) Sie hat sich einen Waschsalon eingerichtet
c) Sie hat das Geld Isolde Panowak geliehen
d) Sie hat 31.000 Rubbel-Lose gekauft

14. Wen bezeichnete Else Kling in einer ihrer gefürchteten Schimpftiraden als „knoblauchfressende Erzgebirglerin"?

a) Philomena Bennarsch
b) Rosi Koch
c) Carolin Reiber
d) Elena Sarikakis

15. Welches der nachfolgenden Zitate über die „Schwarzwaldklinik" stammt nicht aus der Lindenstraße?

a) Hans zu Helga Beimer: „Du wolltest ja auf keinen Fall gestört werden in deiner ominösen Schwarzwaldklinik!"
b) Chris Barnsteg zu Wolf Drewitz: „Aha, und du spielst Dr. Brinkmann. Wie lieb von dir!"
c) Kornelia Harnisch zu Benny Beimer: „Nein, tut mir leid, Benny. Ich bin doch nicht Schwester Christa!"

16. Als Klausi einmal verschwunden war, dachte Familie Beimer an eine Entführung. Wo aber war Klausi wirklich?

a) Er ist mit Manoel zu Lydia Nolte nach Garmisch-Partenkirchen getrampt.
b) Er hat sich beim Spielen

Wieder eine Hochzeit in der Lindenstraße: Franz Schildknecht und Vera Sash

versehentlich in den Eisschrank von Gottlieb Griese eingeschlossen.
c) Er ist einem Müllwagen hinterhergelaufen, weil Frau Beimer seinen Lieblings-Teddy weggeworfen hat.

17. Wieviele Hochzeiten hat es in der Lindenstraße bis zur 200. Folge gegeben?

a) vier
b) sieben
c) neun

18. Berta Griese hat einmal etwas an Wolf Drewitz verschenkt, das früher ihrem Onkel Berthold gehörte. Es war

a) eine Zither
b) ein Lied
c) eine Sammlung alter Schellack-Schallplatten
d) ein paar Fußballschuhe

19. Berta Griese gibt Klavierunterricht. Wer gehört zu ihren Schülern?

a) Enrico Pavarotti
b) Rosi Koch
c) Ludwig Dressler
d) Jean-Luc Mourrait

20. Wie wollte Gottlieb Griese sein Schiff nennen?

a) Laura
b) Die Hoffnung
c) Berta
d) Berta II.

21. Wer spielt welches Instrument?

a) Benny Beimer
b) Enrico Pavarotti
c) Ludwig Dressler
d) Panaiotis Sarikakis
e) Klausi Beimer

1. Gitarre
2. Schlagzeug
3. Klavier
4. Triangel
5. Mundharmonika

22. Else Kling ist nicht nur ein Lästermaul, sie ist auch Linkshänderin.

a) stimmt
b) stimmt nicht

23. Die Lindenstraße erzählt jede Woche 24 Stunden aus dem Leben ihrer Bewohner. Sie wird sonntags ausgestrahlt, spielt aber an einem anderen Wochentag. An welchem?

a) Montag
b) Donnerstag
c) Samstag

24. Warum wurde Benny Beimer von der Schule verwiesen?

a) Er ist mit seiner Freundin Kornelia in der Damentoilette erwischt worden.
b) Er hat mit ihr ein Transparent gegen Atomenergie in der Schule aufgehängt.
c) Er hat sich auf einer Schulfete betrunken und verkündet, der Direktor sei „ein alter Nazi".

25. Hans und Helga Beimer feiern jedes Jahr ihren „Kennenlern-Tag", und Helga kocht dann immer

a) Mockturtlesuppe
b) Mousse au Chocolat
c) Maultaschen

26. Mit was für einem Videofilm haben sich Benny und seine Mutter beim Bayerischen Rundfunk beworben?

a) „Umweltschutz fängt in der Küche an"

b) „Wie mogel' ich beim Kochen?"
c) „Unsere Nachbarn"
d) „Schlankwerden durch Schlagzeugspielen"

27. Einer der folgenden Herren fühlte sich von der Folge 149 beleidigt.

a) Klaus-Jürgen Wussow
b) Ajatollah Khomeini
c) Peter Gauweiler
d) Udo Lindenberg

28. Der Kiosk von Gottlieb Griese hat viel mitgemacht in den letzten Jahren. Bevor Enrico Pavarotti seine Pizza-Bude aufgemacht hat, war darin

a) Benno Zimmermanns Holzwerkstatt
b) Stefan Nosseks Fotoatelier
c) Franz Schildknechts Wäscherei
d) Robert Engels Buchladen
e) Panaiotis Sarikakis' Tanzschule

29. Aus welchem Land kommt Berta Grieses Adoptivsohn Manoel? (Foto oben)

a) Belize
b) Nicaragua
c) Mexiko

30. Eine Lindenstraßen-Folge kostet ungefähr

a) 300.000 Mark
b) 1.000.000 Mark
c) 5.000.000 Mark

31. Wer hat, außer Benny, noch zeitweise in Beimers Hobby-Keller gewohnt?

a) Onkel Franz
b) Dominique Mourrait
c) Gert Weinbauer
d) Elena Sarikakis' Bruder Dimitri
e) Beate Sarikakis

32. Isolde Panowak hatte einmal einen Verehrer, der ihr heimlich Blumen vor die Tür legte. Es war

a) Egon Kling
b) Enrico Pavarotti
c) Dr. Pauli
d) Dr. Dressler
e) Jack the Ripper

33. Am Schluß jeder Lindenstraßen-Folge wird es besonders spannend. Man nennt das „cliff hanger". Welcher der folgenden cliff hanger ist erfunden?

a) Benny Beimer greift in eine Rattenfalle, als er den Schreibtisch von Onkel Franz durchsucht.
b) Zorro fragt Carsten Flöter, ob der etwas dagegen hat, wenn er seine Zahnbürste mitbenutzt.
c) Helga Beimer entdeckt ein Präservativ in der Jackentasche ihres Mannes.
d) Ludwig Dressler schläft betrunken in seinem Sessel ein und vergißt, seine Zigarette auszumachen.

34. Was ist ein „Lumumba Banana Erotica"?

a) eine Skulptur, die Zorro Frau Kling andrehen will, um seine Wäscheschulden zu bezahlen
b) ein lustig-frivoler Tanz, den Bianca Guther im angeheiterten Zustand im „Akropolis" erfindet
c) ein Cocktail, den Franz Schildknecht dem Tennisclub-Präsidenten Benninger anbietet

Pizza für die Lindenstraße: Enrico Pavarotti renoviert den alten Kiosk

TEST

35. Auf dem nebenstehenden Foto ist eine große Anzahl junger Leute vor dem Haus Lindenstraße 3 zu sehen. Was machen die da?

a) Es sind Fans, die darauf warten, daß Else Kling das Haus verläßt.
b) Es sind Wohnungssuchende, die bei Carsten Flöter ein Zimmer mieten wollen.
c) Es sind Mitschüler von Benny und Kornelia, die einen Streik gegen deren Schulverweis organisiert haben.
d) Es sind die Mitglieder einer Bürgerinitiative, die gegen Franz Wittich demonstrieren.

36. Wie hieß Klausi Beimers erster Hund? (Foto unten)

a) Sherry
b) Esther
c) Beimer
d) Geissi
e) Gorbi

37. Welche der folgenden Paare hat es in der Lindenstraße nicht gegeben?

a) Tanja Schildknecht und Benny Beimer
b) Benny Beimer und Beate Flöter
c) Beate Flöter und Vasily Sarikakis
d) Vasily Sarikakis und Marion Beimer
e) Marion Beimer und Matthias Steinbrück

38. Bei einem Friedhofsbesuch findet Celin eine Pistole, die in der Erde des Grabes von Henny und Meike Schildknecht versteckt lag. Wem gehört diese Pistole?

a) Es ist die Pistole von Franz Wittich. Klausi Beimers Hund hat sie aus der Wohnung weggeschleppt und verscharrt.
b) Es ist die Pistole von Friedhelm Ziegler. Er selbst hat sie dort vergraben.
c) Es ist die Pistole von Stefan Nossek. Bianca Guther hat sie dort versteckt.

39. Wem gehört das Haus, in dem das „Akropolis" ist?

a) Phil Seegers und Gabi Zimmermann
b) Isolde Panowak und Familie Sarikakis
c) dem Immobilienmakler Panofski

40. Im Februar 1988 gab es einen sogenannten „Lindenstraßen-Marathon". Das war

a) ein Volkslauf vom Kölner Dom zum WDR-Produktionsgelände in Köln-Bocklemünd zu Gunsten der Kinderkrebshilfe
b) eine Nonstop-Show von 116 Folgen Lindenstraße in Nürnberg
c) eine Diskussionsveranstaltung zum Thema „Das lange Leiden und langsame Sterben von Meike Schildknecht" in der Medizinischen Fakultät der Universität Göttingen

41. Wer hat in der Lindenstraße den Evergreen „New York, New York" gesungen?

a) Isolde Panowak
b) Berta Griese
c) Vera Sash
d) Nina Winter
e) Nina Hagen

42. Eine Folge der Lindenstraße trug den Titel „Das Knie des Kapitäns". Der Titel bezog sich auf

a) Berta Grieses Ex-Mann Gottlieb
b) Helga Beimers Onkel Franz
c) Philo Bennarschs Sohn Paul

43. In welchem Kinofilm hat Sybille Waury (die Darstellerin der Tanja Schildknecht) mitgespielt?

a) mit Uwe Ochsenknecht in „Geld"
b) mit Götz George in „Der Bruch"
c) mit Dani Levy in „Robbykallepaul"

TEST

44. Welche Rolle spielte der Kölner Kabarettist Richard Rogler in der Lindenstraße? (Foto oben)

a) den Hausverwalter Hülsch
b) den Makler Panofski
c) Hans Beimers Vorgesetzten Hütthusen
d) Isolde Panowaks ersten Ehemann Hubert
e) einen Taxifahrer

45. Wie heißt das Kino am Ende der Lindenstraße?

a) Roxy
b) Pam-Pam
c) Akropolis
d) Astor
e) Bongo Bongo

46. Welche Kopfbedeckung bevorzugt Produzent Hans W. Geißendörfer?

a) Zylinder
b) Jägerhut
c) Topflappen
d) Strickmützchen
e) Baseballkappe

47. Der Komponist der Titelmelodie der Lindenstraße heißt

a) Dieter Bohlen
b) Jürgen Knieper
c) Klaus Doldinger
d) Ennio Morricone
e) Florian Nikel

48. Die Dreharbeiten für eine Folge dauern

a) 2 Tage
b) 4 Tage
c) 2 Wochen

49. Hans W. Geißendörfer ist der Regisseur des Films

a) „Das Zauberbuch"
b) „Die Zauberburg"
c) „Der Burgzauber"
d) „Der Zauberberg"
e) „Der Bergzauber"

50. Wie lang ist die Lindenstraße?

a) ca. 150 Meter
b) ca. 400 Meter
c) ca. 1.000 Meter

Die richtigen Lösungen der Fragen finden Sie auf Seite 192.

Die Lindenstraße aus der Vogelperspektive

Der 150 Meter lange Straßenzug und das Studio für die Innenaufnahmen liegen auf dem WDR-Produktionsgelände in Köln-Bocklemünd.

Die Lindenstraße besteht aus zwei Häuserzeilen, wird nach hinten durch die „Astor"-Kinofassade begrenzt und nach vorne durch die erst 1989 gebaute Kulisse Kastanienstraße, deren weiße Rückseite im unteren Bildteil zu sehen ist. Die Hausfassaden sind aus echtem Stein gemauert, haben aber kein „Innenleben". Auch die Dächer sind nur zur Straßenseite hin gedeckt, nach hinten sind die Häuser offen.

Vom „Haupthaus" Nr. 3 ist nur die Rückseite zu sehen. Ihm gegenüber liegt Panowaks Friseur-Salon und – in dem vorderen gelben Eckhaus – das „Akropolis" mit einem Biergarten.

Hinter Dresslers Villa, dem Eckhaus mit den roten Ziegeln, liegt der „Park" der Lindenstraße: mit kleinem Teich, einem Spielplatz und dem Friedhof, auf dem Henny und Meike Schildknecht begraben wurden. Der Friedhof grenzt an den Hinterhof vom Haus Nr. 3, in dem Zorros Wohnwagen und seine Hasen- und Hühnerställe stehen.

Rechts hinter der Kinokulisse ist das Studio, die große, weiße Halle mit dem Flachdach. Dort werden alle Innenaufnahmen gemacht. Die übrigen Hallen gehören zur Ausstattung und Produktion des WDR.

So belebt wie auf diesem Bild ist es übrigens nur, wenn an den Sommerwochenenden in Köln-Bocklemünd „WDR publik" stattfindet: Dann kommen Tausende vorbei, um zu sehen, wie sie denn nun wirklich aussieht, die Lindenstraße.

Freigeg. Reg. Präs. Düsseldorf Nr. 02 B 43–54

◁ *Hoffnung: Hans W. Geißendörfer vor dem ersten Modell*

„Alles wird gut"
Die schwere Geburt der

Es ist eine dieser Kneipengeschichten. Da sitzen zwei Männer zusammen und reden und trinken, trinken und reden oder so ähnlich. Und dann kommt irgendwann der Moment, wo der eine plötzlich sein Glas zur Seite schiebt und sagt: „Jetzt will ich dir mal was sagen!" Der eine, das war Filmemacher Hans W. Geißendörfer, und der andere, das war Gunther Witte, Fernsehspielchef des WDR. An einem Abend im Dezember 1982 saßen sie an einem Tisch eines kleinen italienischen Restaurants etwa zwanzig Kilometer hinter München, und Witte versuchte schon den ganzen Abend, den Geißendörfer zu überreden, wieder fürs Fernsehen zu arbeiten: „Wir brauchen neue Ideen. Du bist doch einer von denen, die die Power haben, große Serien durchzuziehen." Geißendörfer schob sein Glas zur Seite. „Jetzt will ich dir mal was sagen!" begann er. „Du weißt genau, daß ich kein Fernsehen mehr machen will. Wenn du mich überhaupt in euren Laden zurückkriegst, dann nur mit 'ner Dauerserie. So was, wie die Engländer machen mit der 'Coronation Street'. Witte, das wär' doch was." Erst hat der Witte gelacht, dann haben sie beide gelacht, und dann hat der Witte gesagt: „Ja, das wär' doch was." Und nach einer Pause: „Mach mal."

Geißendörfer machte. Mit „Coronation Street", der legendären soap opera, die seit 29 Jahren vom Leben in einer Yorkshirer Arbeitergegend erzählt, kannte er sich bestens aus. Denn seit 1978 ist er mit Jane, einer Engländerin verheiratet, und bei der mußte er immer fernsehen: „Ich habe Jane vor der Hochzeit oft besucht. Und sie hat dann immer diese Serie eingeschaltet, weil sie unbedingt wissen wollte, wie's weitergeht." Da hat der alternde Jungfilmer aus dem Frankenland dann also vor einem Fernsehgerät in London gesessen und sich von seiner Freundin die Lebensgeschichten der englischen Serienhelden erzählen lassen. „Jane war noch ein Kind, als die 'Coronation Street' losging. Den Arbeiter, den ich da auf dem Bildschirm sah, den kannte sie, seit er sechs Jahre alt ist. Sie ist mit ihm und der 'Coronation Street' aufgewachsen, genauso wie mit Bob Dylan. Das fand ich irgendwie faszinierend."

Die 'Coronation Street' ging Geißendörfer nach dem Abend mit Witte nicht mehr aus dem Kopf: In England war das ein Stück Fernsehgeschichte, so wie bei uns - wenn überhaupt - nur „Was bin ich?" oder die „Tagesschau". So eine Dauerserie in unserer Fernsehlandschaft auszuprobieren, ein neues Kapitel Fernsehgeschichte zu schreiben, sich damit durchzusetzen - das war der „thrill", den Geißendörfer brauchte, um sich wieder für den Bildschirm zu interessieren.

Denn zu der Zeit stand eigentlich Kino in seinem Kalender, mit den Dreharbeiten zu „Ediths Tagebuch" hatte er alle Hände voll zu tun. Dieser Dreh soll - so ähnlich wie später der Film selbst - nicht besonders heiter gewesen sein, aber es gab damals mindestens einen Tag, an dem das Team seinen Spaß hatte: Das war, als Geißendörfer erzählte, er würde nach Frankfurt fahren und der ARD eine Fernsehserie verkaufen. Da haben die Schauspieler, die Kameraleute und all die anderen gelacht. Und Wetten darauf abgeschlossen, daß es in die Hose geht.

Geißendörfer stand jedenfalls am Montag, dem 10. Januar 1983, in Frankfurt bei den Fernsehspielchefs der ARD auf der Matte. Und dann erklärte der übernächtigte Regisseur den ausgeschlafenen Programmachern, was ihnen fehlt: die Lindenstraße.

Er sprach vom Reiz des Alltäglichen, von spannenden Schlüsselloch-Perspektiven, einem endlosen Mietshaus-Melodram. Er versprach eine Langzeit-Serie über das ganz normale Leben, eine populäre Serie, die unterhält und nicht verblödet. Geißendörfer behauptete: Das Ding können wir sofort machen. Es ist nicht mal teuer, aber höchste Zeit!

Als er sich vor den Herren Programmplanern so reden hörte, fand er sich und seine Tele-Vision eigentlich ganz überzeugend. Als er fertig war, nahm er Platz und wartete auf den Applaus. Der kam nicht. „Die waren damals an den Inhalten überhaupt nicht interessiert", sagt Geißendörfer, und es klingt so, als ob er heute noch beleidigt ist. „Nur den Finanzierungsplan und das Produktions-Know how, das fanden sie spannend."

Das ist kein Wunder: Natürlich wußten die Fernsehverwalter, daß eine Dauerserie gute Einschaltquoten bringen kann, daß man so etwas starten sollte, bevor die anderen es tun. Wenn einer zeigt, wie es geht, dann ist das eine feine Sache! So mancher in der Runde fragte sich allerdings, ob denn der Geißendörfer der richtige Mann dafür sei. Das war doch der, der sich mit Literaturverfilmungen rumquälte, Schiller in den Wilden Westen verlegt hatte und nach neuem, deutschen Film aussah. Außerdem: Das mit dem Alltag mußte nun wirklich nicht sein. Biedermänner als Serienhelden wollte man dem traumschiffverwöhnten, Ewing-Oil-verseuchten Publikum nicht unbedingt zumuten. Wenn's High Society wäre, Herr Geißendörfer, oder eine Klinik, mindestens aber ein Forsthaus, dann könnte es vielleicht ein Hit werden.

Kein Jubel also. Keine Baugenehmigung für die Lindenstraße. Nur Gunther Witte, der blieb dabei und sagte wieder: „Mach mal." Und diesmal hieß das, ganz offiziell und nicht in der Kneipe: Der WDR erteilt Geißendörfers Produktionsfirma GFF einen Entwicklungsauftrag für eine Langzeit-Serie. Wie kann so etwas aussehen? Wer macht da mit? Was wird das genau kosten? Wie wird es produziert? Witte: „Ich hatte ja mit Geißendörfer schon früher zusammengearbeitet und habe ihn als pragmatischen, intelligenten und schnellen Menschen kennengelernt. Vor allem aber wußte ich, daß dafür nur jemand mit großer Kraft und Ausdauer in Frage kommt. Und die, die hatte der Geißendörfer!"

Na, so was hört natürlich jeder gern, und HWG, wie der Filmemacher von seinen Mitarbeitern genannt wird, legte nun los, um - mit wenig Vorschuß und viel Lorbeer - das zu halten, was sich Witte und der WDR von ihm versprachen.

Es war ein weites Feld. Fernsehneuland. Ohne Abgucken ging da gar nichts, vor allem in Fragen der Technik. HWG sah sich in England um, weil die eben das schon seit Jahrzehnten machten, was bei uns noch niemand ausprobiert hatte: Serien ganzjährig laufen zu lassen, ohne Sendepausen, zweimal die Woche jeweils 30 Minuten. (Naja, in unserer Fernseh-Steinzeit, da hatte es mal die Schölermanns gegeben, die es von 1955 bis 1960 immerhin auf 111 Folgen brachten ...)

Eins war klar: „So eine Sache schreit nach Video!", funktioniert überhaupt nur mit Video, denn im Gegensatz zum Zelluloid ist diese Art elektronischer Filmherstellung schnell, praktisch, gut und billig. Wenn man weiß, wie so eine „industrielle" Serienproduktion funktioniert! (Das heißt auf englisch „know how", und davon gab's zu wenig. Aber dazu kommen wir später.)

Denn nun passierte das Wichtigste: Es mußte - zunächst auf dem Papier - Leben in die Lindenstraße. Ein mehrstöckiges Mietshaus mit einem Kiosk davor, einem Friseur gegenüber und einer Kneipe an der Ecke - das könnte es sein. Wer soll da wohnen? Wer soll heiraten, Kinder kriegen, seinem Mann untreu werden, die Frau verprügeln oder seinen Arbeitsplatz verlieren? Es ging um die ganze Wahrheit dieser Welt, in 28 Minuten 30.

Geißendörfer begann loszuspinnen. Er erinnerte sich an seine Kindheit, erinnerte sich an das fränkische Neustadt an der Aisch, wo er in eben so einem Mietshaus aufgewachsen ist: „Da war das für mich immer sehr spannend, mir vorzustellen, was sich hinter all diesen Türen verbirgt, was da los ist. Da passieren viele Sachen gleichzeitig, Glück und Alptraum liegen direkt nebeneinander. Und natürlich bekommst du mit, wenn an Weihnachten über dir

Das Vorbild für die Lindenstraße: „Coronation Street", eine englische Serie, die 1990 ihr 30jähriges Jubiläum feiert.

Eine Fernsehstraße entsteht: rechts Dresslers Villa, links Panowaks Haus im Rohbau

fromme Lieder gesungen werden, und unter dir jemand betrunken seine Kinder schlägt."

Bereits im Sommer 1983 traf Geißendörfer in Sachen Lindenstraße zum ersten Mal die Autorin Barbara Piazza, die ihm sein Hamburger Kollege Hark Bohm empfohlen hatte - „weil die sich mit den Menschen auskennt". Barbara Piazza (d.i. ein Pseudonym) lebte in Süddeutschland, war Hausfrau, Mutter und Leiterin einer Sozialstation, bevor sie professionell zu schreiben begann. Nun saß sie mit HWG in München, und sie redeten und schrieben eine Figur nach der anderen in die Lindenstraße: Ins Erdgeschoß kommt das Hausmeisterehepaar Kling, er gemütlich, sie vertratscht! In den zweiten Stock tun wir einen schwulen Studenten, gegenüber ein altes Ehepaar, nein, vielleicht eine chaotische Wohngemeinschaft. „Das war eine sehr, sehr fruchtbare Zusammenarbeit", sagt Geißendörfer. „Sie hatte eine große Liebe zu diesen Leuten." Und: „Die Beimers, die haben wir in ihrer ursprünglichen Form vor allem Barbara Piazza zu verdanken." (Dafür wird ihr sicher eines Tages das Bundesverdienstkreuz verliehen ...)

Das Team Geißendörfer/Piazza schrieb auch die Geschichten, die Drehbücher für das erste Jahr: Daß ein Playboy namens Nossek die „Lolita" Tanja Schildknecht aufreißt, daß die Sprechstundenhilfe Elisabeth Flöter darauf spekuliert, von ihrem Arzt geehelicht zu werden, daß die altjungferliche Berta ihren Job in einem Wäschehaus an eine jüngere Kollegin verliert ... so sah es schon im Sommer '83 aus, das Leben in der Lindenstraße. Natürlich dachte Geißendörfer dabei immer an München. In Haidhausen könnte das stattfinden, vielleicht auch in Moosach, in irgendeiner Vorstadtgegend eben. „Für mich stand von Anfang an fest, daß ich als Süddeutscher mir diese Geschichten auch nur für Süddeutschland ausdenken kann."

Im Sommer 1983 machte er sich mit seiner Firma GFF auch auf die Suche nach den ersten Schauspielern, denn das „casting", also die Rollenbesetzung, hielt Geißendörfer für eins der schwierigsten Kapitel. „Ich wollte unbedingt neue Gesichter haben, die das Fernsehpublikum noch nicht kennt. Ein Hans-Christian Blech als Hausmeister zum Beispiel, das wäre einfach nicht in

Frage gekommen." Die neuen Fernsehnachbarn sollten keine Klischees mit sich rumtragen, sollten uns nicht aus Freitagabendkrimis und Vorabendprogramm bestens vertraut sein. „Ich wollte die neu aufbauen. Wenn, dann sollte denen die Lindenstraße die Popularität bringen."

Im Herbst 1983 hatte es sich erst einmal ausgeplant. Die Lindenstraße stand - auf dem Papier. Geißendörfer drückte Gunther Witte das Konzept in die Hand, das als „Gelbe Bibel" in die WDR-Geschichte einging, weil es einen gelben Umschlag hatte und mit fast 200 Seiten etwas ausführlicher ausgefallen war als erwartet: Jede Figur wurde charakterisiert, hatte eine Biografie, und die Handlung war für ein halbes Jahr festgeschrieben. Dramaturgie- und Regiekonzept, Produktionstechnik und Stabliste, die Form der Co-Produktion zwischen der GFF und dem beteiligten Sender wurden erklärt. Daß nicht nach vier oder fünf, sondern erst nach 30 Folgen über den Erfolg dieser Serie

Der Macher

Das FAZ-Magazin nannte ihn einen „Abenteurer" und einen „der wenigen Profis von Hollywood-Format". In „Cosmopolitan" konnten wir lesen, daß er „ein manischer Macher" ist, aber auch ein „leidenschaftlicher Familienvater". Hans W. (Wilhelm) Geißendörfer, Drehbuchautor, Regisseur, Filmproduzent und Lindenstraßen-Erfinder, kann gut leben mit diesen Widersprüchen. Der eher wortkarge Franke ist ein Einzelgänger, gilt als unangepaßt, und das nicht nur wegen der für ihn typischen, nachlässigen Art, sich zu kleiden. Er mag klare Worte, haßt gesellschaftliche Zwänge, und wenn er von etwas überzeugt ist, setzt er sich mit seinem fränkischen Dickschädel, scharfem Verstand und großer Ausdauer meist durch.

Mit 14 Jahren ist Hans Geißendörfer, der 1941 in Augsburg geboren und in Neustadt/Aisch aufgewachsen ist, das erste Mal von zu Hause abgehauen und nach Griechenland getrampt. Dieses Land hat ihn seitdem nicht mehr losgelassen und ist zu seiner zweiten Heimat geworden. Heute lebt er mit seiner Frau und zwei Töchtern auf Rhodos - wenn er nicht gerade in Köln oder München ist, um die Geschicke der Lindenstraße zu lenken, Filme zu produzieren und nach Nachwuchs bei Autoren und Regisseuren Ausschau zu halten.

Die Arbeitstage des Geschäftsmannes und Produzenten sind dann sehr lang, er plant die Termine eng und weit im voraus, weil er ein bis zweimal im Monat für eine Woche bei seiner Familie sein will - und in der kreativen Ruhe der griechischen Insel über Drehbücher und neue Ideen nachdenken kann.

Das Filmemachen hat Geißendörfer sich selbst beigebracht. 1964 studierte er in Marburg (u.a. Germanistik, Psychologie und afrikanische Sprachen), wollte eigentlich Reiseschriftsteller sein und drehte seinen ersten Film nur, um damit einer Kommilitonin zu imponieren. Zwei Jahre später brach er das Studium ab, fuhr durch Europa, Asien und Afrika und ging 1968 nach vielen Dokumentar- und Undergroundfilmen als Regieassistent von George Moorse nach München. Für seinen zweiten Spielfilm „Jonathan" bekam Jungfilmer Geißendörfer 1970 den Bundesfilmpreis.

Bekannt wurde er später vor allem mit seinen Literaturbearbeitungen: „Sternsteinhof", ein Heimatfilm nach Anzengruber (1975), der Psycho-Thriller „Die gläserne Zelle" nach Patricia Highsmith (1977), Bernhard von Brentanos Familiensaga „Theodor Chindler" (1978/79) und natürlich „Der Zauberberg" nach Thomas Mann (1981/82).

Geißendörfers erste Regiearbeit seit Lindenstraße kommt im Herbst 1989 in die Kinos: „Bumerang-Bumerang", eine Kriminal- und Liebesgeschichte, in deren Mittelpunkt die Entführung eines Politikers steht.

Auszeichnungen:
1970 Deutscher Filmpreis:
Filmband in Silber für „Jonathan"
1976 Deutscher Filmpreis:
Filmband in Silber für „Sternsteinhof"
1978 Deutscher Filmpreis:
Filmband in Gold für „Die gläserne Zelle"
1979 Academy Awards:
Oscar-Nominierung „Die gläserne Zelle"
1982 Deutscher Filmpreis:
Filmband in Silber für „Der Zauberberg"

Hans W. Geißendörfer in seinem Kölner Büro

entschieden werden kann, war notiert, und: „Die Serie soll so ungerecht sein wie der Alltag selbst." Der erste Drehtag stand auch schon drin: Montag, der 3. September 1984.

HWGs Fleißarbeit bekam gute Noten. „Da stand wirklich alles drin", sagte Gunther Witte, „was man wissen mußte, um in so ein Abenteuer reinzugehen." Und WDR-Produktionsdirektor Freyberger erinnert sich, er habe noch nie vorher erlebt, „daß sich jemand in einem Konzept auch so detailliert mit allen Aspekten der Produktionstechnik befaßt hat."

Prima. Dann hätte es ja jetzt losgehen können mit dem Abenteuer Lindenstraße, nur ein knappes Jahr, nachdem Geißendörfer dem Witte in einem Restaurant mal was hatte sagen wollen. Aber da gab es noch ein kleines Problem: Die ARD und das Geld. Denn die Lindenstraße würde so teuer werden, daß sie nur von allen neun ARD-Sendern gemeinsam bezahlt werden könnte.

Solange also die Bayern, die Hessen und alle anderen der Gelben Bibel kein grünes Licht gaben, konnte der WDR das Konzept ins Museum für nicht angewandte Kunst stellen. Geißendörfers Gelbe Seiten mußten sich auf den langen Weg durch neun Fernsehspiel-Abteilungen machen.

So etwas kann dauern. Die ARD ist groß, und sie hat viele Köpfe, die in viele Richtungen denken. Alle Köpfe zu einem gleichzeitigen Nicken zu bewegen, das war schon immer schwierig, und der Chor der Fernsehspiel-Leute hatte überhaupt erst bei einer bedeutenden Sache „Ja" gerufen: Beim Tatort.

Aber die Lindenstraße würde die meiste Zeit ohne Schießereien leben müssen, nicht durch ein Staraufgebot glänzen und im Vergleich zu aufwendigen Spielfilm-Produktionen mit dem Charme einer Fertigsuppe daherkommen. Das wollte irgendwie keiner so richtig. Man staunte über die technischen Details, freute sich über die Machbarkeit einer Dauerserie, aber für Geißendörfer und seine Alltags-Saga gab es noch nicht mehr als ein verhaltenes „Jein". Es fehlten die Begeisterungsstürme: Zu grau, zu bieder sah das aus. „Vielleicht", sagt Geißendörfer grinsend, „hatte das ja auch nicht genug Zeitgeist und Action damals. Oder zu wenig Sex, was weiß denn ich."

Es war eine zähe Angelegenheit, und Anfang 1984 wurde Geißendörfer langsam nervös. Die Gelbe Bibel wurde blaß vor Staub, die ARD saß noch gemütlich in der ersten Reihe, und Geißendörfer redete sich täglich ein, daß er eine gute Idee gehabt hätte. Er trieb die Realisierung der Lindenstraße weiter voran, schob Drehbücher nach und machte Probeaufnahmen mit Dutzenden von Theaterschauspielern. Der Film-Komponist Jürgen Knieper dachte über eine Titelmelodie nach, und Geißendörfer bereitete ein „Demo-Band" vor, um mit kleinen Spielszenen die ARD endlich in Stimmung zu bringen. Längst arbeitete er dabei auf eigenes Risiko, denn die Vorbereitungen kosteten viel mehr, als der WDR für den Entwicklungsauftrag gezahlt hatte. Er war von seinem Erfolg immer überzeugt, aber jetzt brauchte er ihn auch, wollte er nicht als Pleiten-Hans in die neuere Filmgeschichte eingehen: Lindenstraße als Sackgasse für einen bekloppten Produzenten.

Zumindest diese Hartnäckigkeit beeindruckte die Herren in der ARD: Vielleicht wäre es ja doch nicht so verkehrt, es mit Geißendörfer zu probieren.

Dann - im Frühjahr - kam erst einmal ein ganz entscheidendes „Nein": Die Lindenstraße würde, als Teil von München erdacht, genau dort, in der Filmhauptstadt der Bundesrepublik, nicht stattfinden! Denn für den Bayerischen Rundfunk, der die Serie für die ARD produzieren wollte, erwies sich das Unternehmen als eine Nummer zu groß. Der Sender hätte einfach nicht genug Studiofläche gehabt, um sie ausschließlich für die Serienproduktion zu reservieren. Studios anzumieten, wäre für die ARD zu teuer gewesen, und die Bavaria-Studios waren an einer Produktion oder Co-Produktion nicht interessiert. Geißendörfer: „Die haben damals nicht an den Erfolg dieser Idee geglaubt."

Was nun, Herr Geißendörfer? Irgendwo mußte er ja hin mit seiner Straße. Hollywood lag ein bißchen weit ab vom Schuß, und in dieser Situation, da hatte jemand in Köln eine wirklich gute Idee. Denn Gunther Witte ging zu seinem Chef Siegfried Mohrhof und sagte: „Wenn das so ist, dann müssen wir das eben selbst in die Hand nehmen." Mohrhof dachte zweieinhalb Augenblicke nach und nickte dann: „Es ist ja irgendwie auch unser Kind, oder?" Und Roland Freyberger, der Mann für die Produktionsplanung, meinte nur: „Ich weiß zwar noch nicht, wie wir das machen, aber das kriegen wir schon hin." Probleme mit dem Platz, das fiel ihm noch ein, würde es in Köln bestimmt nicht geben: Man könnte die ganze Straße mitsamt Studios auf dem WDR-Betriebsgelände in Bocklemünd unterbringen, irgendwo auf der grünen Wiese.

Der Ehrgeiz beim WDR war erwacht, das in München Unmögliche nach Köln zu holen, die Großproduktion im eigenen Hause auf die Beine zu stellen. Für Geißendörfer bahnte sich ein größerer Umzug an und schlechtgelaunt dachte er darüber nach, ob Köln nicht im Grunde viel zu kalt sei und wie sehr ihm die Biergärten fehlen würden. Aber er hatte keine andere Wahl und „wichtig war damals nur noch, daß das Ding überhaupt losging." Auf Wiedersehen, München.

Der Vorstoß des WDR und die gute Kondition von Hans Geißendörfer hatten ihre Wirkung nicht verfehlt: Wenn sie eine vernünftige, also billige Kalkulation vorlegen würden, stünden die Chancen nicht schlecht, daß die ARD der Lindenstraße den längst fälligen Segen geben würde. Sicherlich nicht deshalb, weil die Serie auf einmal zum Lieblingskind gediehen war, sondern viel eher, weil weit und breit nichts anderes in Sicht war, das zu einer Art „Trumpf" in der neuen Auseinandersetzung mit den Privaten (und natürlich auch mit dem ZDF) werden könnte.

Im August 1984 lag der ARD-Programmkonferenz (da sitzen die Fernsehdirektoren und die haben ziemlich viel zu sagen!) eine WDR/GFF-Kalkulation für 52 Folgen Lindenstraße vor, Gesamtpreis: 14,5 Millionen Mark. Das bedeutete einen Minutenpreis von 9.300 Mark, und die Direktoren schüttelten ihre Köpfe: zu teuer.

Im September 1984 kaufte sich Geißendörfer ein Sparschwein und zeigte den Fernsehspielchefs in München ein Lindenstraßen-Video. Damit wollte er sie so begeistern, daß sie eine Etage höher laufen und bei den Fernsehdirektoren ein gutes Wort für ihn einlegen.

Im Oktober 1984 hatten diese Direktoren dann die zweite Kalkulation auf dem Tisch: Das WDR/GFF-Sparpaket bot die Lindenstraße im Super-Sonderangebot für 7.500 Mark pro Minute an. Und das zog: Am 11. Oktober 1984 faßt die ARD-Konferenz den einstimmigen Beschluß, Lindenstraße für ein Jahr in Auftrag zu geben, als Co-Produktion von WDR und GFF. Gesamtkosten: 11,8 Millionen Mark.

Es war also vollbracht. Aber Geißendörfer hat eher aufgeatmet als gejubelt: Mit dem Rotstift waren sie bis an die Schmerzgrenze gegangen. Das Haus Lindenstraße 3 hatte nicht mehr sechs Stockwerke, sondern nur noch vier; einige Figuren (wie ein Sohn der Klings mit seiner Familie) waren einfach gestrichen. Die KFZ-Werkstatt von Hubert Panowak wurde auch geopfert, und Hubert mußten sie als untreuen Ehemann ins „off" (nach Afrika!) verbannen. Das schlimmste: Nicht mehr fünf Drehtage würde es pro Folge geben, sondern nur noch vier. Das war mehr als ein Schönheitsfehler.

Aber nun gings in die Vollen: Während Geißendörfer - so wie es der Produktionsvertrag mit dem WDR vorsah - sich um die Drehbücher, Schauspieler und den gesamten künstlerischen Stab kümmerte, begann beim Sender in Köln die Planung für das größte Ausstattungs-Unternehmen seiner Geschichte.

Innerhalb eines Jahres wollte Projektleiter Günter Nicklich zusammen mit Szenenbildner Peter Pelzer, den Bühnenmeistern Martin Ortmanns und Albert Weber sowie mehr als 300 Mitarbeitern die Lindenstraße in Köln-Bokklemünd drehfertig auf die grüne Wiese stellen. Die Pläne hatte der Schweizer Filmarchitekt Toni Lüdi entworfen, der mit Geißendörfer schon oft zusammengearbeitet hatte, zuletzt beim „Zauberberg" und „Ediths Tagebuch". Ein Straßenzug von 150 Metern Länge mußte her, eine 1.500 qm große Produktionshalle sollte mit 70 Dekorationen und 40.000 Requisiten für die Videotechnik „maßgeschneidert" werden. So etwas hatte es noch nicht gegeben. Ausstattungsleiter Harald Reichelt: „Die Motivation damals war unheimlich hoch." Während die Ausstatter sonst oft nur für eine „show time" arbeiteten, zogen sie die Lindenstraße, wenn auch nicht für die Ewigkeit, so doch für mindestens ein Jahr hoch.

5 Tonnen Stahl, 50.000 Meter Bauholz, 11.000 qm gemauerte Wände, 165 Fenster, 84 Türen und 421 Tapetenrollen schluckte die Baustelle im Frühjahr und Sommer 1985. Über 22.000 Stunden wurde gemauert, gesägt und gehämmert, lackiert, tapeziert und korrigiert. Der strenge Winter hatte den Beginn der Arbeiten zwar auf Mitte März verzögert, aber trotzdem konnte wie geplant schon am 6. August das Richtfest gefeiert werden - die Lindenstraße stand. Kein Filmbau aus Sperrholz, sondern aus echtem Stein gemauert.

Während also in Bocklemünd alles reibungslos über die Bühne ging, gab es hinter den Kulissen einen handfesten Knatsch, der Produzent Geißendörfer fast dazu brachte, nach zweieinhalbjähriger Vorbereitung den ganzen Kram hinzuschmeißen. Denn die ARD hatte sich im Juli nach Koordinationsgesprächen mit dem ZDF entschlossen, den Sendetermin für Lindenstraße auf sonntags um 18.40 Uhr zu legen, genauer: ins Abseits zu befördern.

Geißendörfer wollte es nicht glauben: Weil das ZDF die Konkurrenz der neuen ARD-Serie im Hauptabendprogramm fürchtete (sie war für 19.30 Uhr geplant!), drohte ZDF-Intendant Stolte damit, alle Zugeständnisse in der Programmabsprache zurückzunehmen, und er zog damit den ARD-Programmdirektor Schwarzkopf über den Tisch. Die Lindenstraße mußte dran glauben. Sie sollte auf den Un-Termin 18.40 Uhr ausweichen und würde damit noch Millionen Zuschauer verärgern, weil die ARD-Sportschau um 22 Minuten gekürzt werden müßte. Das versprach alles andere als ein guter Auftakt bei Serienbeginn im Dezember zu werden! (Und nur die Intendanten des WDR und des Bayerischen Rundfunks stimmten damals gegen den „Genickschuß" - so Geißendörfer - für die Lindenstraße.)

Als im September 1985 die erste Klappe fiel, konnten alle stolz sein: Die Straße sah richtig echt aus, hatte fünf Linden, einen Ahorn und zehn Laternen.

Am 6. August 1985 wurde Richtfest in der Lindenstraße gefeiert: WDR-Intendant Friedrich Nowottny (links) im Gespräch mit Hans W. Geißendörfer und ARD-Programmdirektor Dietrich Schwarzkopf (rechts)

Fast schon bezugsfertig: Erst im Frühjahr 1985 hatten die Bauarbeiten in Köln-Bocklemünd begonnen, schon im September fiel die erste Klappe.

Dreizehn Wohnungen warteten in der Halle darauf, bespielt zu werden, mit Kakao in der Küche und Fußabtretern im Flur. Das Licht war montiert, das Ensemble komplett, und während die von der Maske ihre Schminkkoffer öffneten, hallte irgendwo noch das Echo der intendantischen Anfeuerungsrufe durchs Studio: Viel Spaß mit der Lindenstraße.

Schon nach dem ersten Drehtag war der Spaß vorbei. „Da gab es am Anfang einfach unglaublich viele technische Fehler. Wir mußten alle lernen, der WDR genauso wie mein Team und ich", sagt Regisseur Geißendörfer. Ein Fehler war, daß der WDR ein Kamerateam nach Bocklemünd geschickt hatte, daß normalerweise mit dem Ü-Wagen bei Außenübertragungen von Fußballspielen unterwegs war. Die Bild- und Tontechniker hatten zwar Ahnung davon, wie man einen verschwitzten Littbarski auf dem Weg zur Dusche noch eben in Bild und Ton einfängt. Wie man einen Familienstreit in einer Wohnküche ausleuchtet, das konnten sie nicht wissen. In Sachen Fernsehspiel hatten sie einfach null Erfahrung.

Als die erste Folge abgedreht war, wußte man Bescheid: So geht das nicht weiter. Man hatte zwar das Gefühl, daß es so oder ähnlich funktionieren könnte, aber da mußte einiges verbessert werden. Der WDR wechselte das gesamte technische Team aus, von einem Tag auf den anderen.

Aber auch die neuen, fernsehspielerfahrenen Techniker faßten sich erst mal an den Kopf: Die Akustik bei den Innenaufnahmen war ungefähr so mies wie in einem Schützenfestzelt, weil das Atelier eben kein teurer Studiobau war, sondern eine mit Kulissen vollgepackte Lagerhalle - groß und billig.

Im learning-by-doing-Eilverfahren begann das Team, die Decken mit Schallschluckern abzuhängen, Zwischenwände einzuziehen und mit verwegenen Tricks drauflos zu improvisieren. Das alles praktisch vor laufenden Kameras, denn das oberste Gebot war: Haltet den Drehplan ein! Und der sagte, daß eine Folge in vier Tagen abgedreht sein muß, dem Sendetermin immer etwa zehn Wochen voraus.

Mit dem Licht war das auch so eine Sache: Da hingen zwar 600 Scheinwerfer unter der Decke, aber die waren nicht gerade vom Feinsten. Man hatte eben ein bißchen gespart und sie in der ganzen ARD zusammengesucht. „Ziemliches Schrottmaterial", sagt Dieter Christ, erster Kameramann der allerersten Stunde, der damals mit dem Schrott herumexperimentierte, um die Szenerie einigermaßen passabel auszuleuchten.

Währenddessen irrten die Schauspieler durch das Studio-Labyrinth und versuchten verzweifelt, so etwas wie Spielfreude in den Laden zu bringen. Die Kameraleute übten sich in Bodenakrobatik, um in den engen, überfüllten Kulissen ihre Positionen zu finden, und Geißendörfer rannte väterlich dirigierend von einem zum anderen. Pausenlos verkündete er nicht ohne eine gewisse Selbstironie die gruppendynamische Binsenweisheit: „Alles wird gut."

Premieren-Schelte...

Am Sonntag startete die neue ARD-Serie Lindenstraße. Glückwunsch. An das ZDF.
Welt am Sonntag, 15.12.85

Pleite mit der Lindenstraße. Zäh die Handlung, ohne großen Glanz die Darsteller.
NRZ, 10.12.85

Bleibt die Serie über 52 Wochen nur ein im Studio aufgezeichnetes Hör-Bild, und wandelt sich die gestelzte Sprache nicht bald zu handfesten Dialogen, wird die Masse der Zuschauer abbröckeln wie die Farbe der Häuserfassaden.
HÖRZU, 13.12.85

Das sollen wir sein? Sind wir so langweilig, so säuerlich-moralisch, so einfältig und lebens-müde? Und selbst wenn wir so wären, müssen wir uns dabei auch noch zuschauen? Nein, so schlecht muß das Leben nicht spielen.
FAZ, 17.12.85

Lindenstraße - öd' und grau... Wirklich Spaß machen wird diese miefig-mürrische Sendung nur den Leuten vom ZDF.
Bild, 9.12.85

Auch die 2. Folge kam mir vor wie ein Putzkübel-Schmierentheater. Die Humorlosigkeit in diesem Sauerkraut-Revier nervt.
Ponkie, Münchener Abendzeitung

Die Dialoge hangeln sich mühsam von einem Gemeinplatz zum andern. Dramaturgisch schlecht eingefädeltes Familien- und Nachbarschaftsgewusel.
Rheinische Post, 9.12.85

Die zu biedere Inszenierung, gerade gut zum Einschlafen, muß wohl als die größte Enttäuschung des Lindenstraßen-Projektes angesehen werden.
Bonner General-Anzeiger, 17.12.85

Die Leute von der Blindenstraße. Nachbarschaftsmief, grau in grau, aus der Realitätskiste des öffentlich-rechtlichen Fernsehens (...)
Von 500 und mehr Folgen träumte er. Serienheld Geißendörfer wird in die TV-Geschichte eingehen als der Verantwortliche für lange Sprüche und ein kurzes Serial. (...) Geißendörfer sollte sich in Kur begeben. Am besten in die Schwarzwaldklinik.
Bunte, 27.12.85

Wenn jetzt die Serienmacher vom WDR ihren Kritikern antworten, die Lindenstraße habe eben mehr Niveau als die "Schwarzwaldklinik", dann frage ich: Ist denn Mief und Säuernis im Film ein Qualitätsmerkmal? Und was haben die Macher gegen ein bißchen Humor? Darf im deutschen Fernsehen nicht mehr gelacht werden?
Bild+Funk, 3.1.86

Tatsache ist, daß alles, was sich in diesem Haus in der Lindenstraße abspielt, höchst unerfreulich ist, und daß diese geballte Unerfreulichkeit voll auf den Zuschauer durchschlägt.
Münstersche Zeitung, 28.1.86

Die Milieuzeichnung verkümmert zur oft unbeabsichtigten Volksstückkarikatur. (...) Mit solcher frugalen Alltagskost ist gegen den feudalen Schwulst einer "Schwarzwaldklinik" nicht anzukommen.
Süddeutsche Zeitung, 28.1.86

Ist das Unterhaltung? Ist das 15 Millionen wert? Sackgasse Lindenstraße. Die Serie zum Einschlafen.
Bunte, Februar 1986

.... langweilige Allerweltsgeschichten mit hölzernen Dialogen.

Zum Abschalten schön.
Quick, 13.2.86

Fäkalsprache und rüde Umgangsformen, betrunkene Ärzte und verführte Teenager: ein Schrecken für TV-Nation und WDR-Verantwortliche. Die Vorwürfe an Geißendörfer: Selbstherrlichkeit und schlichte Überforderung.
HÖRZU, 27.3.86

Einer liebt die Lindenstraße wirklich: Regisseur und Produzent Geißendörfer. Der Grund: Er verdient reichlich daran.
Petra, Mai 1986

Natürlich gibt es bei so einer Großproduktion Anfangsfehler, die unvermeidbar sind. Natürlich war in Bocklemünd nicht alles optimal, weil gespart werden mußte. Aber Geißendörfer hatte viele Schwierigkeiten einfach unterschätzt und stand nun als Regisseur unter dem Druck, vom ersten Tag an sendefähiges Material zu filmen. „Ich konnte ja damals auch vieles noch nicht", sagt er. Nicht nur die Arbeit mit Video war neu, auch das richtige Gespür und Timing für die Regie von 30 Minuten leichtfüßiger Serienunterhaltung mußte der Kino-verwöhnte Filmemacher erst finden.

Das einzige, was in dem Chaos richtig funktionierte, war die Moral. Es gab einen Pioniergeist in Bocklemünd, eine große Begeisterung, die diese Produktion gerettet hat. „Da ist wirklich was eingetreten", erinnert sich Dieter Christ, „das hat keiner für möglich gehalten. Es kam zu einer unglaublich motivierten, kameradschaftlichen Zusammenarbeit zwischen den Leuten von Geißendörfers GFF und uns vom WDR." Die freien und die „anstaltsgebundenen" Kräfte in dieser Co-Produktion arbeiteten Hand in Hand, keine Abgrenzungen, kein Kompetenz-Gerangel. „Es waren alle Mitarbeiter, die das voll durchgezogen haben."
Alles wird gut.

Mit der Ausstrahlung der ersten Folge am 8. Dezember 1985 kam dann der absolute Tiefpunkt. Von allen Seiten gab es Hiebe für die mit Spannung erwartete Lindenstraße. Das Publikum schimpfte, die Presse machte sich lustig. Das Beste, was man aus den Reihen der ARD zu hören bekam, war betretenes Schweigen, auch WDR-Intendant Nowottny war peinlich berührt. Statt knallender Sektkorken zur TV-Premiere hörte Geißendörfer schon die Abschiedsglocken läuten. Die Wetten standen hoch, daß seine Lindenstraße der Flop des Jahres würde.

Das Schlimme war: Die Kritiker hatten recht. Die erste Folge war scheußlich, und das wußten auch die Produzenten: „Technisch eine Katastrophe" (Geißendörfer), „völlig daneben gegan-

Die Kronmayrs ziehen ein: Eine der ersten Szenen des Lindenstraßen-Auftakts am 8. Dezember 1985

gen" (WDR-Redakteurin Monika Paetow). Da war einfach nichts rübergekommen, die Bilder waren fade, matt und leblos. Es sah mehr nach einer über Nacht zusammengeschusterten Verlegenheitslösung aus als nach dem hoffnungsvollen Auftakt einer gut vorbereiteten Erfolgsserie. „Vielleicht wäre es besser gewesen", fällt Fernsehspielchef Gunther Witte dazu heute lachend ein, „wenn die erste Folge nicht 39 Prozent Einschaltquote gehabt hätte." Und Monika Paetow erinnert sich an „ein großes Aufheulen" und an eine sehr aufregende Zeit, „weil wir alle, wirklich alle gegen uns hatten."

Das lag nun nicht nur an den für jeden Laien erkennbaren technischen Schwächen der ersten Folgen. Das neue Konzept der Lindenstraße war gewöhnungsbedürftig. Verglichen mit den 45-minütigen Hochglanzserien konnte es nur schlecht abschneiden: Schon die Dauer von 30 Minuten irritierte das Publikum. Die Schauplätze - Hausflur, Küche, Wohnzimmer - waren nicht besonders attraktiv, und es gab kein Stelldichein der üblichen Fernsehprominenz. In den ersten Folgen tauchten immer wieder neue Gesichter und Geschichten auf und sorgten für Verwirrung, weil es eben eine Zeit braucht, bis 35 Figuren eingeführt sind. Es lag im Wesen der Lindenstraße, daß wir uns dort nicht vom ersten Augenblick an wohlfühlen konnten. Und natürlich war da auch dieser völlig neue Realitätsbezug, der die Menschen ganz anders präsentierte, als wir es von Fernsehunterhaltung bislang gewöhnt waren.

In Bocklemünd hieß es weiter: „Alles wird gut". Während die erste Folge öffentlich verhackstückt wurde, war man hier schon zehn Runden weiter und wußte: So langsam kann sich das sehen lassen. Der Frust über die Kritik war groß, aber das, was Geißendörfer „die Euphorie des Machens" nennt, war größer. Es kam jetzt nur darauf an, die Sache schnell genug in den Griff zu kriegen. Statt der Ratlosigkeit der Anfangstage gab es mit jeder Folge ein Stück mehr Routine, in einem beeindruckenden Tempo arbeiteten alle daran, daß noch nicht alles gut, aber sehr vieles besser wurde - sichtbar besser. „Das ganze ist eben auch eine Lerngeschichte: Wie macht man sowas in Deutschland", sagt Geißendörfer heute mit sicherem Abstand.

Als er im Februar 1986 nach 31 Folgen den Regiestuhl für Ilse Hofmann räumte, da wußte sein Team Bescheid: Wie man so was macht in Deutschland. Geißendörfer - Erfinder, Autor, Regisseur und Co-Produzent der Lindenstraße - konnte sich als Sieger fühlen. Er hatte die härtesten Verrisse, Vorwürfe und Kampagnen hinter sich, er hatte seinen „künstlerischen Selbstmord" überlebt. Der Laden lief.

Das Publikum scherte sich nicht weiter um die Kritiker, sondern freundete sich mit den unüberschaubaren, den unattraktiven, unmöglichen Bewohnern der Lindenstraße an. Mehr als 30 Prozent Sehbeteiligung für eine „Bundesjammerserie" im Vorabendprogramm, das war eine Art Volksentscheid, dem weder die Presse, noch die Programmplaner etwas entgegensetzen konnten.

Es war das Publikum, das die Lindenstraße übers erste Jahr gebracht hat.

Das Studio

Alles bloß Kulisse: der Blick vorbei an Beimers Küche in die 1500 qm große Produktionshalle in Köln-Bocklemünd. Hier, im Studio, werden alle Innenaufnahmen für Lindenstraße gemacht, mit 50.000 Requisiten, 600 Scheinwerfern und einem Team von 80 Mitarbeitern.

Fassadenkletterei: Hans Beimer-Darsteller Joachim Luger in der Rückwand von Haus Nr. 3. Da, wo eigentlich Beimers Wohnzimmer sein müßte, ist bloß eine Plattform für die Kameraleute, die von dort Straßenszenen filmen können. Ein Treppenhaus gibt es nicht, eine Holzstiege führt hinauf in den ersten Stock. Alle Innenaufnahmen, auch die im Hausflur, werden in den Kulissen des Studios nebenan gedreht.

So wird das Ding gedreht

Hinter den Kulissen von Bocklemünd

Die Taube hockt im feuchten Gebälk und döst vor sich hin. Ihr ist egal, daß hier alles nur Fassade ist. Sie hat ein halbes Dach über dem Kopf, die Mauern sind nicht verputzt und schwarze Folie, die wohl mal den Regen abhalten sollte, hängt verschlissen herum.

Die Autobahn lärmt, auf dem Feld nebenan fährt ein Bauer Stroh ein. Letzte Nacht haben wieder ein paar Karnickel den kleinen Friedhof hinter Dresslers Haus besucht und in dem Grab der Schildknechts rumgewühlt. Aber einen Sarg werden sie dort nicht finden, weil der längst wieder im Fundus steht - für den nächsten Toten.

Den Karnickeln und der Taube gefällt es ganz gut hinter den Kulissen von Bocklemünd. Vielleicht sollte ihnen trotzdem mal jemand sagen, daß sie bloß die Seite wechseln müssen, um ins Fernsehen zu kommen.

Denn von vorn, da kann sich die Lindenstraße sehen lassen. Richtig echt sieht sie aus. Das einzige, was fehlt, sind ein paar Menschen oder ein Bus, der um die Ecke fährt. Das gibt es hier nur, wenn gedreht wird. Dann kommen die Komparsen, die mal eben die Straße rauf und runter radeln, Einkaufen gehen oder knutschend an der Litfaßsäule lehnen, damit die Schauspieler nicht so allein sind.

In der übrigen Zeit ist die Lindenstraße – 150 Meter lang, mit Kiosk, Telefonzelle und Zebrastreifen – eine schöne, aber tote Kulisse am Rande des WDR-Produktionsgeländes in Köln-Bocklemünd.

Schade, denken viele, die sie am Wochenende besichtigen kommen, und würden gern hier einziehen. Am liebsten ins Haus Nr. 3, gleich über die Beimers, oder zur Untermiete in Dresslers Villa, Lindentraße 7. Aber wohnen kann hier niemand: Den Häusern fehlt das Innenleben. Die Fassaden sind massiv, Kalksandstein, aber dahinter stützt sie nur feuchtes Gebälk. Nicht mal in die Kneipe an der Ecke kann man gehen, das „Akropolis" steht in der Produktionshalle: als Innendekoration, Wand an Wand mit dem Schlafzimmer von Dr. Dressler.

Die Halle ist nebenan. Gleich hinter der Kino-Fassade mit der „Astor"-Leuchtreklame beginnt die Innenwelt der Lindenstraße, auf 1.500 Quadratmetern sind zehn Wohnungen, Friseur-Salon, Kneipe und Hausflur ineinander verschachtelt. Es erinnert an ein Einrichtungshaus, nur ist alles ein bißchen unaufgeräumt und zu klein geraten. Schon 1985, als man hier zu drehen begann, war es eng, mittlerweile ist die Klage Nr. Eins aller Mitarbeiter: Wir brauchen mehr Platz. Wenn einer krank feiert, witzeln die Kollegen: Was soll er schon haben, Klaustrophobie oder Hospitalismus! Auf den Gängen stehen Dekorationsteile und Möbel herum, in einer Ecke wird gerade neu tapeziert: In zwei Tagen muß da ein Appartement für Tanja Schildknecht fertig sein.

Man verläuft sich schnell in dem Labyrinth aus Leichtbauwänden, aber es macht Spaß, weil man sich in den Kulissen zu Hause fühlt: Da ist Beimers Küche, Klausis Stundenplan hängt am Geschirrschrank, dann Dresslers Treppenhaus mit dem neuen Lift und Gabis Schlafzimmer. Das Aquarium hat sie von Benno übernommen, die Fische leben noch.

Die meisten Kulissen sind hier ständig aufgebaut, sie können in zwei Stunden drehfertig gemacht werden. Nur Szenenbilder, die seltener gebraucht werden, liegen auseinandergenommen in der Ecke. Die Pavarotti-Wohnung, die griechische Tanzschule und das Wohnzimmer von Franz Wittich werden bei Bedarf an ein und dieselbe Stelle gesetzt. Weil zu wenig Platz ist, müssen sich Carsten Flöter und die Beimers auch das Badezimmer teilen. Der Drehplan ist hier die Hausordnung.

Heute morgen steht eine Szene im Vorzimmer der Arztpraxis auf dem Plan. „Folge 200, Take 8, die erste", wird der Aufnahmeleiter gleich durchsagen, aber im Moment rückt der erste Kameramann das „set", den Drehort, noch ins rechte Licht. „Die 165, bitte", sagt er zu seinem Funkgerät, und dann weiß der Oberbeleuchter Bescheid, daß er Scheinwerfer Nr. 165 anschalten soll. Der Kameramann schirmt mit der Hand seine Augen ab, schaut unter die Dek-

Bildtest beim Außendreh: Regisseurin Karin Hercher überprüft die Position ihres Kameramannes.

ke, dann will er noch die 232 haben, aber nur mit halber Kraft, und auf den Gang hinter die Fensterkulisse muß noch ein Spot. Es soll so aussehen, als ob die Morgensonne reinscheint. Kein Problem, Routine.

Susanne von der Requisite kommt vorbei und legt einen Stapel Post auf Elisabeth Dresslers Schreibtisch. Sie stellt frische Blumen in die Vase, mehr ist hier für sie nicht zu tun. Der Papierkorb ist halb voll, alles sieht ganz normal aus, und so muß es auch sein.

Es gibt kniffligere Momente im Leben einer Requisiteurin. Zum Beispiel letzte Woche, als ein Bild nachgedreht werden mußte, das schon zwei Monate zurücklag. Da mußte Susanne sich den Blumenstrauß auf Video anschauen und exakt den gleichen noch einmal zusammenstellen. Jede Blüte, jedes Blatt mußte richtig angeordnet sein, sonst hätte das mit dem Original-Strauß aus der nächsten Szene nicht mehr übereingestimmt. „Anschlußfehler" würde es dann heißen, und das ist ungefähr das schlimmste, was passieren kann.

Im Vorzimmer der Praxis ist mittlerweile das Licht in Ordnung, und der Aufnahmeleiter macht wieder eine seiner Durchsagen, die keiner überhören kann: „Zu einer technischen Probe bitte ich jetzt die Schauspielerinnen Annemarie Wendl, Dagmar Hessenland, Ute Mora und das ganze Team ins Studio!" Es wird voll im Vorzimmer.

Die Schauspielerinnen wissen, wo's langgeht. Sie haben hier schon vor einer Stunde eine Stellprobe gemacht, mit der Regisseurin Karin Hercher jeden Schritt eingeübt, die Positionen besprochen. Annemarie Wendl geht zum Aktenschrank: Als Else Kling muß sie da gleich dran rumpolieren. Und während Ute Mora sich an den Schreibtisch setzt, den Arbeitsplatz von Berta Griese, wartet Dagmar Hessenland, die Elisabeth Dressler, draußen vor der Türkulisse.

Die Kameraleute haben ihre Geräte reingerollt, auch ihre Schwenks und Fahrten sind längst abgesprochen. Kamera 1 vor die Tür, Kamera 2 gegenüber dem Fenster und Kamera 3 hinten an den Schrank. Da wird es, wie so oft, zu eng: Die Patientenliege muß raus, und der Giftschrank auch. Die Kabelträger sortieren sich noch, und die Masken- und Kostümbildnerinnen halten sich unauffällig im Hintergrund. Wenn's nötig ist, wird nachgepudert oder ein Kragen zurechtgerückt.

Der Durchlauf, so eine Art Generalprobe, beginnt. Die Regisseurin sitzt jetzt am Regiepult im Gang. Sie schaut auf die Monitore und kontrolliert die Bilder der Kameras: Totale, Halbtotale, Nahaufnahme. „Die Annemarie hat noch'n

Drehvorbereitungen in Dresslers Praxis: Regieassistentin Anke Becker studiert die Bücher, Kamera- und Tonleute warten auf Anweisungen.

Die Autoren

Alle halbe Jahre schlägt über den Dächern Kölns das Schicksal zu. Gnadenlos und endgültig wird hier festgelegt, was den 53 Menschen in der Lindenstraße ein Jahr später blüht.

Tatort ist das oberste Geschoß des Kölner Interconti-Hotels, Täter sind Produzent Hans W. Geißendörfer und seine Autorinnen. Aus Hamburg jettet regelmäßig Maria Elisabeth Straub ein, aus München Martina Borger.

Zehn Tage werden jeweils angesetzt, um das Schicksal der Bewohner um 26 Wochen weiterzudrehen. Weil es in jeder Folge drei „Stränge" gibt, drei parallel verlaufende Handlungen, müssen etwa 78 Szenen festgelegt werden.

Die Autorinnen, beide seit Jahren exklusiv an den Maschinen, kommen gut gewappnet. Sie bringen ihre Ideen ein, Geißendörfer die seinigen, und unter heftiger Umsatzsteigerung der Zigaretten- und Kaffeebranche werden die Grundgedanken zu Papier gebracht. Handschriftlich zunächst, Folge für Folge. Eine Sekretärin tippt es am Abend ins Reine.

Monika Paetow, die verantwortliche Redakteurin beim WDR, liest die neue Schicksalsmelodie als erste. Sie bleibt hängen an Ecken und Ungereimtheiten. Nach der Ausbügelphase sind die Autorinnen nicht mehr von dieser Welt: „Wenn ich schreibe", sagt Autorin Straub, „habe ich wochenlang kein Privatleben mehr."

Das Autorenteam (von links: Maria Elisabeth Straub, Hans W. Geißendörfer, Martina Borger) und Monika Paetow, WDR-Redakteurin, die als erste die Drehbücher liest.

Schon beim Ausbrüten der Geschichten wurde festgelegt, wer später welche Folge schreiben soll. Es hat sich etwa so eingespielt, daß Maria Elisabeth Straub im halben Jahr elf Folgen tippt, Martina Borger neun und Geißendörfer sechs.

Im Schnitt bleibt eine Woche pro Folge. Danach gibt es eine Überarbeitung, und meistens ist erst die dritte Fassung die endgültige. Was nicht daran liegt, daß die Autoren schludrig arbeiten. Aber plötzlich fällt ein Schauspieler aus, eine Kulisse wird nicht rechtzeitig fertig, oder weißderhimmel was passiert.

Maria Elisabeth Straub schreibt nahezu vom Anbeginn der Lindenstraße an den Drehbüchern mit. Sie hat zuvor zwei Romane veröffentlicht, ein Kochbuch ihrer holsteinischen Heimat, und sie hat als Journalistin gearbeitet. Maria Elisabeth Straub lebt, früh verwitwet, mit ihren beiden Kindern in Hamburg - nicht in einem Miets-, sondern einem Reihenhaus.

Auch Martina Borger hat zwei Kinder, beide noch im Krabbelalter. Martina Borger war die erste Presse-Betreuerin der Lindenstraße. Als sich ein Baby anmeldete, schrieb sie ein Drehbuch zur Probe und gab es anonym an Geißendörfer – ihr Schlüssel zum Autorenteam.

Sie wohnt mitten in Schwabing, und sie ist als einzige Schreiberin dort geboren, wo die Lindenstraße spielt: in München.

Regelmäßig probiert Geißendörfer auch neue Autoren aus. Sie kriegen das Thema einer fertigen aber ungesendeten Folge. Und eine strenge Frist: nach einer Woche muß das Drehbuch vorliegen. Geißendörfer legt die Meßlatte hoch: Von elf getesteten Nachwuchsautoren blieb in den letzten beiden Jahren nicht einer auf dem Schüttelrost liegen.

Am Drehort erscheinen die Autorinnen übrigens nie. Es würde sie völlig irritieren. Denn mit ihren Büchern sind sie stets ein ganzes Jahr weiter. Wenn Annas Tom auf dem Bildschirm zur Welt kommt, lernt er im Drehbuch schon die ersten Schritte.

Schatten im Gesicht", schreit sie hinüber, und alles stoppt. Jürgen vom Ton war schuld, er hatte das Mikro, das auf einer langen Angel steckt, zu weit herumgeschwenkt. „Und Monika", ruft Karin Hercher, ohne sich umzudrehen, „mach bitte die Annemarie nicht so trocken, die arbeitet doch!" Gut, sagt sich Monika, die Maskenbildnerin, und geht mit dem Schwamm drüber: Jetzt perlt Schweiß auf der Stirn von Else Kling, Annemarie Wendl lacht.

Und dann heißt es endlich „Folge 200, Take 8, die erste". Rotlicht! Elisabeth Dressler öffnet von außen die Tür, kommt herein und sagt „Guten Morgen". Berta sitzt an ihrer Schreibmaschine, Else poliert den Schrank, man kennt solche Bilder. „Frau Dressler, der Herr Doktor hat schon dreimal nach Ihnen gefragt", beginnt Else einen ihrer wortreichen Vorträge, während die Kamera 2 geräuschlos über den Studioboden rollt. Karin Hercher hat sich einen Kopfhörer aufgesetzt, starrt auf den Monitor und ruft dann: „Stop, nochmal, der Ton war scheiße." Jürgen hat heute einen schlechten Tag, alle gehen auf Anfang. Folge 200, Take 8, die zweite.

Zwei Minuten später ist es gelaufen. „Okay", nickt Karin Hercher, „das sehen wir uns mal an." Über eine Sprechanlage bittet sie die Kollegen in der MAZ-Technik um eine Rückspielung. MAZ, das ist die Abkürzung für magnetische Aufzeichnung, Videoband. Das ganze Team schart sich um das Regiepult im Gang, die Schauspielerinnen sitzen in der ersten Reihe, dann erscheint auf dem Bildschirm das, was gerade gedreht worden ist. Alle nicken. „Okay", sagt Karin Hercher noch einmal, „gestorben." Und der Aufnahmeleiter übersetzt das unüberhörbar für alle. „Bild 200, Take 8 ist abgedreht, wir machen jetzt Mittagspause."

120 Sekunden einer neuen Folge sind im Kasten, nach zweidreiviertel Stunden. Im Fernsehen wird diese Szene erst drei Monate später erscheinen, man ist der Zeit immer um einiges voraus: Weihnachten wird im Studio schon im Oktober gefeiert, und wenn das Land noch im Winterschlaf liegt, müssen die Requisiteure schon auf die Bäume klettern und Blätter ankleben: Es ist Frühling in der Lindenstraße.

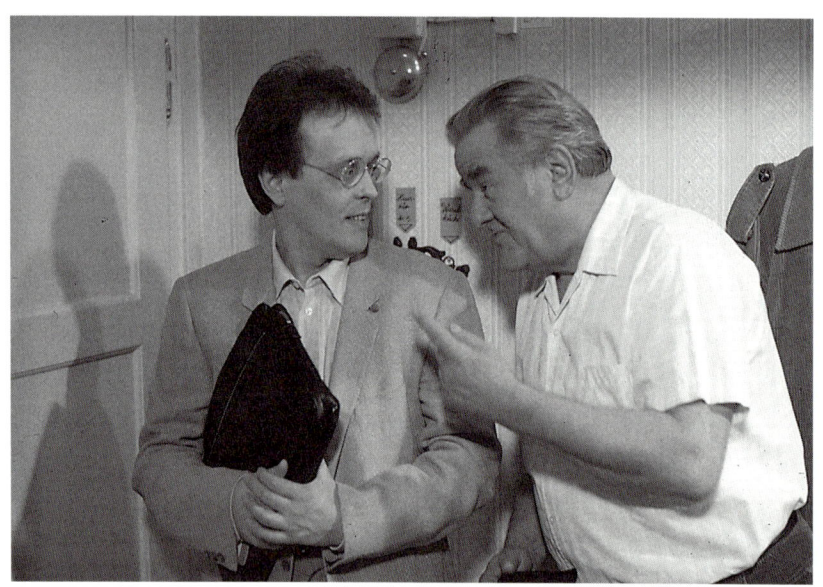
Hausverwalter Hülsch mit Ex-Hausmeister Egon Kling

Betrifft: Herrn Hülsch

Kennen Sie Herrn Hülsch? Das ist dieser unsympathische, schleimige Aktentaschenträger, der im Auftrag von Hausbesitzer Phil Seegers manchmal in der Lindenstraße auftaucht und mit Kündigung oder Mieterhöhung droht.

Hinter Hülsch steckt Horst D. Scheel, und diese Rolle spielt er nur nebenbei. Denn der 38jährige ist hauptberuflich Besetzungsberater, auch für die Serie Lindenstraße. Seit 1985 schlägt er die Schauspieler für Haupt- und Nebenrollen vor und wählt sie dann mit den Regisseuren und Hans W. Geißendörfer aus. „Geißendörfer ist der erste deutsche Produzent, der sich überhaupt einen Besetzungsberater leistet", sagt Scheel, und er weiß auch warum: Leute für die Lindenstraße zu finden, das ist schwierig. Die Gesichter müssen unbekannt, aber einprägsam sein.

Horst Scheel ist ein Menschenkenner. Er hat ein paar hundert „Steckbriefe" im Kopf, ist ständig auf der Suche nach markanten Typen (oder eben auch unauffälligen!), im Kino, im Theater, auf Schauspielschulen. Oft ist der erste Blick entscheidend, das Gefühl, manchmal sind es kurze persönliche Begegnungen - wie bei dem Schauspielschüler Thorsten Nindel, den er nach zehn Minuten als „Zorro" engagierte.

Das „casting", wie Scheels Arbeit in Amerika heißt, ist kein Lehrberuf, und in der Bundesrepublik ist dieser Job (noch) wenig gefragt. Horst Scheel war mal Kellner, ist dann „irgendwie über die Liebe zum Kino" ins Geschäft gekommen: Hinter der Pool-Bar eines Berliner Hotels mixte er 1973 dem Filmproduzenten Judd Bernard die Drinks, sie redeten über Filme, wenig später war Scheel Regieassistent. Bei dem Bond-Film „Octopussy" betreute er schon die Schauspieler, und dann hat er sich aufs „casting" spezialisiert. Viel deutsche Filmprominenz - von Gudrun Landgrebe bis Lena Stolze - hat er seitdem an ausländische Produktionen vermittelt, hierzulande besetzte er u.a. den George-Film „Die Katze". (Auch da ist Scheel in einer Nebenrolle als Polizist zu sehen ...)

Mit der Figur vom Hausverwalter Hülsch hat sich Horst D. Scheel einen kleinen Traum erfüllt. „Ich bin jetzt der einzige casting-Mensch auf der Welt," sagt er lachend, „der die Schauspieler vor laufenden Kameras rausschmeißen kann."

Läuft heute alles nach Plan, dann werden am Nachmittag noch zwei Bilder abgedreht. Es ist ein ruhiger Tag, gemütliche Szenen, wenig Schauspieler, keine Statisten. Sieben bis acht Minuten müssen am Ende auf Band sein, das ist der Tagesschnitt: Vier Drehtage für eine Folge, 52 mal im Jahr, eine knappe Kalkulation.

70 bis 80 Mitarbeiter (das Schauspielerensemble nicht mitgerechnet!) sind in Bocklemünd täglich an der Herstellung von Lindenstraße beteiligt - ein gemischtes Team aus Angestellten einer öffentlich-rechtlichen Anstalt und eines Privatunternehmens: Die Lindenstraße ist eine Co-Produktion des WDR und Geißendörfers Firma GFF. In den Bereichen Szenenbild, Maske, Kostüme, Garderobe arbeiten Kollegen und Kolleginnen vom WDR und GFF an einem Arbeitsplatz zusammen. Bildtechnik, Tontechnik, Kamera dagegen sind allein Sache des Kölner Senders, der auch das Studio und die Außenkulisse gebaut und bezahlt hat. Regisseure, Autoren und Schauspieler engagiert die GFF. Die Produktions- und Aufnahmeleitung in Bocklemünd ist zweifach besetzt. Das klingt vielleicht nach Durcheinander, aber die Aufgaben sind klar verteilt, das „gemischte Doppel" hat von Anfang an funktioniert.

Gewöhnen mußte sich das Team an eine Produktionsweise, die Lindenstraße als erste deutsche Serie ausprobiert hat. Denn wöchentlich 30 Minuten Fernsehen zu machen, das funktioniert nur mit elektronischer Videotechnik und einer ungewöhnlichen Aufnahmeart: Jede Szene wird „live" von den Schauspielern von Anfang bis Ende durchgespielt, ohne Unterbrechung zeichnen drei oder vier Kameras gleichzeitig auf. Während des Drehs werden die Kamerabilder in der MAZ-Technik gemischt. „Geschnitten" würde es beim Film heißen. Die fertige Szene liegt nach ein paar Sekunden in der „Rückspielung" vor. Es ist genau das Bild, das wir Wochen später im Fernsehen auch betrachten werden.

Würde auf Zelluloid gedreht, müßte das Material erst im Labor entwickelt und dann kopiert werden - eine langwierige und teure Nachbearbeitung. Auch die Dreharbeiten laufen beim traditionellen Film anders ab: Jede

Kameraeinstellung, jeder Schnitt wird einzeln, also nacheinander gedreht. Erst am Schneidetisch, oft Wochen später, werden diese Schnitte, die manchmal nur einige Sekunden lang sind, zu einer fertigen Szene montiert.

Videotechnik ist einfach und schnell, braucht aber genaueste Vorbereitung. Das Licht zum Beispiel muß immer für drei oder vier verschiedene Kamerapositionen stimmen. Die Regisseure bestimmen schon vor dem Dreh, nicht später am Schneidetisch, die Bilder. Und auch die Schauspieler sind besonders gefordert: Sie müssen sehr genau und mit gutem „timing" die Szene durchspielen, wie auf einer Bühne, nur weniger theatralisch. Wenn es dann heißt „Bild 200, 8 ist abgedreht", dann ist das fast endgültig. Es folgt eine Nachbearbeitung mit Feinschnitt, Ton- und Musikmischung

Der Reis braucht noch zehn Minuten. Wer Sülze und Bratkartoffeln bestellt hat, kann schon mit dem Mittagessen anfangen. Was die Küche angeht, da sind die Lindensträßler eigen: Ein paar hundert Meter weiter könnten sie in die Kantine für alle WDR-Mitarbeiter in Bocklemünd gehen, aber sie lassen sich lieber von Monika und Christine bekochen. Denen können sie jederzeit in die Töpfe sehen, und wenn sie die Köchinnen hier „unsere Küchenfrauen" nennen, dann sagen sie das mit einer Betonung, die daraus ein großes Lob macht. Monika und Christine halten den Laden zusammen. Ihre Mini-Kantine mit den sechs klapprigen Tischen ist Kaffee- und Klönbude für die Mitarbeiter, ein Fluchtpunkt auch für die Schauspieler, die sich zwischen den Drehs in ihren Einbaugarderoben langweilen.

Die Kantine ist nicht besonders gemütlich. Trotz der vielen Blumen und dem Mae-West-Plakat (früher, als Nossek noch lebte, hing das bei ihm in der Dachwohnung) sieht es hier so aus wie überall in dem Trakt neben dem Studio: Die Einrichtung der Garderoben, Büros und Werkstätten ist billig, behelfsmäßig, irgendwie ist alles zu klein. Als 1985 die Lindenstraße in Bocklemünd entstand, haben einfach die wenigsten damit gerechnet, daß sie das erste Jahr überleben würde, und so sieht es hier auch aus: Ein Provisorium für die Ewigkeit.

Zauberberg und Lindenstraße

Für alle, die nach 200 Sendungen die Lindenstraßen-Melodie noch nicht auswendig können, hat sie der Komponist Jürgen Knieper notiert - zum Nachspielen.

Knieper, 1941 als Sohn eines Musikprofessors in Karlsruhe geboren, lebt seit zwanzig Jahren in Berlin. Er studierte dort Mathematik und Komposition. Er hat die Musik zu mehr als 30 Kinofilmen geschrieben und gilt als wichtigster Komponist des „neuen deutschen Films". Er arbeitete u. a. mit den Regisseuren Wim Wenders, Hans Geißendörfer und Vadim Glowna.

Filme: u.a. „Der Zauberberg", „Der Himmel über Berlin", „Der amerikanische Freund", „Christiane F.", „River's Edge". **TV:** u.a. „Lindenstraße", „Scheibenwischer", „Praxis Bülowbogen".

Filmmusik-Komponist Jürgen Knieper

Filiz Bilgen -
die gute Fee der Lindenstraße

„Eine Geschichte willst du schreiben, über mich?" Filiz Bilgen schaut verwundert und schüttelt den Kopf. „Ich bin doch nur die Putzfrau, frag doch lieber die anderen."

Nur die Putzfrau. Da sollte Filiz mal hören, was die anderen sagen. Filiz, sagen die Kollegen, ist die Liebste, die Beste, einfach eine tolle Frau. Wo man auch hinhört: Alle schwärmen, keiner schmeichelt.

Es ist schon fast rührend, so viel Lob zu hören. Filiz lächelt, zuckt mit den Schultern und weiß nicht so recht, was das soll. „Laß mal", meint sie, „ich mache meine Arbeit, schreib du über die Schauspieler."

Seit Folge 26 fegt Filiz die Lindenstraße, reinigt die Büros und putzt in den Wohnzimmern der Beimers, Schildknechts und Grieses. Ihr Job ist es, den Staub zu wischen, der bei den Dreharbeiten aufgewirbelt wird. Von morgens sechs bis nachmittags um halb vier.

Filiz ist 29 und wohnt seit zehn Jahren mit ihrem Mann in Köln. Die beiden Kinder wachsen bei der Großmutter in der Türkei auf, leider. Dort hat sie schon als Sekretärin bei einer Zeitung gearbeitet, doch in Deutschland verdient man selbst als Putzfrau mehr Geld.

Filiz ist so eine, die an die Tür klopft und fragt, ob sie mal eben saubermachen darf. Keine Nervensäge wie Else Kling, die sich vor allem um den Dreck kümmert, der sie nichts angeht.

Filiz umsorgt die Leute der Lindenstraße wie ihre eigene Familie. Manchmal überrascht sie mit selbstgebackenem Brot und türkischem Schafskäse: Dann wird in der Kantine gefeiert. Einfach so. Und wenn Inka Buss, die Geschäftsführerin der GFF, vom langen Sitzen am Schreibtisch einen steifen Nacken hat, kommt Filiz zur Massage vorbei.

Natürlich hat sie vorher bei Dr. Dressler den Flur geputzt und den teuren Eichenschrank poliert. „Meine Lieblingswohnung", sagt Filiz, „immer schön aufgeräumt und nie dreckig." Da sah es bei den Beimers schon anders aus, als Onkel Franz die ganze Bude auf den Kopf gestellt hatte. Filiz ließ damals die Marmelade und das schimmelige Brot wochenlang liegen. Das fiel ihr schwer, aber Drehplan ist Drehplan. „Die Anschlüsse müssen natürlich stimmen", sagt sie. Die Putzfrau kennt sich mittlerweile mit den Kameraeinstellungen so gut aus wie eine Regieasssistentin.

Vor die Kamera bekommt sie keiner. Filiz schwänzt jeden Fototermin, und den Haus-Oscar, den Ehrenpokal für besondere Verdienste, lehnt sie so regelmäßig ab, wie sie dafür vorgeschlagen wird.

Doch ein Stück von ihr war im Fernsehen. Den Pullover für Anna Zieglers zweites Kind Tom, den hat Filiz gestrickt.

Im Flur vor der Kantine hängt die ganze Lindenstraßen-Familie herum: Eine Galerie mit 150 Holzrahmen, Portrait-Fotos von allen, die hier seit der ersten Folge mitgemischt haben oder es gerade tun. Das sind Beleuchter, Bühnenmeister, Ausstatter, Fahrer, Toningenieure, Regieassistenten ... und viele Berufe mehr.

Einen gibt es, der hängt gleich dreimal im Flur. Das ist Hans Geißendörfer - als Produzent (Bild 1), als Autor (Bild 2), als Regisseur (Bild 3) unübersehbar der Vater vom Ganzen. Wenn er hier ist, sitzt er in einem zugigen Blechcontainer vor der Halle: Für ihn und ein paar seiner Mitarbeiter war im Bürotrakt kein Platz mehr. Aber der Erfinder der Lindenstraße taucht nicht mehr so oft auf wie in den ersten Jahren. Er ist stolz darauf, daß der Laden auch ohne ihn läuft. Eine feste Wohnung hat er in München und auf Rhodos, in Köln begnügt sich der Produzent mit einem Hotelzimmer.

Geißendörfer hat die Regie von Folge 1 bis 31 geführt, nach ihm kamen acht weitere Regisseure: Ilse Hofmann, Lutz Konermann, Ron Jones, Michael Günther, Kaspar Heidelbach, George Moorse, Nikolai von der Heyde und Karin Hercher. (Ab Folge 208 dreht wieder der 53 Jahre alte Amerikaner George Moorse, bei dem Geißendörfer in München vor zwanzig Jahren als Regieassistent begonnen hat.) Der regelmäßige Wechsel der Regisseure gehörte von Anfang an zum Konzept der Serie, denn Lindenstraße auf Dauer, das hält kein Filmemacher aus. Nach ein paar Monaten verliert sich der Reiz: die gleichen Kulissen, die gleichen Schauspieler, das gleiche 30-Minuten-Dramaturgie-Konzept. Auch die Bild- und Tontechniker vom WDR wechseln alle vier Wochen. Neue Leute, das bringt neuen Schwung, neue Ideen.

Damit in Bocklemünd das tägliche Plansoll von sieben bis acht Sendeminuten erfüllt wird, muß es laufen - nicht gerade wie am Fließband, aber wie am Schnürchen. „Es kann bei einer solchen Produktion keine Solotänzer geben", sagt Geißendörfer. „Noch nicht einmal der Regisseur kann seine Ballettbeine schwingen und alles allein bestimmen. So eine Produktionsform hat im extremen Sinne etwas mit Team zu tun. Es ist wie eine Fabrik."

Die Küchenchefin: Christine Gensel kocht in der Kleinkantine für das Team - und für ihren Mann. Denn sie ist mit Franz Schildknecht-Darsteller Raimund Gensel verheiratet.

Liebe zum Detail: Auf Berta Grieses Kommode fehlen die Bilder von Manoel und Lydia ebensowenig wie ihr Lieblingsbuch von Milan Kundera. Die Requisiteure im Studio nehmen es genau, auch wenn die Kameras meistens darüber hinweggehen.

Eine freundliche Fabrik: Die meisten Türen stehen immer offen, alle sind hier per du, Kollegen eben. Wer siezt, ist ein Fremder. Biggi aus dem Schneideraum feiert am Ende des 150 Meter langen Korridors ihren Geburtstag mit Kölsch vom Faß. (Münchener Weißbier gibt's nur in der Requisite.) Viel Zeit haben sie nicht zwischen den Drehs, wer kann, schaut kurz vorbei. „Es gibt hier eine große Freundlichkeit unter den Leuten", sagt Karin Hercher, das hat sie ehrlich erstaunt. Da sind nicht einfach 80, manchmal 100 Menschen, die stur vor sich hinarbeiten. Es gibt ein Team, das eine gute Serie machen will, und zwar mit so viel Spaß, wie Drehplan und Produktionsstreß zulassen.

Viele von Geißendörfers Leuten sind von Anfang an dabei. Sie haben das Chaos der ersten Wochen miterlebt, schnell aufgehört, die Überstunden zu zählen, und angefangen, die Lindenstraße zu einem Erfolg zu machen. Das verbindet. „Unter zwölf Stunden sind wir hier selten rausgekommen im ersten Winter", erzählt Szenenbildner Wolfgang Rux. „Morgens rein im Dunkeln, abends raus im Dunkeln, und die ganze Zeit in den engen Kulissen. Wir waren die Grubenpferde von Bocklemünd." Und dann sagt er noch: „Das, was wir hier machen, ist ja auch keine

Sagen Sie mal, Herr Geißendörfer …

1. Warum spielt die Lindenstraße eigentlich in München?

Ganz einfach. Ich bin in Süddeutschland aufgewachsen, und dort kenne ich die Leute - auch die „Zug'reisten".

2. Haben Sie wirklich schon mal ein Haus wie das in der Lindenstraße gesehen, wo sich alle Leute gut kennen, grüßen und etwas miteinander zu tun haben?

Ja, das Mietshaus, in dem ich aufgewachsen bin.

3. Was haben Sie eigentlich für ein Verhältnis zu ihren Nachbarn?

Keines, weil ich im Hotel wohne.

4. Finden Sie nicht, daß sich die Lindensträßler allzu oft im „Akropolis" oder beim Friseur treffen?

Nein. Zumal sie ja auch ins Café Bayer gehen.

5. Muß es in der Lindenstraße so viele Tote und Katastrophen geben?

Statistisch gesehen gibt es in der Lindenstraße so viele Tote, wie in einer vergleichbaren Straße in Deutschland. Die Anzahl der „Katastrophen" in so einer vergleichbaren Straße dürfte von der Statistik her ebenso stimmen. Sie entziehen sich allerdings unserer Kenntnis, da wir nur in der Lindenstraße durch die Schlüssellöcher sehen können.

6. Ist die Lindenstraße nicht manchmal realistischer als die Realität?

Die Frage verstehe ich nicht.

7. Was ist der größte Fehler, den Sie bei der Lindenstraße gemacht haben?

Ich habe 1985 nicht energisch genug gegen die Sendezeit 18.40 Uhr gekämpft und damit die große Chance vertan, der ARD wenigstens eine gute Sendung in ihr Abendprogramm zu drücken (und außerdem auf der Medienliste des „Stern" wöchentlich unter den ersten 10 zu sein).

8. Wieviele Folgen können Sie noch machen?

Bei Folge 1864 sollte ich ans Schlußmachen denken. Da bin ich dann 80 Jahre alt.

9. Wieso gibt es niemanden in der Lindenstraße, der treu sein kann?

Es gibt durchaus Leute in der Lindenstraße, die treu sein können, z.B. Mutter Beimer, Benno Zimmermann, Beate Sarikakis, aber auch hier bemüht sich die Lindenstraße eben, dem Volk ins Herz zu schauen.

10. Mochten Sie die Schwarzwaldklinik?

Ich kenne nur die Titelmusik, und die war gut.

Das Team

Lindenstraße

Regisseur George Moorse (Mitte) und sein Team bei der Arbeit. Schauspieler, Ton- und Kameraleute begutachten gemeinsam eine gerade abgedrehte Szene auf dem Monitor.

... ist eine Fernsehserie der ARD in Zusammenarbeit mit dem ORF, hergestellt von WDR und GFF

Produktion für WDR: Monika Paetow
Produktion für GFF: Hans W. Geißendörfer

Autoren: Maria Elisabeth Straub, Martina Borger, Hans W. Geißendörfer

früher auch: Barbara Piazza, Martina Petrik, Friederike Vielstich, Hans-Jürgen Pullem, Monika Hey, Marie Franziska Schüller

Regie:
Folgen 1- 31 Hans W. Geißendörfer
    32 - 52 Ilse Hofmann
    53 - 68 Lutz Konermann
    69 - 86 Ron Jones
    87 - 104 Michael Günther
  105 - 121 Ron Jones
  122 - 139 Kaspar Heidelbach
  140 - 156 George Moorse
  157 - 162 Nikolai van der Heyde
  163 - 167 George Moorse
  168 - 208 Karin Hercher
  209 - 225 George Moorse (geplant)
  226 - 242 Claus Peter Witt (geplant)

Entwurf und Entwicklung der Grundausstattung: Toni Lüdi
Szenenbild: Peter Pelzer, Wolfgang Rux
Szenenbau: Günther Nicklich, Martin Ortmanns, Sigismund Dymantowicz

Besetzung: Horst D. Scheel
Musik: Jürgen Knieper

Hauptrollen: bisher 53
Nebenrollen: bisher 285
Comparserie: bisher ca. 4200

Hinter den Kulissen arbeiten täglich:

1 Technischer Leiter
2 Produktionsleiter
1 Produktionsassistentin
2 Produktionssekretärinnen
1 Filmgeschäftsführerin
1 Dramaturgieassistentin (Autorin vom Dienst)
3 Aufnahmeleiter/innen
1 Set-Aufnahmeleiter
1 Regisseur/in
1 Co-Regisseur/in
1 Regieassistent/in
1 Regievolontär/in
1 Bildingenieur
1 MAZ-Cutterin
1 MAZ-Techniker
1 Ton-Cutterin
1 Ton-Mischerin
1 Toningenieur
4 Tontechniker
2 Szenenbildner
2 Innenrequisiteure
2 Außenrequisiteure
1 Requisitenassistentin
1 Bühnenmeister
2 Handwerker Baubühne
2 Handwerker Kamerabühne
1 Oberbeleuchter
3 Beleuchter
1 lichtsetzender Kameramann
3 Kameraleute
1 Dolly-Fahrer
4 Kabelhilfen
3 Absperrhilfen
1 Kostümbildnerin
1 Kostüm-Assistentin
3 Maskenbildnerinnen
3 Garderobierinnen
2 Brandsicherheitswachen
2 Produktionsfahrer
1 KFZ-Mechaniker
1 Kinderbetreuerin
2 Köchinnen (Catering)
1 Putzfrau
1 Standfotografin
1 Pressechef/in
1 Presseassistent/in
1 beratender Arzt

bei Bedarf Gärtner, Schlosser, Maler, Dekorateure, Schreiner und andere Handwerker aus dem Bereich Ausstattung des WDR.

Kunst. Es ist Fließbandarbeit. Gott sei Dank mit Macken!" Und inzwischen mit weniger Überstunden.

„Wenn's nach mir geht", sagt Horst, „dann bleibe ich hier so lange, bis meine Rente durch ist." Horst ist 52 und Tischler. Er gehört zur Abteilung Baubühne und ist morgens einer der ersten am Platz. „Ich bin gern hier, die Leute sind in Ordnung", sagt er und meint damit alle, auch die Schauspieler. „Allüren, so was gibt's hier nicht." Horst und seine Kollegen sorgen dafür, daß die Kulissen stimmen. Sie verschieben Wände, hängen Fenster ein, richten die Drehorte außen und innen so her, daß die Requisiteure die Feinarbeit machen können. Die Baubühne hat auch die Hasenställe für Zorros Hinterhofzucht gezimmert und das Schiffsgerüst für Gottlieb Griese. „Wenn hier nur einer querschießt", sagt Horst, „geht es nicht mehr weiter." Und deshalb schießt eben keiner quer. Das ist Teamgeist.

Zwischen Dresslers Haus und dem Friedhof steht ein Baustellen-Container. Den hat irgendwann mal eine Abteilung vergessen, und der ist jetzt das „Büro" der Baubühne, für den Pausenkaffee. Nebenan haben Horst und seine Kollegen einen kleinen Teich angelegt. „Wir malochen hier den ganzen Tag, warum sollen wir es uns nicht ein bißchen schön machen!" In dem Teich schwimmen Rotfedern, Goldfische und Graskarpfen. Das Schilf im Schatten der Lindenstraße wächst fast so schnell wie die Tomaten ein paar Meter weiter, von denen keiner weiß, wie sie dahin gekommen sind.

Vielleicht waren es die Gärtner, die den Friedhof pflegen. Er ist so klein, daß man ihm die Kulisse anmerkt, und das ist auch gut so. Sonst müßte man trauern am Grab von Henny und Meike Schildknecht. Das Grab wird in Ehren gehalten, auch wenn es im Fernsehen selten eine Rolle spielt, und die Schildknechts sind die einzigen Serienhelden im deutschen Programm, die einen eigenen Grabstein haben - mit Geburts- und Sterbetag. „Ausgeschieden in Folge 61 und Folge 84" hätte besser gepaßt, aber es soll ja so sein wie im richtigen Leben.

Tauben unterm Dach, Tomaten hinterm Haus und einen Friedhof für serienmüde Schauspieler, das gibt es nur in der Lindenstraße. Wenn sie mal abgerissen wird, werden in Bocklemünd viele Mitarbeiter traurig sein. Und vielleicht kommt ein Fan vorbei, der den Grabstein vor den Baggern rettet.

Ende der Vorstellung: Henny und Meike Schildknecht, die Serien-Toten, und ihr Denkmal. Der Grabstein ist echt, der Friedhof nur eine Kulisse im Schatten der Lindenstraße.

Dachgeschoß links:
Franz Wittich (früher Stefan Nossek)

3. Stock links:
die Schildknechts

2. Stock links:
Carsten Flöter (früher auch Elisabeth und Beate Flöter, dann Gert Weinbauer, Robert Engel, zuletzt Zorro)

1. Stock links:
die Beimers und Dominique Mourrait

Erdgeschoß links:
die Klings

Das Haus

Dachgeschoß rechts:
Vasily und Beate Sarikakis (früher die Kronmayrs)

3. Stock rechts:
die Kochs (früher Lydia Nolte mit Tochter Berta, dann mit Chris Barnsteg)

2. Stock rechts:
die Wohngemeinschaft

1. Stock rechts:
die Grieses

Erdgeschoß rechts:
Isolde und Enrico Panowak-Pavarotti (früher die Bennarschs)

WOHNUNGEN

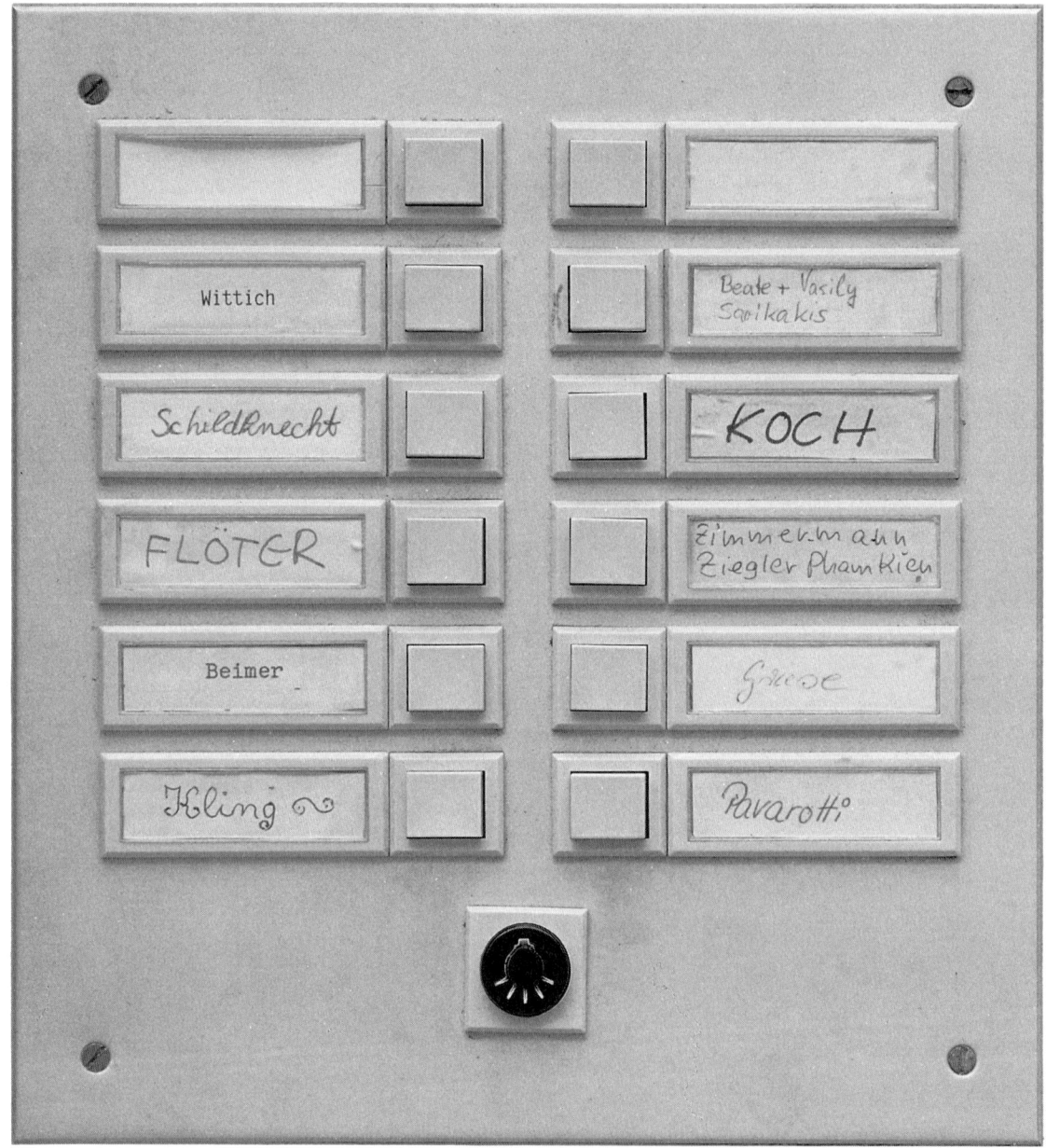

Wer wohnt wie?

Wie sehen die Wohnungen in einem mehrstöckigen Mietshaus aus? Meist ist es so, daß sich ihre Grundrisse ähneln, und daß die Wohnungen, die auf einer Seite in verschiedenen Etagen liegen, fast gleich geschnitten sind. Lindenstraße 3 ist auch ein mehrstöckiges Mietshaus und eigentlich eins in der Art, wie es tausende gibt.

Aber: Mit den Grundrissen, da ist das so eine Sache. Sie sind - wie vieles bei einer Fernsehserie - eben doch ein bißchen anders als im richtigen Leben. Denn als es darum ging, in einer Produktionshalle so viele Wohnungen wie möglich nebeneinander aufzubauen, da kam man zu ganz ungewöhnlichen Lösungen - platzsparend und kamerafreundlich.

So, wie die folgenden Zeichnungen zeigen, wohnen sie jedenfalls, die Beimers & Co. im Haus Lindenstraße 3 - auch wenn darüber so mancher Architekt ins Grübeln gerät.

Beimers Wohnung
1. Stock links, 78 qm, 4 Zimmer, 820 Mark Miete.

Für die Beimers mit ihren drei Kindern war diese Wohnung im Grunde immer zu klein. Und als Benny sich zu erwachsen fühlte, um weiter mit Klausi in einem Raum zu leben, durfte er ausziehen: in den Hobbykeller neben der Waschküche. Seit Marion studiert, ist ihr Zimmer für Gäste frei. Eine Zeitlang hatte sich Onkel Franz darin breitgemacht. Jetzt wohnt dort die französische Austauschschülerin Dominique.

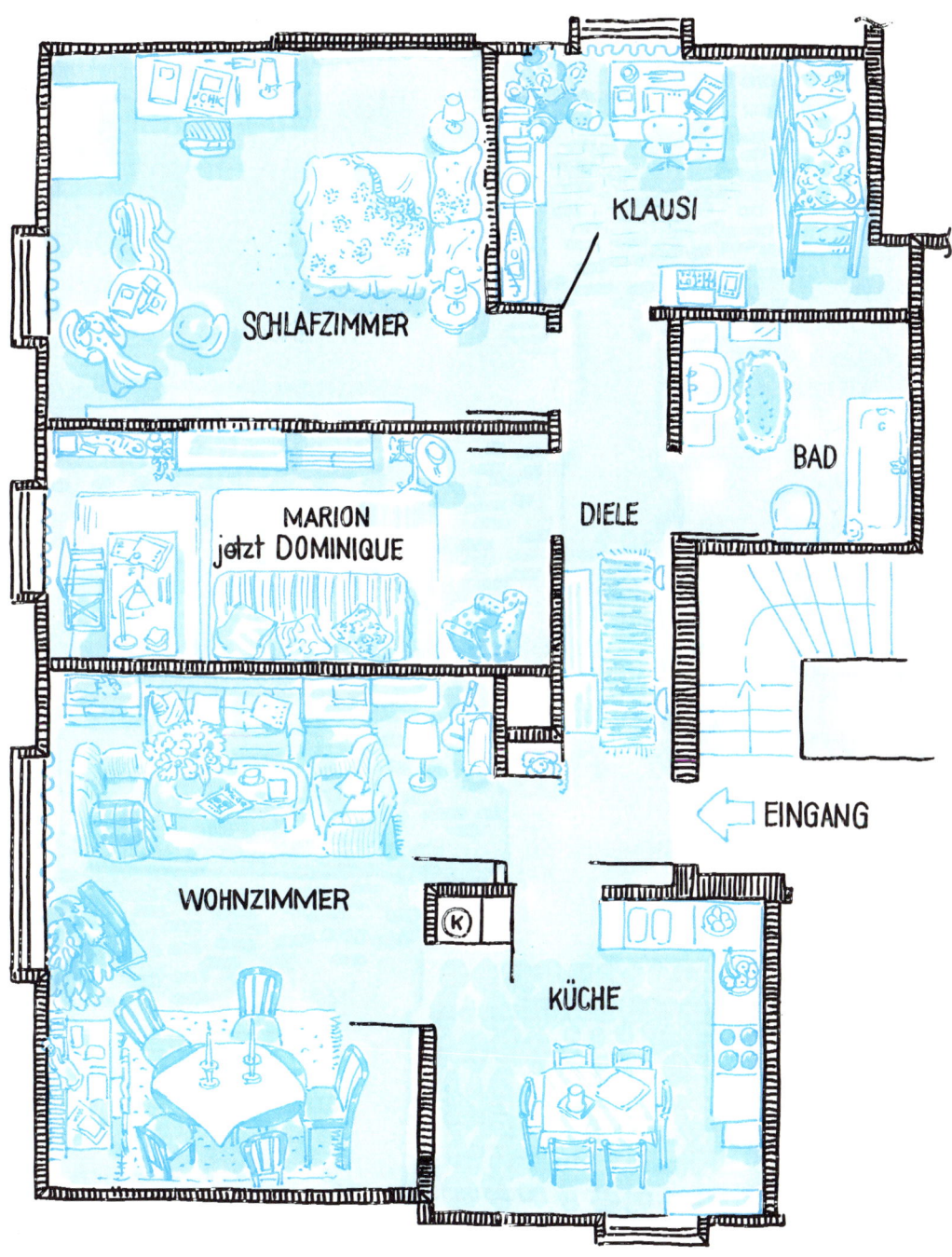

Die Wohngemeinschaft
2. Stock rechts, 78 qm, 4 Zimmer, 820 Mark Miete.

Mieter dieser Vierzimmer-Wohnung waren anfangs Benno und Gabi. Gung und Phil Seegers wohnten zur Untermiete. Zeitweise lebten auch Wolf Drewitz und Chris Barnsteg hier, im jetzigen Kinderzimmer. Phil Seegers bewohnte damals das Zimmer, das jetzt Anna hat.
Nachdem Gabi Phil rausgeschmissen hatte, richtete Benno in dem Zimmer eine Werkstatt ein. Später flüchtete Gabis Kusine Anna vor ihrem gewalttätigen Ehemann Friedhelm in die WG und blieb – mit Unterbrechungen – dort wohnen. Nach Bennos Tod lebte hier vorübergehend auch Gabis Mutter Rosi mit ihrem Mann Hubert.

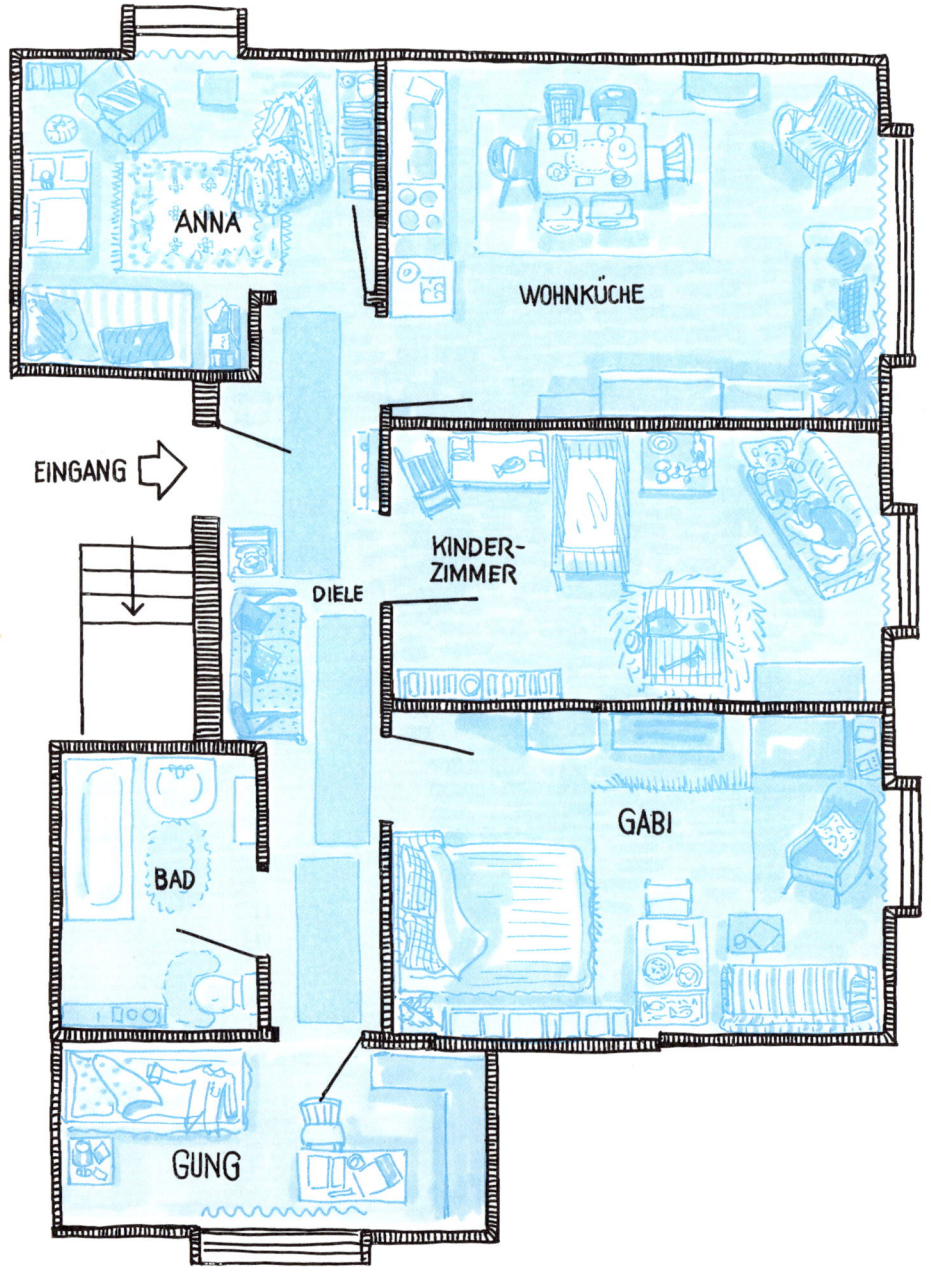

Schildknechts Wohnung
3. Stocks links, 78 qm, 4 Zimmer, 740 Mark Miete.

Hier war früher die Familie Schildknecht zu Hause. Da teilten sich die Töchter Tanja und Meike noch ein Zimmer, und Fitneßgeräte für Tanjas Tennis-Karriere versperrten den Flur. Nach dem Tod von Henny und Meike war es dann lange Zeit sehr still.
Jetzt lebt Franz mit seiner zweiten Frau Vera in der Wohnung und malt fast ununterbrochen. Tanja hat hier auch noch ein Zimmer.

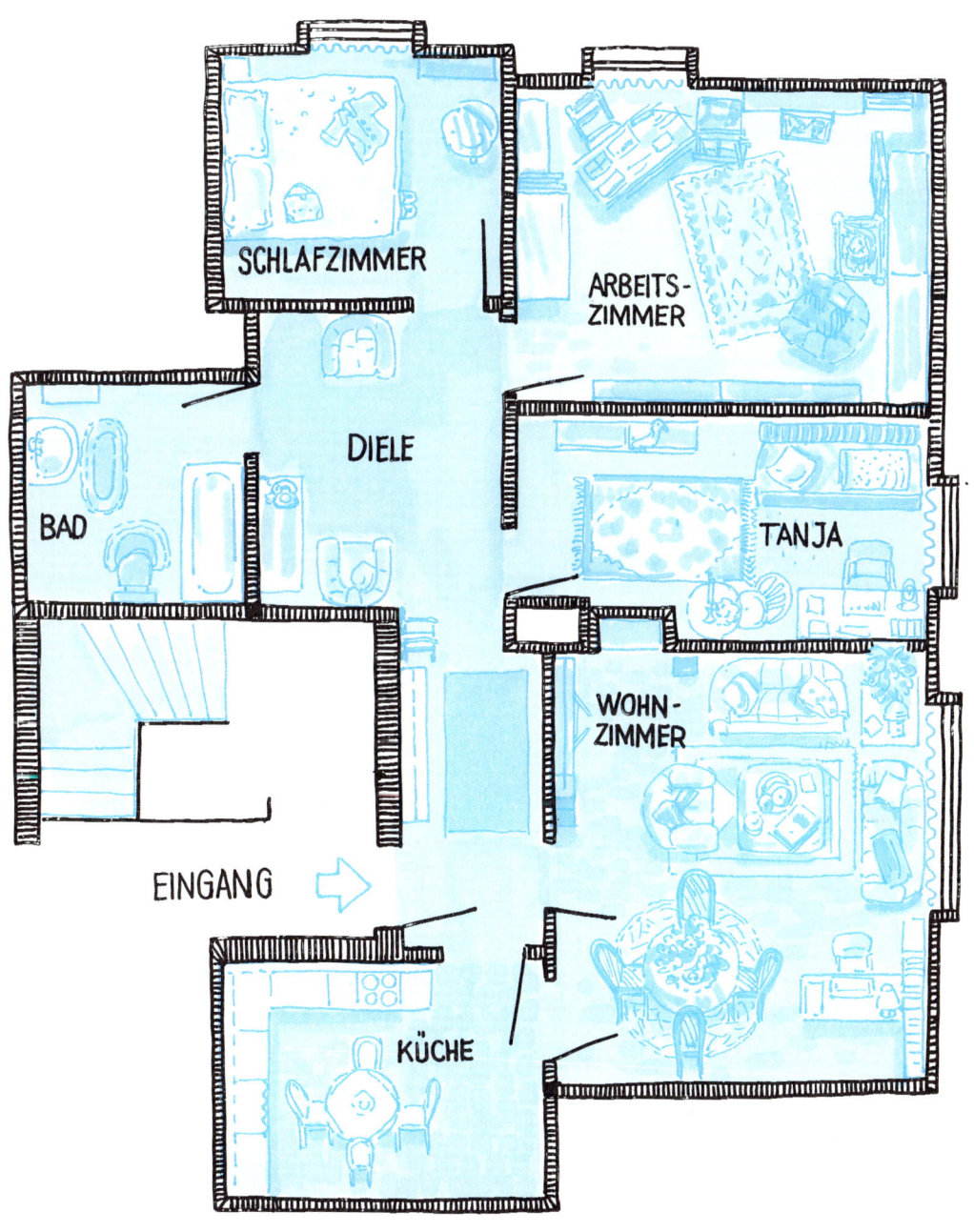

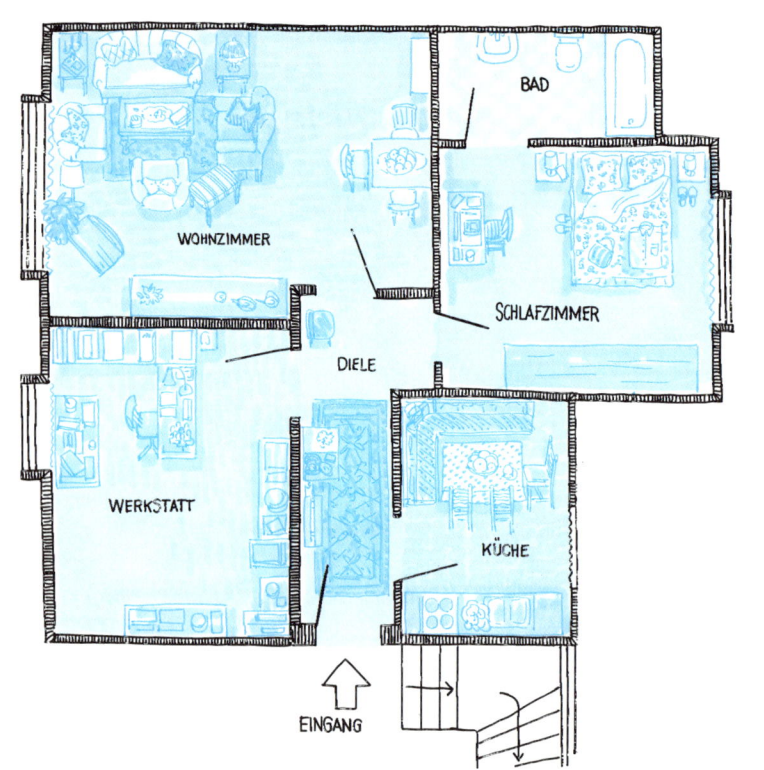

Die Klings

**Erdgeschoß links, 64 qm,
3 Zimmer, 680 Mark Miete.**

Hier wohnt das Ehepaar Kling. In ihrer Wohnung hat sich im Lauf der Jahre nicht viel verändert. Nur in der Zeit, als Elses Hausfreund Franz Wittich sich eingenistet hatte, hing dessen Jagdtrophäe, ein Wildschweinkopf, über dem Klingschen Sofa.

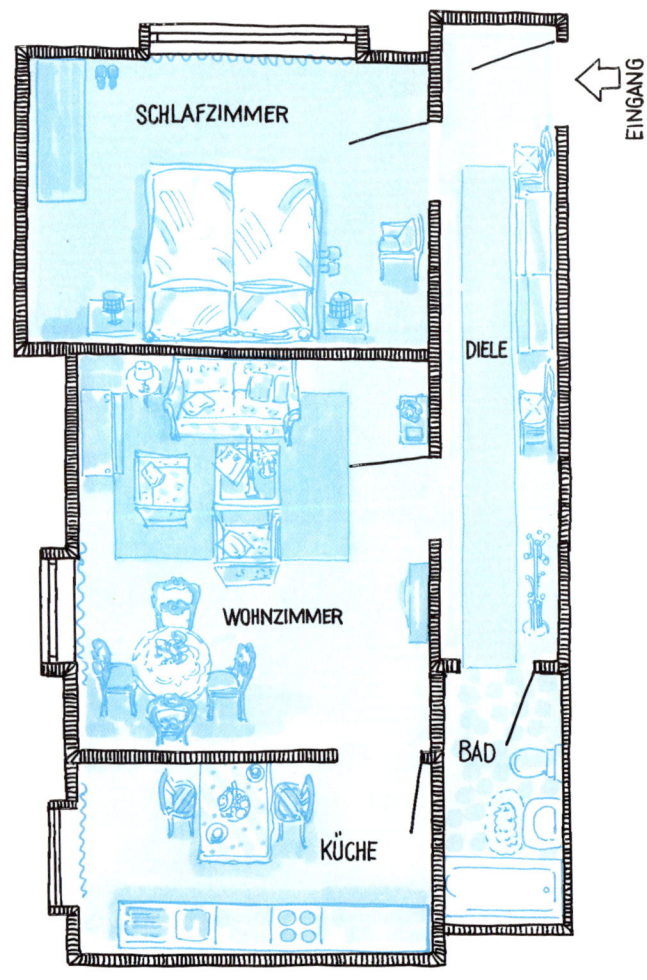

Panowak-Pavarotti

**Erdgeschoß rechts, 54 qm,
2 Zimmer, 720 Mark Miete.**

Bis zu ihrem Tod haben Joschi und Philo Bennarsch hier gewohnt. Danach ist für einige Zeit Berta Griese mit Manoel eingezogen, weil sie nicht mehr in der Wohnung ihres untreuen Ehemanns Gottlieb bleiben wollte.
Im Januar 1989 haben Isolde Panowak und ihr Ehemann Enrico Pavarotti die Erdgeschoß-Wohnung gemietet.

Franz Wittich

Dachgeschoß links, 48 qm,
2 Zimmer, 540 Mark Miete.

In dieser Dachwohnung sind einmal Henny und Tanja Schildknecht, später Bianca Guther, ein- und ausgegangen. Denn hier lebte Stefan Nossek, bevor er im Juni 1988 bei einem Unfall ums Leben gekommen ist. Danach diente die leerstehende Wohnung Elena Sarikakis' Bruder Dimitri, einem Schmuggler, als Versteck vor der Polizei, und auch Else Kling tauchte dort einige Zeit unter.
Seit Juni 1989 wohnt Helga Beimers Onkel Franz Wittich unterm Dach der Lindenstraße 3.

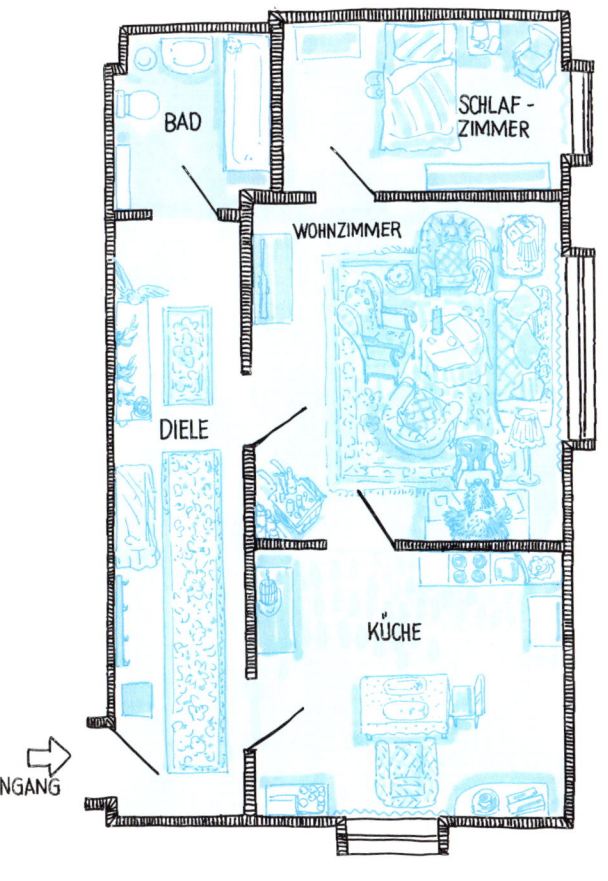

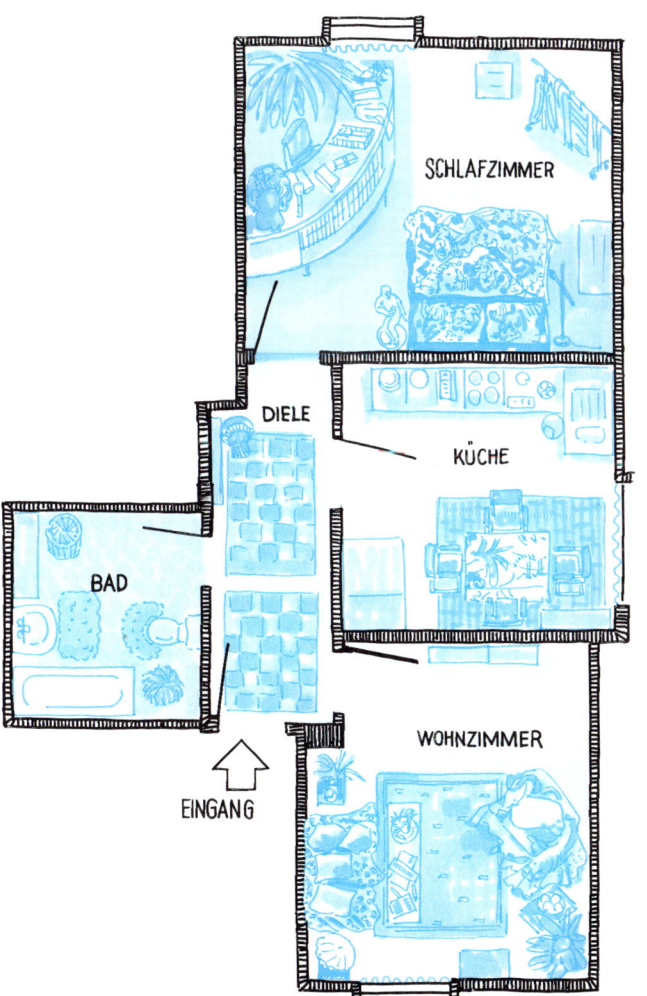

Sarikakis jun.

Dachgeschoß rechts, 48 qm,
2 Zimmer, 520 Mark Miete.

Anfangs wohnten hier Sigi und Elfie Kronmayr. Danach stand die Wohnung lange Zeit leer. Seit April 1988 haben sie Vasily und Beate Sarikakis gemietet.

Grieses Wohnung

**1. Stock rechts, 64 qm,
3 Zimmer, 740 Mark Miete.**

Berta Griese lebt mit ihrem Adoptiv-Sohn Manoel in dieser Dreizimmer-Wohnung. Sie gehört eigentlich ihrem Noch-Ehemann Gottlieb, der sie verlassen hat und sich auf einer Weltreise befindet.

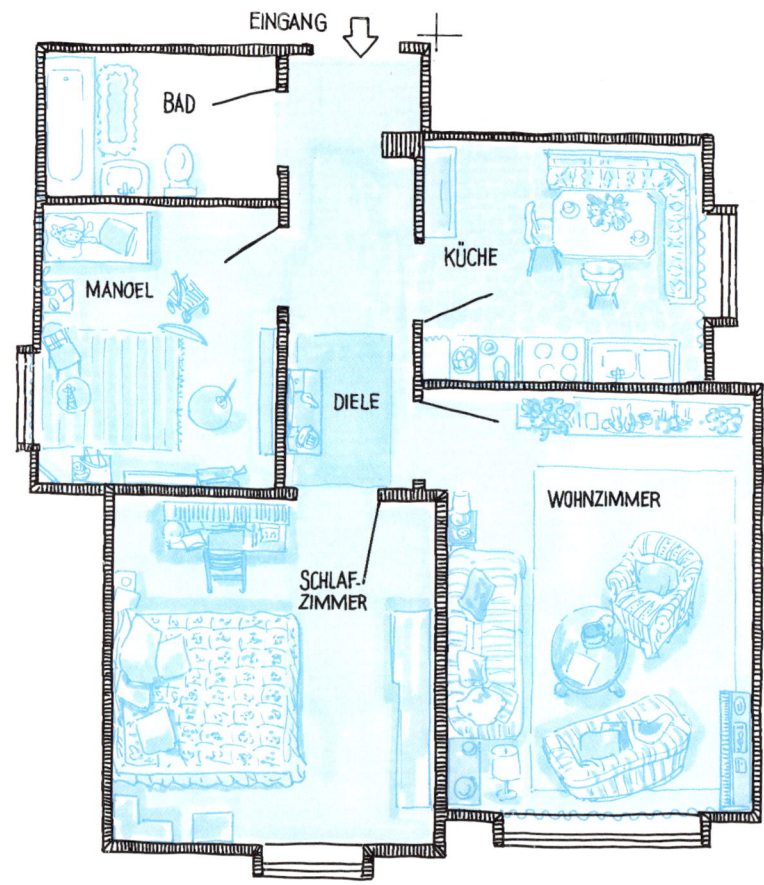

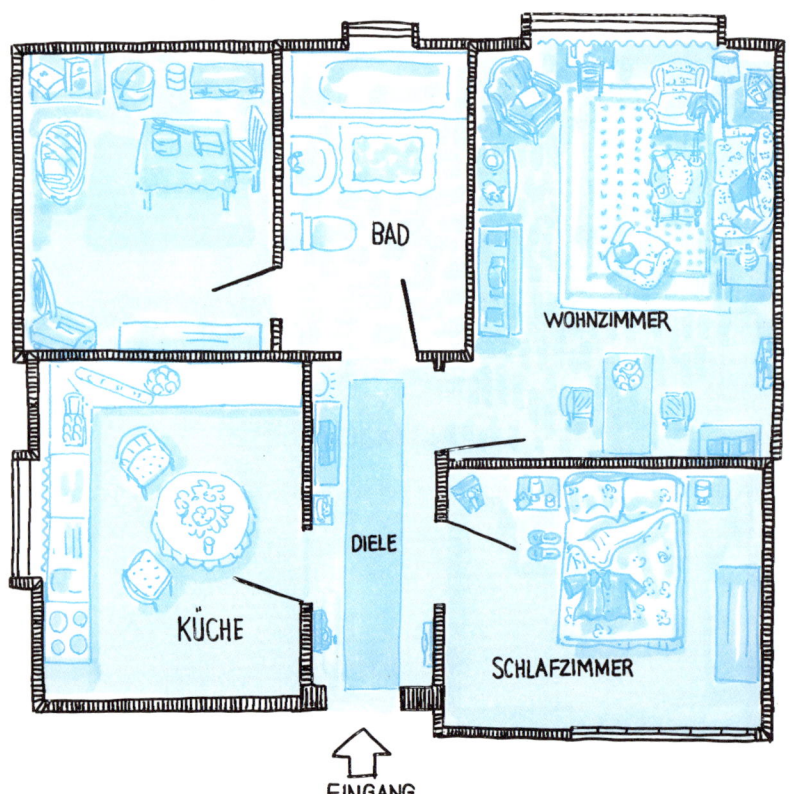

Kochs Wohnung

**3. Stock rechts, 64 qm,
3 Zimmer, 820 Mark Miete.**

Anfangs lebte hier Lydia Nolte mit ihrer Tochter Berta. Nach Bertas Heirat mit Gottlieb im Juni 1986 zog sie zu ihm in den ersten Stock. Danach hat Lydia ein Zimmer an Chris Barnsteg vermietet.
Weil Lydia seit langem schwer krank in einer Kurklinik in Garmisch ist, hat Berta die Wohnung ihrer Mutter im Februar 1989 aufgelöst. Seitdem wohnt dort das Ehepaar Rosi und Hubert Koch.

Carstens Wohnung

**2. Stock links, 64 qm,
3 Zimmer, 740 Mark Miete.**

Als Elisabeth Flöter nach ihrer Hochzeit zu Ludwig Dressler gezogen ist, sind die Kinder Carsten und Beate in der alten Wohnung geblieben. Im April 1988 bezog Beate mit ihrem Mann Vasily zwei Etagen höher eine eigene Wohnung.
Carsten wohnte zunächst mit seinem Freund Gert, später mit Robert zusammen. Danach hat er ein Zimmer an Zorro vermietet, der mittlerweile aber in einem Wohnwagen im Hinterhof lebt. Carsten ist derzeit allein in der Dreizimmer-Wohnung.

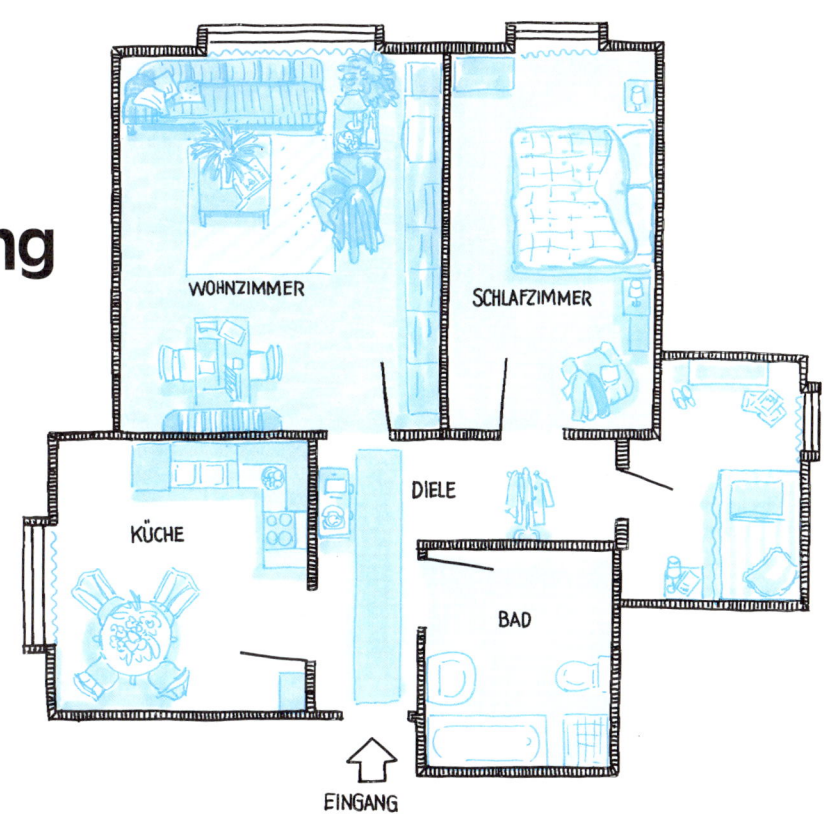

Zorros Wohnwagen

Hinterhof, mietfrei.

Im März 1989 ist Zorro vor Carstens Ordnungswahn in den Hinterhof geflüchtet. Auf einem Schrottplatz hat er sich einen Wohnwagen „organisiert" und lebt seitdem mit Gemüse- und Hühnerzucht in seinem selbstgebastelten Idyll.

Dresslers Haus
234 qm, 7 Zimmer, Eigentum.

Die Wohnung von Ludwig Dressler und seiner Frau Elisabeth liegt im ersten Stock der Villa, Lindenstraße 7, gleich über der Arztpraxis. Ludwig, der durch einen Unfall gelähmt ist, hat einen Speziallift ins Treppenhaus einbauen lassen, um mit seinem Rollstuhl ohne fremde Hilfe ein- und ausfahren zu können.

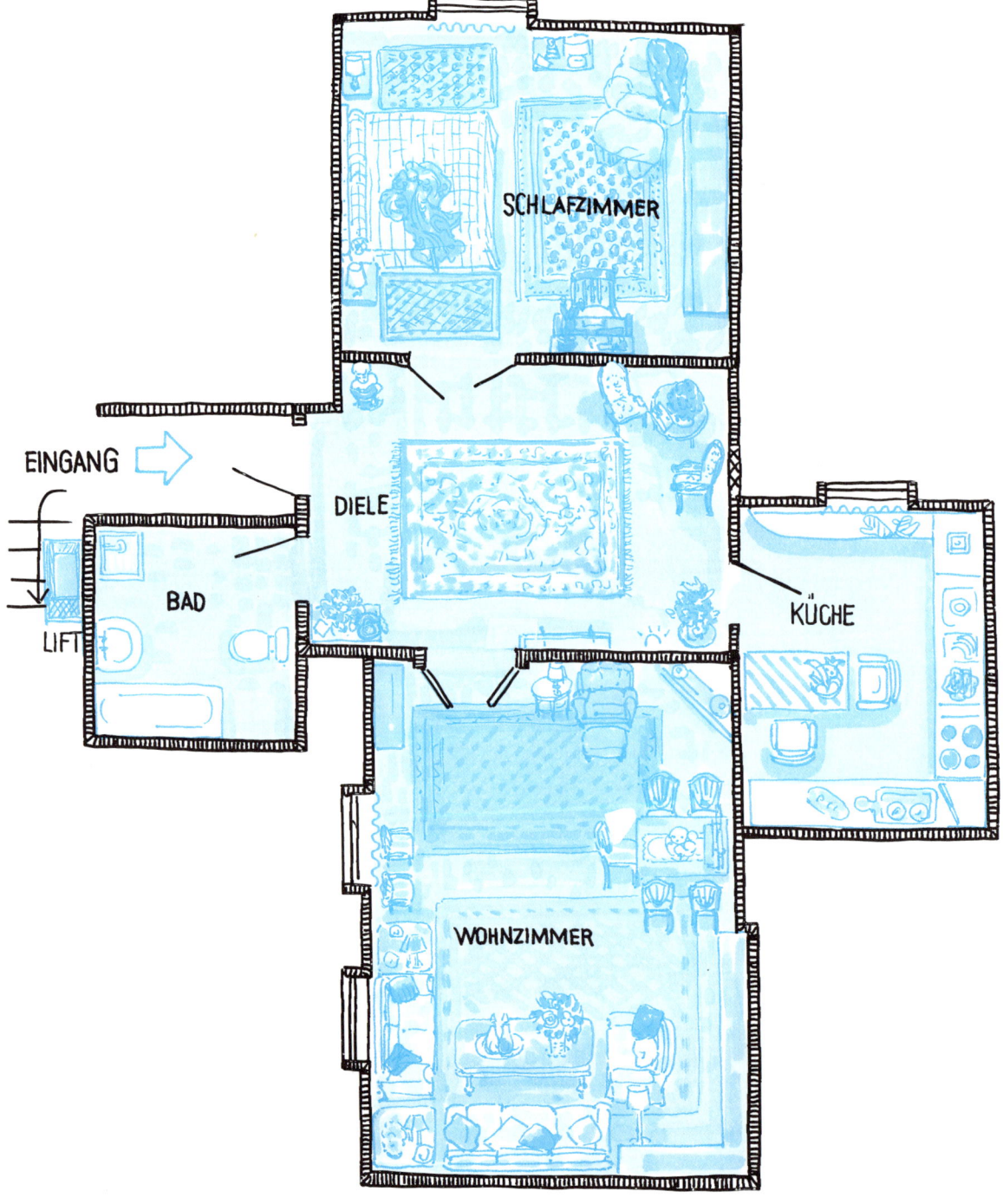

WOHNUNGEN

Die Villa: Dr. Dresslers Haus, Lindenstraße 7

Dr. Dresslers Praxis, im Erdgeschoß seiner Villa

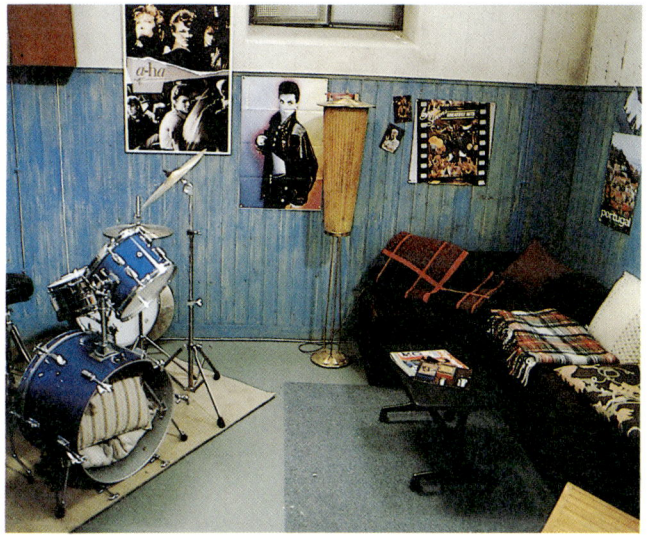
Beimers Hobbykeller: Hier wohnt Benny

Pavarottis Pizzeria, früher Gottlieb Grieses Kiosk

Die Stammkneipe: das griechische Restaurant „Akropolis"

Isolde Panowaks Friseur-Salon

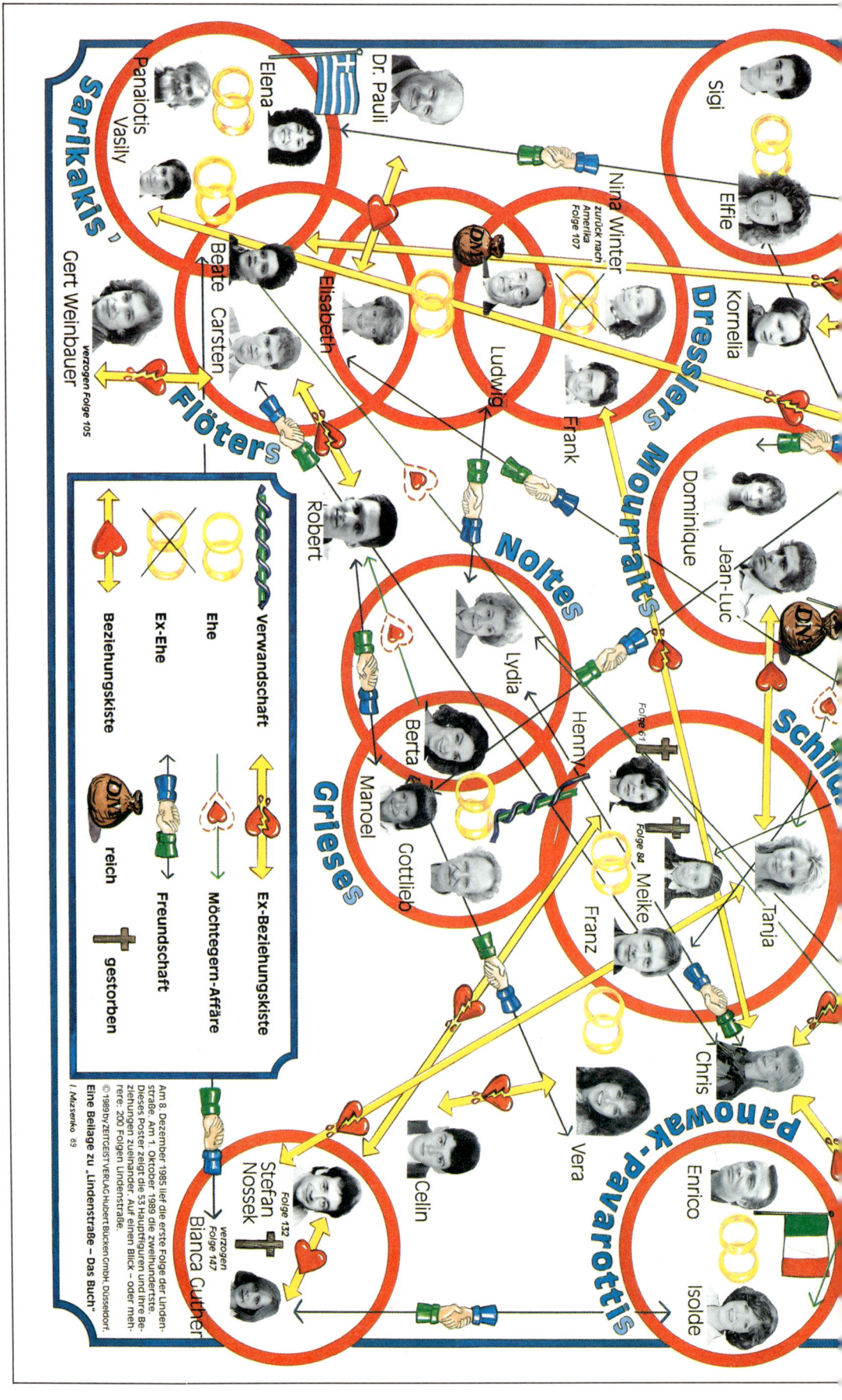

Die Leute der Lindenstraße

Mit 35 Figuren hat im Dezember 1985 alles angefangen. Vier Jahre später sind einige tot, andere sind weggezogen, und viele neue Gesichter sind in der Lindenstraße aufgetaucht. So viele, daß man schon mal den Überblick verlieren kann.

Und deshalb stehen sie hier alle, auch die Ausgestiegenen: Zum Nachlesen, zum Wiedererkennen oder Kennenlernen.

Die 53 Leute der Lindenstraße.

Das Super-Schandmaul

Else Kling

Geboren am 14.5.1927, lernte 1944 Egon kennen, Hochzeit 1952. 1955 Geburt Sohn Olaf. Seit 1965 in der Lindenstraße, zunächst als Hausmeisterin. Übernahm im Sommer 1986 mit Egon den Griese-Kiosk. Hoher Lottogewinn im Juni 1987, mit dem sie einen Waschsalon eröffnete. Nahm im Januar 1989 „Onkel Franz" Wittich bei sich auf. Mallorca-Reise mit Franz im Februar, kurz danach warf Egon ihn raus.

Ach, Else. Die meisten ihrer Auftritte absolviert sie wie für einen Werbespot der Anti-Hausmeister-Liga, und mit ihr im Treppenhaus zusammenzustoßen, das ist ungefähr so unvermeidlich wie im dunklen Wald gegen einen Baum zu rennen. Else Kling, gottesfürchtiges Superschandmaul und Spionage-Weltmeisterin, ist eigentlich immer noch die hausmeisterlichste aller Hausmeisterinnen dieser Erde. Außerdem ist sie die Rekordhalterin unter den Lindensträßlern: Niemand sonst hat in so vielen Folgen einen Auftritt zu verzeichnen.

Daß Else die Menschen nicht besonders mag, hat einen einfachen Grund: Sie hält sie für mindestens so durchtrieben, verlogen und unzufrieden wie sich selbst, wäre aber insgeheim glücklich, wenn sie so sein könnte wie die, über die sie sich das Maul zerreißt: so kultiviert wie die Dresslers, so beliebt wie Lydia Nolte oder so unternehmungslustig wie Benny Beimer.

Stattdessen hütet sie weiter ihre verlogene Spießermoral, die jede Wohngemeinschaft zum Seuchengebiet erklärt, und hat eine wirklich gute Beziehung nur zu ihrem Putzeimer. Selbst ihren Mann kommandierte sie lange Jahre mit unerbittlicher Härte herum. Die Kling ist eben, wenn dieser Ausdruck auch nicht zu ihrem Wortschatz gehört, völlig frustriert.

Manchmal allerdings fällt sogar sie aus der Rolle. Als sie fünf Richtige im Lotto hatte, tanzte sie vor Freude ganz unaufgeräumt auf der Straße herum, Arm in Arm ausgerechnet mit Gung, „dem Asiaten, der erst mal richtig bayrisch lernen soll". Aber so was passiert wirklich nur ganz, ganz selten.

Garantiert keine Kittel: Schauspielerin Annemarie Wendl zur Anprobe in einer Boutique

Annemarie Wendl

geboren: 26.12. in Trostberg / Oberbayern
aufgewachsen in: Trostberg
wohnt in: München
Größe: „Ich wachse schon nach unten"
Augenfarbe: „Dunkelblau bei Wut, hellblau bei Freude."
Familienstand: verwitwet
Kinder: Sigmar (43)
Ausbildung: Schauspielausbildung, Berlin
Bühnen: Augsburg, Wiesbaden, Bonn, Innsbruck, Salzburg, München (Residenztheater), Bamberg, Ingolstadt
TV: z.B.: „Matthias Kneissl", „Schwarz und weiß wie Tage und Nächte" (WDR), „Der Glockenkrieg", „Rambo Zambo", „Pumuckl", „Ein Kapitel für sich", „Der Gerichtsvollzieher" (BR)
Hobbys: Bergwandern

Der feige Held
Egon Kling

Geboren am 6.3.1925 in Dortmund. Seit 1952 mit Else verheiratet. 1955 Geburt Sohn Olaf (lebt heute mit Ehefrau Inge in Regensburg). Arbeitete in Bayern als Landarbeiter. 1965 Umzug in die Lindenstraße nach München, Hausmeister-Stelle. Verlor die Stelle im Sommer 1987.

Ach, Egon. Sicher ist es eine Strafe, mit Else Kling verheiratet zu sein. Aber: Wer sich sein Leben lang so runtermachen läßt, der ist selber schuld.

Ein Mensch mit mehr Achtung vor sich selbst hätte jedenfalls schon vor langer Zeit einen Schlußstrich unter dieses armselige Dasein gezogen. Egon aber war immer fürchterlich träge. Seine größten Glücksmomente hatte er, wenn er im Wohnzimmer Bier trinken, eine Zigarette rauchen und die Füße auf den Tisch legen konnte, ohne von Else vor die Tür geschickt zu werden. Und sein Mut reichte gerade mal so weit, ab und zu die Flucht zu ergreifen. Lächerliche kleine Fluchten wie sein Versteck in der leerstehenden Nossek-Wohnung, wo er unbeobachtet auf einer Matratze hockte und in Porno-Heften blätterte, als wäre er zwölf Jahre alt und nicht vierundsechzig.

Wenn seine Bierbäuchigkeit früher einmal gemütlich war, jetzt kommt sie nur noch schwerfällig daher. Geduckt hat er sich immer auf dem Weg des geringsten Widerstands dahingeschleppt und sich Mühe gegeben, für alle im Haus ein netter Mensch zu sein - als eine Art Dauerentschuldigung für die beschämenden Tratschorgien seiner Frau.

Aber auch Egon hat die Chance bekommen, einmal in seinem Leben den Helden zu spielen: Er ließ sich Anfang 1989 von Sarikakis für einen Schmuggel-Deal einspannen und fuhr, getarnt als Campingbus-Tourist, mit heißer Ware und weichen Knien nach Griechenland. Abenteuer, ich komme! Ganz ohne Else. Und erst recht ohne Skrupel.

Der Trip hat ihm gut getan: Mit erhobenem Haupt ist er zurückgekehrt und hat seiner Frau den Kampf angesagt: Mach, was du willst, aber laß mich in Ruhe - so lautet seine neue Devise. Vielleicht kriegt Egon doch noch die Kurve.

Wolfgang Grönebaum

geboren: 14.3.1927 in Grabs/St. Gallen (Schweiz)
aufgewachsen in: Dortmund und im Allgäu
wohnt in: Morsbach / Sieg
Größe: 180 cm
Augenfarbe: braun
Familienstand: verheiratet mit Helga Grönebaum
Kinder: Thomas (32), Stefan (27)
Ausbildung: Schauspielausbildung Folkwangschule, Essen
Bühnen: Schauspielhaus Bochum und Düsseldorf
TV: „Smog", „Stellenweise Glatteis", „Der Winter, der ein Sommer war", WDR
Hobbys: Seine 4 Pferde, 3 Hunde, 2 Ziegen

Franz Schildknecht mit seiner zweiten Frau Vera

Der Aussteiger
Franz Schildknecht

Geboren am 2.12.1945 in Franken. Zog 1968 nach München. Nach Beendigung des Studiums 1970 Lehrer an Realschule. Heiratete im selben Jahr Henny, kurz danach wurde Tanja geboren. 1975 Geburt der Tochter Meike. Februar bis Oktober 1986 hatte Ehefrau Henny ein Verhältnis mit Stefan Nossek. Im Januar 1987 Selbstmord Henny. Juli 1987 Tod Meike. Im Februar 1988 lernte Franz Vera und deren Schein-Sohn Celin kennen. Vera zog im Sommer 1988 zu ihm. Reise mit Vera nach Gomera bis Weihnachten 1988. Entdeckte seine Lust am Malen, fährt nebenbei Wäsche aus. Geht nicht zurück an die Schule. Heiratete Vera 1989.

Ein Familienfoto aus den frühen Tagen der Lindenstraße: Franz Schildknecht mit Nesthäkchen Meike, Opa Gottlieb Griese, Tochter Tanja und Ehefrau Henny

Anfangs konnte man diesem Franz Schildknecht wirklich nicht viel Gutes abgewinnen. Da war er ein verbeamteter Oberstoffel und großer Langweiler, der allerdings um seine Feierabendruhe gebracht wurde. Denn das Leben hatte sich für ihn ziemlich miese Geschichten ausgedacht: Eine Frau, die sich wegen einer gescheiterten Liebesaffäre umbringt, und eine kleine Tochter, die unter großen Qualen an Leukämie stirbt. Nach diesen harten Schicksalsschlägen wußte Franz nicht mehr weiter, und es war damals die liebevolle Zuwendung seiner zweiten Tochter Tanja, die ihn gerettet hat.

Am Ende seiner Trauerarbeit mit ihr hat Franz seinen Lebensmut wiedergefunden, hat sich und sein Leben völlig umgekrempelt und ist aus dem Schuldienst ausgestiegen. Er ist so sehr ein anderer geworden, daß sie im Grunde direkt den Darsteller hätten auswechseln können. Denn auf einmal flippte er als freier Künstler und Wäschefahrer mit einer Power durch die Lindenstraße, die wir ihm nie zugetraut hätten - mal mit, mal ohne fransigen Vollbart.

Fast Tag und Nacht steht er seitdem mit großer Lebenslust und Energie an der Staffelei, und nur selten plagen ihn künstlerische Zukunftsängste. (Die Bilder sind noch nicht so toll ...)

Ostern 1989 hat er das zweite Mal geheiratet, seine Frau Vera ist ihm auch Lieblingsmodell und inspirierende Muse. Die beiden mögen sich wirklich sehr, und Sorgen hat Franz in letzter Zeit nur wegen Tanja: Ihre Beziehung zu dem reichen Franzosen Jean-Luc Mourrait, der immerhin genauso alt ist wie Franz, paßt ihm ganz und gar nicht. Und da kann auch die Tatsache, daß Mourrait ein Kunsthändler ist und seine Bilder kauft, nichts dran ändern.

Raimund Gensel

geboren: 1940 in Eisenach
wohnt in: Oberfranken
Größe: 178 cm
Augenfarbe: braun
Familienstand: verheiratet
Kinder: ein Sohn (1)
Ausbildung: Schauspielausbildung, Essen und Salzburg
Bühnen: Berlin, Marburg, Hannover, Kassel, Nürnberg, Hamburg, Burgfestspiele Jagsthausen.
Hobbys: Lesen, Bergsteigen

Die Musenbraut
Vera Schildknecht-Sash

Geboren am 21.4.1950. Wurde nach Abschluß der Pädagogischen Hochschule in München Lehrerin für Deutsch, Geschichte und Französisch in Würzburg. Ließ sich 1987 nach München versetzen. Lernte Franz Schildknecht kennen. Beziehung zu ehemaligem Schüler Celin Kern. Zog Juni 1988 zu Franz Schildknecht. Ging mit Franz von August 1988 bis Weihnachten 1988 nach Gomera. Heiratete ihn Ostern 1989.

Wenn Frauen eine Schwäche für blutjunge Knaben haben, kann für sie der Beruf der Lehrerin zweifellos besonders reizend sein. Es scheint allerdings ratsam, bei der Annäherung an die minderjährigen „Schutzbefohlenen" behutsam vorzugehen.

Vera Sash tat das nicht und handelte sich durch die Love-Story mit ihrem Schüler Celin eine komplizierte Affäre ein. Denn sie hatte den hochsensiblen Jüngling und Poeten so becirct, daß er glaubte, nur noch in ihr die Kraft für sein Dichterleben finden zu können. Mit leidenschaftlichen Versen und Meeren von Blumen legte er ihr täglich seine Liebe zu Füßen - begleitet von den sich abwechselnden Drohungen, ins Wasser oder zur Polizei zu gehen, falls seine Angebetete ihn verlassen sollte.

Vera, die einen Skandal vermeiden wollte, wurde ihren liebestollen Knaben also nicht mehr los; auch nicht, als sie sich an eine Schule nach München versetzen ließ. Denn Celin kam mit und zwang sie, seine Mutter zu spielen, um ihr – das Verhältnis verwandschaftlich getarnt – auch öffentlich nahe sein zu können.

Diese Geschichte erfuhren wir erst, nachdem Vera sich - ganz konventionell - in ihren Kollegen Franz Schildknecht verliebte und das merkwürdige Muttersöhnchen Celin den beiden das Leben schwer machte. Einige Zeit hielt Vera ihren Franz zum Narren. Dann aber wurde ihr klar, daß sie ihn sehr liebt und das Spielchen mit Celin beenden muß: Trotz dessen dramatischer Drohungen hat sie ihn schließlich verabschiedet und Franz die Wahrheit gesagt.

Danach war Vera sehr erleichtert und hat sich in der angenehmen Normalität des Ehelebens vom Celinschen Chaos ausgeruht. Sie ist jetzt sehr glücklich und es deutet nichts darauf hin, daß sich das bald ändern sollte.

Ria Schindler

geboren: 1.5.1953 in Siebenbürgen
aufgewachsen in: Siebenbürgen
wohnt in: Hannover
Größe: 162 cm
Augenfarbe: grau-blau
Familienstand: ledig
Ausbildung: private Schauspielschule, München
Bühnen: Altstadt-Theater, Stuttgart; Theater für Kinder, München; Pfalztheater, Kaiserslautern; Niedersächsisches Staatstheater Hannover
Hobbys: Alles, was sie gern macht

Der Hölderling
Celin Kern

Geboren am 6.2.1970 in Hamburg. Zog 1982 nach München. 1984 Scheidung der Eltern, Vater lebt seitdem in Frankreich. Verhältnis zu seiner Lehrerin Vera Sash bis Sommer 1988, gab sich als ihr Sohn aus.

„Armer Celin, Hölderlinsches Hochgewächs der Lindenstraße. Hat seine Vera, diese edelste aller Edelweiße, an Franz, die olle Primel, verloren. Mußte mit ansehen, wie der seine schmutzigen Blätter über ihr ausbreitete, sie detschte und knautschte. Wollte sein Herz ihm bluten vor Schmerz."

Armer Celin: Als er Anfang 1988 die Szenerie betrat, wurde er uns als Vera Sashs etwas abseitiger und reichlich ödipaler Sohn vorgestellt, der Gedichte rezitiert und in einem nervtötenden Ritual ständig einen Tischtennisball auftischen läßt. Ansonsten wandelte der empfindsame Jungdichter meist stumm bei Schildknechts umher und machte kein Hehl daraus, daß er Franz für einen ordinären Banausen hält, der seiner Vera nicht würdig ist.

Heftige Eifersuchtsszenen und Franz' Mißtrauen gegen den verqueren Knaben brachten schließlich die Wahrheit ans Licht: Celin ist gar nicht Veras Sohn! Vielmehr heißt er Celin Kern und war in Würzburg Veras Schüler und Liebhaber. In seinem Liebeswahn ist er ihr nach München gefolgt. Mit der Drohung, sie wegen Unzucht mit Abhängigen anzuzeigen, zwang er sie, die Geschichte von Mutter und Sohn mitzuspielen, um ihr immer nahe zu sein.

Armer, kluger Celin: Bei der Hochzeit von Vera und Franz hat er endlich eingesehen, daß er verloren hat. Daran konnte auch der Revolver in seiner Manteltasche nichts mehr ändern. Also warf er ihn weg und ging - in ein realistischeres Leben.

Joosten Mindrup

geboren: 6.5.1967 in Leer
aufgewachsen in: Emden
wohnt in: Hamburg
Familienstand: ledig
Größe: 183 cm
Augenfarbe: braun
Ausbildung: besucht z. Zt. eine private Schauspielschule in Hamburg
Hobbys: Klavierspielen, Konzerte, Theater

Die Verliererin
Henny Schildknecht

Geboren am 4.8.1948, Lehrerin am Gymnasium für Deutsch, Französisch und Sport. Heiratete 1970 Franz Schildknecht. Geburt von Tochter Tanja im selben Jahr. 1975 Geburt Meike. Von Februar bis Oktober 1986 Verhältnis mit Tennislehrer Stefan Nossek. 29.1.1987 Selbstmord. Sie wurde 38.

Ihren letzten Auftritt hatte Henny Schildknecht am 29. Januar 1987. Wie so ziemlich alles in der letzen Zeit verlief er anders als von ihr geplant: Der Selbstmordversuch mit einem bunten Sammelsurium an Tabletten und Alkohol gelang - unglücklicherweise. Denn ihr Vater hatte den Brief, mit dem sie die Tat rechtzeitig ankündigen wollte, zu spät gefunden. So wurde aus Hennys verzweifeltem Hilferuf, als tragisches Ende einer tragischen Geschichte, ein Totenbrief.

Am Anfang dieser Geschichte versuchte Henny aus der dumpfen Routine eines verschlafenen Ehelebens auszubrechen. Sie hielt die hohlen Rituale nicht mehr aus und hatte es satt, neben ihrem Bauch-ansetzenden Franz die Abende vor der Glotze zu verbringen. Das ganze Leben rauschte an der attraktiven und ehrgeizigen Henny vorbei. Nach 17 Jahren stellte sie fest: „Meine Ehe ist eine einzige Lüge!"

Und damit sollte Schluß sein. Sie wollte wieder mitspielen, eine spannendere Rolle als die der duldsamen, treuen Ehefrau. Leider geriet sie dabei in das falsche Spiel. Denn Henny verliebte sich in Stefan Nossek, den charmanten Tennislehrer ihrer Tochter. Zwar fand sie in seinen Armen zunächst das, was sie bei Franz vermißt hatte: Begierde, Leidenschaft und Action - Nossek allerdings, der durchtriebene Spieler, brachte nicht nur sie in Verzückung, er griff sich auch Töchterchen Tanja ...

Als Henny dieses schmutzige Spiel durchschaute, war bereits alles zu spät und kein Zurück mehr möglich: Franz wollte die Scheidung, die Kinder verachteten sie. Alleingelassen hat Henny ihren Abenteuerurlaub mit Tabletten und Alkohol beendet. Ein bißchen mehr Glück hätte sie verdient. Aber eine neue Chance wollte man ihr nicht mehr geben.

Monika Woytowicz

geboren: in Barth/Ostsee
wohnt in: München
Familienstand: verheiratet mit Celino Bleiweiß
Kinder: Ina (21)
Ausbildung: Schauspielausbildung in Leipzig
Bühnen: Leipzig, Radebeul, Frankfurt/Oder, Brandenburg
TV: verschiedene Produktionen des DDR-Fernsehens, „Der Alte" (ZDF), „Nachtärzte" (SFB), „Stahlkammer Zürich" (WWF), „Schwarzwaldklinik"
Filme: z.B.: „Aus dem Leben eines Taugenichts", „Cid & Co.", „Einer muß die Leiche sein", „Familienbande"

Das arme Kind
Meike Schildknecht

Jüngste Tochter von Henny und Franz Schildknecht, geboren am 4.9.1975. Kam 1985 aufs Gymnasium. Januar 1987 Tod der Mutter. März 1987 wurde ihre Leukämie-Erkrankung entdeckt. Ab März 1987 in der Klinik. Sie starb dort am 9.7.1987.

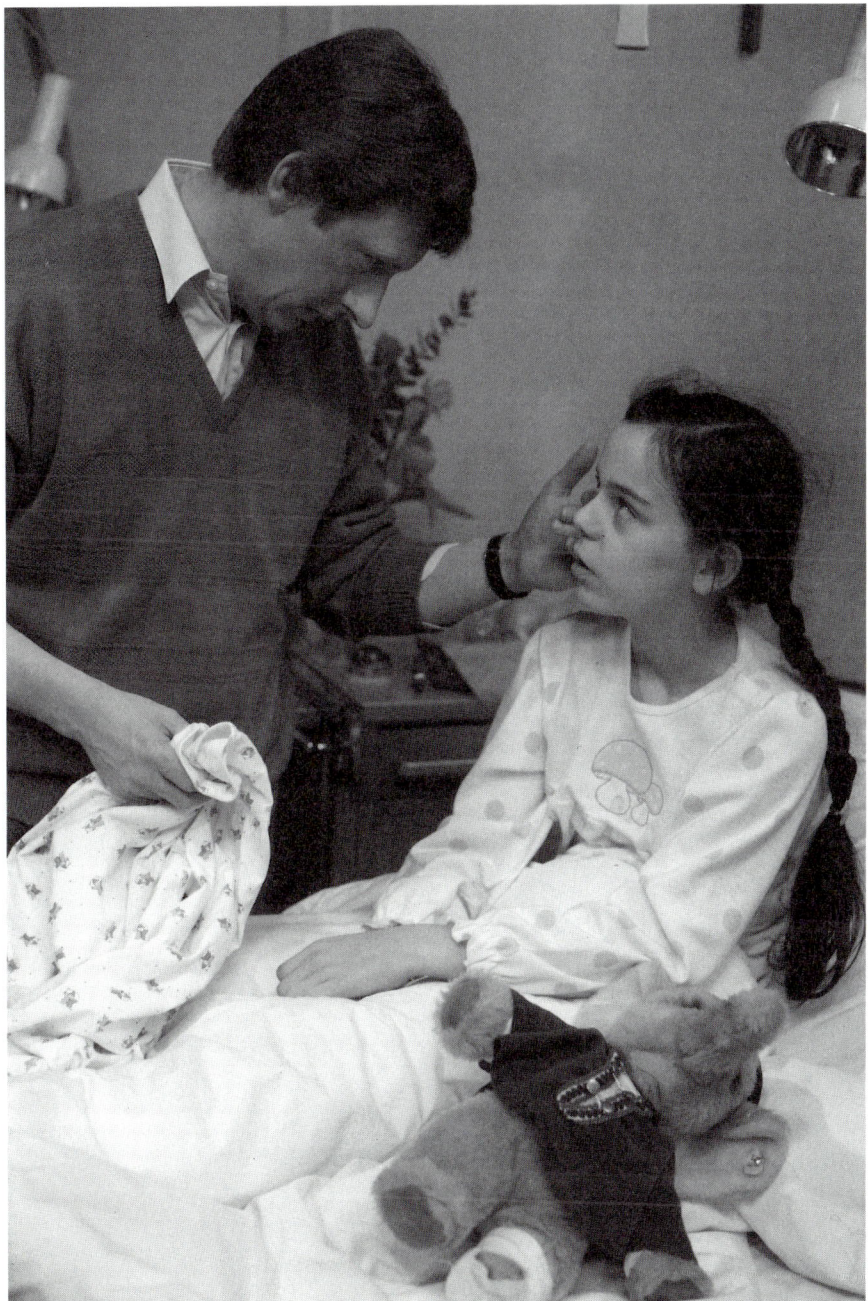

Trost für die tapfere Tochter: Franz besucht Meike im Krankenhaus

Meike war eines der tapfersten Serien-Kinder, das wir je gesehen haben. Nicht auf die Art, wie Pippi Langstrumpf oder die rote Zora tapfer sind, aber auf eine rührende, unspektakuläre Weise. Daß dieses Kind mit den klugen und ehrlichen Augen an Leukämie erkranken und schließlich sterben mußte, haben viele Zuschauer bis heute nicht einsehen mögen. Als der Tod aber kam, da war es höchste Zeit. Denn Meike hatte schon ihren Vater um Hilfe gebeten: „Papa, ich will nicht so langsam an den Schmerzen sterben. Wenn es ganz schlimm wird, hilfst du mir dann, daß es schneller geht?" Meike hat ihren Vater nicht mehr gebraucht, im Juli 1987 war ihr Leiden zu Ende.

Als sie noch ein gesundes Mädchen war, hat sie alles daran gesetzt, ihre Eltern wieder zusammenzubringen. Keine hat unter der „Affäre Nossek" so gelitten wie sie. Sogar krank wollte Meike damals werden und ist in einen Eisschrank gekrochen, um ihre Eltern - in Sorge vereint - zu versöhnen. Dabei ist sie fast erfroren, genutzt hat das nichts. Und als das mit der Leukämie losging, war es zu spät, denn ihre Mutter Henny war schon tot. Wenigstens Franz, Tanja und Opa Gottlieb haben an ihrem Krankenbett wieder zueinandergefunden.

Schade nur, daß Meike so wenig Gelegenheit hatte, ihre komischen Seiten zu zeigen. Sie konnte nämlich eigentlich sehr süß und schelmisch grinsen.

Selma Baldursson

geboren: 5.10.1974 in Köln
aufgewachsen in: Köln
wohnt in: Brühl
Größe: „Im Moment noch 160 cm"
Augenfarbe: blau
Hobbys: Musik, Klavierspielen, Tanzen

Das bekehrte Biest

Tanja Schildknecht

Ältere Tochter von Henny und Franz Schildknecht. Geboren 19.6.1970. Großes Tennis-Talent. Zog im Juni 1986 mit ihrer Mutter zu Tenniscoach Nossek. Verhältnis mit Nossek bis Weihnachten 1986. Danach Internat. Januar 1987 Selbstmord der Mutter Henny. Februar 1987 Rückkehr aus Internat. Juli 1987 Leukämie-Tod von Schwester Meike. Januar 1988 Schule beendet, Praktikumsstelle als Krankengymnastin. Ging Juni bis Dezember 1988 nach Gomera. Will Journalistin werden, begann Praktikum bei Zeitung. Lernte im August 1989 den 25 Jahre älteren Jean-Luc Mourrait kennen.

Den Vater beschimpfte sie als lahmarschigen Schnarchsack, der Mutter sagte sie von Frau zu Frau den Kampf an, und ihren Tennis-Coach Nossek versuchte sie leichtbeschürzt am Küchentisch zu verführen - Tanja Schildknecht hatte als durchtriebenes Biest wirklich einen starken Einstieg in der Lindenstraße.

Ehrgeizig und attraktiv wie sie war, hätte sie es als tennisbegabter Teenager eigentlich zu einer beachtlichen Karriere bringen müssen. Vielleicht würde ja Steffi Graf heute nicht so gelangweilt an der Weltspitze rumstehen, wenn sie Tanja in Ruhe hätten trainieren lassen. Aber ein falscher Coach und der tragische Tod ihrer Mutter und Schwester haben Tanjas luderige Lolita-Phase abrupt beendet und einen erwachsenen Menschen aus ihr gemacht. Etwas langweiliger zwar, aber vernünftig.

Tanja ist es dann gelungen, ihren Vater aus seiner Lebensmüdigkeit und seinen Depressionen nach Hennys und Meikes Tod zu befreien. Sie hat sich liebevoll um ihn gekümmert, und Vater und Tochter sind sich dabei gefährlich nahe gekommen. So nahe, daß es Tanja weh tat, als ihr Vater sich in eine andere Frau verliebte. Das war der Hauptgrund dafür, daß sie damals weggegangen ist. Auf Gomera wollte sie Abstand gewinnen und lernen, auf eigenen Füßen zu stehen.

Als sie im Dezember 1988 in die Lindenstraße zurückgekehrt ist, hat sie sich mit großem Idealismus auf ihr neues Ziel gestürzt. Sie wollte Journalistin werden, wollte die Leute wachrütteln und vor allem eins: die Wahrheit schreiben. Nach bestandener Aufnahmeprüfung an einer Journalistenschule ist allerdings erst mal die Liebe das einzig Wahre geworden: Jean-Luc Mourrait, weltgewandt-wohlhabender Kunsthändler aus Paris legt ihr in leidenschaftlicher Verehrung seine luxuriöse Welt zu Füßen. C'est la vie.

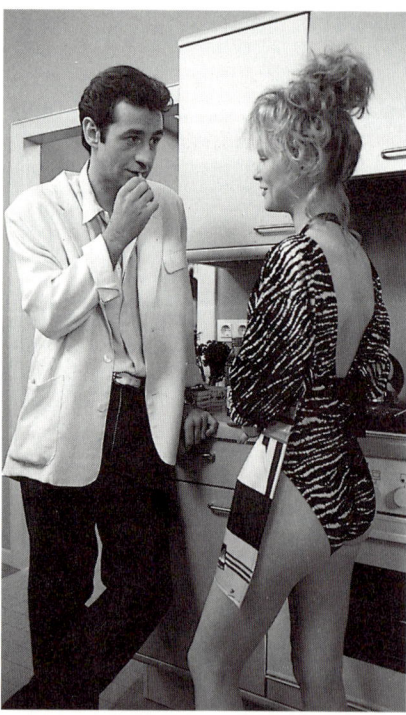

Tanja und ihr Trainer, eine Liebesaffäre mit traurigem Finale

Der Millionär
Jean-Luc Mourrait

Dominiques Vater, geboren am 8.4.1945 in Paris. Heiratete in reiche Kunsthändler-Familie ein, besitzt eine der größten Galerien in Frankreich. 1970 Geburt Tochter Dominique. 1978 Tod der Ehefrau. Er hat Marion Beimer als Austauschschülerin aufgenommen, dafür kam Dominique in die Lindenstraße.

Ein reicher Mann! Ein reicher Mann! Voilà, das hat der Lindenstraße noch gefehlt: Ein Mensch mit großen Scheinen - mit so viel Geld, daß er den ganzen Laden wegkaufen könnte, wenn er nur wollte. Aber Jean-Luc Mourrait, international agierender Dealer in Sachen Kunst, will ja offensichtlich was völlig anderes. Er hat sich in Tanja Schildknecht verguckt, und da bahnt sich nun eine ganz, ganz grandiose Love-Story an ...

Nun ist die Lindenstraße nicht die Champs Elysées, und somit nicht gerade die Gegend, wo ein französischer Millionär zu frühstücken pflegt. Aber weil es Dominique, Mourraits Tochter, als Austauschschülerin zu den Beimers verschlagen hat, mußte sich eben auch le papa Jean-Luc widerwillig in die Niederungen deutschen Vierzimmer-Wohnkomforts begeben - um überrascht festzustellen, daß es auch da ganz attraktive und elegante Fräuleins gibt, die einen leicht angegrauten Knaben noch einmal richtig in Verzückung bringen können.

Nur mit seiner Tochter, da hat Jean-Luc so seine Schwierigkeiten: Dominique lehnt ihn ab, verschließt sich, sobald er in ihre Nähe kommt und hat offenbar große Angst vor ihm. Das junge Mädchen trägt irgendein Geheimnis mit sich herum ... und der Schlüssel dazu scheint bei ihrem Vater zu liegen.

Sybille Waury
geboren: 9.5.1970 in Düsseldorf
aufgewachsen in: Ratingen
wohnt in: Ratingen
Größe: 165 cm
Augenfarbe: blau
Familienstand: ledig
Ausbildung: hat gerade ihr Abitur gemacht
Bühnen: Millowitsch-Theater, Köln
Filme: „Geld" (Doris Dörrie)
Hobbys: Saxophon und Steptanz

Gerard Herold
geboren: 10.9.1939 in Mulhouse/Elsaß
wohnt in: Paris
Größe: 183 cm
Augenfarbe: braun
Kinder: 1 Tochter (23)
Ausbildung: Nationaltheater Straßburg
30 Kinofilme, 35 TV-Stücke, 35 Theaterrollen
Hobbys: „Ich habe gern alte Bücher"

Der Franzose Frédérique de Pasquale war der erste Darsteller von Jean-Luc Mourrait. Im Mai 1989 mußte er die Rolle wegen Krankheit aufgeben.

Die Austauschschülerin
Dominique Mourrait

Geboren am 4.5.1970 in Paris. Mutter starb 1978. Vater Jean-Luc ist ein reicher Kunsthändler, lebt in Paris. Dominique wurde von der Haushälterin Jaqueline Perrier erzogen. Kam im Januar 1989 als Austauschschülerin für Marion zu Beimers in die Lindenstraße.

Für Benny war die Sache schon gelaufen, bevor er Dominique überhaupt kennengelernt hatte. „Das ist 'ne Bonzentusse, Mam, die stinkt vor Geld", motzte er rum, alles andere als begeistert von der Idee seiner Schwester Marion, ihre französische Freundin ausgerechnet bei Beimers deutsch lernen zu lassen. „Wenn diese Dominique versucht, mich auf französisch anzumachen", prophezeite Benny außerdem noch, „zieh' ich sofort zu Kornelia!"

Er konnte zu Hause bleiben: Dominique, einzige Tochter eines schwerreichen Kunsthändlers, macht in der Lindenstraße weder einen auf jetset-mäßig arrogant, noch ist sie darauf aus, mit verruchtem Augenaufschlag den Sohn ihrer Gastfamilie aufs Plumeau zu zerren. Das seltsam schweigsame, verschlossene und scheue Mädchen aus Paris scheint ganz andere Sorgen zu haben.

Denn nachdem Dominiques rätselhafte Schwindelanfälle offenbart haben, daß ihre Gesichtsblässe wohl doch kein Ausdruck vornehmen Chics ist, hat Dr. Pauli nach einem weiteren Zusammenbruch die Diagnose gestellt: Dominique ist magersüchtig.

Diese Krankheit, erklärte der Arzt der besorgten Helga Beimer, hat psychische Ursachen, die meist in der frühen Kindheit zu suchen sind. Bei dieser Suche aber kann nur Dominiques Vater helfen. Denn zwischen Vater und Tochter, das ist ganz offensichtlich, ist irgendetwas schwer in Unordnung ...

Brigitte Annessy

Geboren: 6.3.1968 in Versaille
Aufgewachsen in: Noisy-le-Roi
Wohnt in: Paris
Größe: 165 cm
Augenfarbe: braun
Familienstand: ledig
Ausbildung: „Ecole de l'Acteur Florent", Paris Theater Tournèe
TV: 2 Filme mit dem Franz. Fernsehen
Hobbys: Reiten, Schwimmen, Skifahren, Kinder, Reisen, Musik

Der Giftzwerg
Franz Wittich

Onkel Franz, geboren am 24.7.1913 in Herne, ist der Bruder von Helga Beimers Vater. Soldat im 2. Weltkrieg, drei Jahre Rußland. Schwarzmarkthändler während der Nachkriegszeit. Heiratete 1947 seine Frau Dora, keine Kinder. 1948 Lagerverwalter bei Spedition in Herne. 1956 Umzug nach München. 1964 Tod seiner Frau. Ging 1978 in Rente. Zog im September 1987 vorübergehend zu Beimers. April 1988 Altersheim. Wohnte zwischendurch bei Else Kling. Seit Juni 1989 eigene Wohnung in der Lindenstraße.

Dafür hat sich die Familie Beimer in letzter Zeit oft in Grund und Boden geschämt, daß sie so einen Menschen wie Franz Wittich in ihrer Verwandtschaft hat! Denn Helgas Onkel, dessen deutschnationales Geplärre von Kameradschaft, Kampfeskraft und Kohlrouladen schon ärgerlich genug ist, hat außerdem noch ziemlich viel Unheil in der Lindenstraße angerichtet. Und spätestens seit seinem letzten Tapferkeitsbeweis, als er einen zwölfjährigen Jungen beim Einbruch in Pavarottis Pizzeria erwischte und niederschoß, ist Franz Wittich, der Mann mit dem gewinnenden Lächeln, als gemeingefährlich einzustufen.

Der selbsternannte Ordungshüter und Waffenliebhaber war schon immer dafür, hart durchzugreifen. Im Gegensatz zu vielen Stammtischkrakeelern jedoch beließ er es nicht beim Sprücheklopfen: Eigenhändig vergiftete er zum Beispiel das Essen im „Akropolis", um Stimmung gegen die Familie Sarikakis und andere Ausländer in der Lindenstraße zu machen.

Wenn die Beimers von Anfang an gewußt hätten, was für ein gefährlicher Giftzwerg ihr reizender Onkel ist, dann hätten sie ihn wohl kaum bei sich aufgenommen. Aber der gemütliche Kerl mit den lustigen Augen wirkte immer ganz harmlos und liebenswürdig. Und mit seiner Show als altersschwacher, schwerkranker Mann hatte er vor allem das Mitleid seiner Nichte Helga geweckt. „Der arme Onkel Franz!" ... ein Simulant, der immerhin so gesund war, Klausi ein Luftgewehr zu schenken und Schießübungen mit ihm zu veranstalten, bei denen ein Querschläger Stefan Nossek blindgeschossen hat. Alter schützt vor Blödheit nicht!

Martin Rickelt

geboren: 2.9. in Berlin
aufgewachsen in: Berlin
wohnt in: Karlsruhe
Größe: „Ich werde immer kleiner"
Augenfarbe: blau
Familienstand: verheiratet mit Tamara
Kinder: Michael (44)
Ausbildung: Theater in der Stresemannstraße, Berlin (1933)
Bühnen: Berlin, Görlitz, Heidelberg.
Leitete von 1941 bis 1943 ein Fronttheater in der Ukraine.
Trat 1933 der Genossenschaft Deutscher Bühnen-Angehöriger bei.
Seit 1973 Landesobmann von Baden-Württemberg.

Die gute Mutter
Helga Beimer

Geboren 24.3.1940 in Bochum. Nach Mittlerer Reife Banklehre. 1966 lernte sie bei einem Betriebsausflug nach Heidelberg Hans Beimer kennen. 1968 Heirat in Bochum. 1969 Geburt Marion. 1971 Geburt Benny. 1978 Geburt Klausi. 1976 Umzug nach München. Nahm zeitweise ihren Onkel Franz bei sich auf. Ab August 1988 Ehekrise, weil Hans sich in Anna Ziegler verliebt hat.

auswanderte oder Marion einen Priester eroberte - die Familie Beimer hat das nicht erschüttert.

Aber dieser Traum von einer Familie läßt Helga jetzt ganz schön hängen: Marion existiert nur noch am Telefon, Benny gefällt sich in seiner „Ich-komm-schon-alleine-zurecht"-Phase, und selbst Klausi will nicht mehr so oft und gerne an die Brust gedrückt werden. Als Mutter ist Helga kaum noch gefragt. Und als Ehefrau?

Wieviel da in einundzwanzig Jahren verschlissen ist, hat ihr erst Hans' Affäre mit Anna Ziegler klargemacht. Das war kein locker-loser Seitensprung, sondern eine desillusionierende Lehrveranstaltung über die Anfälligkeit und Vergänglichkeit vermeintlich sicheren Eheglücks. Noch nie ist Helga sich so hilflos vorgekommen. Wer weiß, ob Hans überhaupt zu ihr zurückgekehrt wäre, wenn die Kinder nicht ... aber, was bringt das schon? Es muß, und es wird irgendwie weitergehen. Wenn's denn sein soll, auch ohne Hans! Schließlich ist sie nicht als Ehefrau und Mutter zur Welt gekommen, und vielleicht ist es Zeit, daß Helga sich auch mal um ihr eigenes Leben kümmert. Mit mehr oder weniger vielen Spiegeleiern.

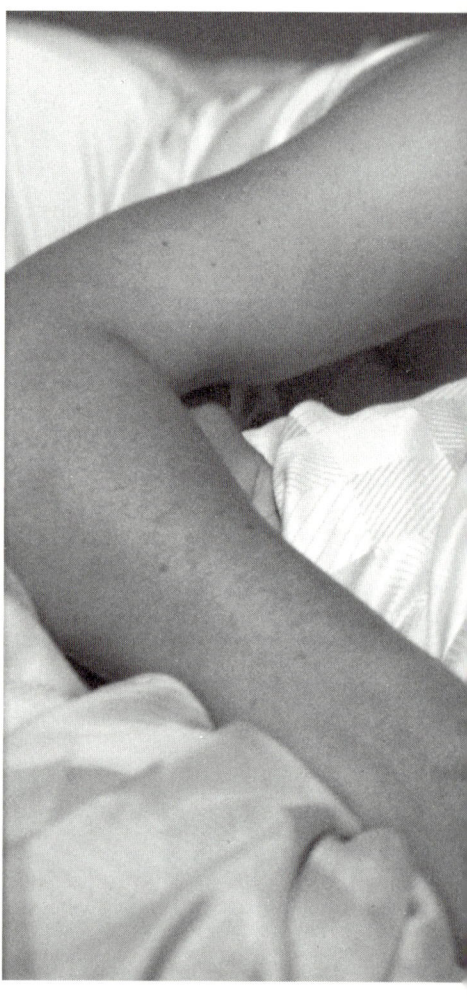

Es stimmt: Helga hat im letzten Jahr sehr, sehr viele Spiegeleier gegessen. Und das ist gar nicht gut. Denn erstens erhöhen Eier den Cholesterinspiegel, und zweitens deuten sie - jedenfalls bei Helga - immer auf Ärger hin. Frustessen nennt man das.

Frau und Mutter Beimer, der wahrlich der Himmel nicht leicht auf den Kopf fällt, hat also offensichtlich schon glücklichere Zeiten gesehen. Zeiten, da konnte sie rundherum stolz sein auf ihre Familie, da hatte sie als rührende Familienoberhäuptin hegend und pflegend alles, was drei Kinder so mit sich bringen, im Griff. Wenn Benny auch mit vierzehn Jahren mal nach Portugal

Marie-Luise Marjan

geboren: 9.8.1940 in Essen
aufgewachsen in: Hattingen
wohnt in: Hamburg und Köln
Größe: 168 cm
Augenfarbe: blau
Familienstand: ledig
Ausbildung: Sprechstundenhilfe in Hattingen (1957), Schauspielausbildung, Staatl. Musikhochschule, Hamburg (1958-60), Seminare in Hollywood und Paris
Bühnen: Basel, Karlsruhe, Bonn, Bochum
TV: z.B.: „Tatort", „Smog", „Traumschiff", „Schwarzwaldklinik"
Hobbys: Kochen, Wandern, Schwimmen, Musik, Fotografieren

Der verirrte Vater
Hans Beimer

Geboren am 2.10.1943 in Berlin. Studierte Sozialpägogik in Heidelberg, lernte 1966 Helga kennen. Diplomarbeit und praktisches Jahr 1967 in Bochum. 1968 Berufsabschluß und Heirat mit Helga. Geburt Marion 1969. Geburt Benny 1971. Stelle beim Jugendamt München als Sozialarbeiter. Einzug in der Lindenstraße 1976. Geburt Klausi 1978. August bis Oktober 1988 Verhältnis mit Anna Ziegler. Am 27.7.1989 Geburt des gemeinsamen Sohnes Tom.

Also, dem Beimer hätten das die wenigsten zugetraut. Der war nun wirklich das, was wir uns unter einem guten Ehemann und anständigen Familienvater so vorgestellt haben, außerdem noch ein engagierter Sozialarbeiter; jedenfalls alles andere als der Prototyp des Ehebrechers oder geübten Seitenspringers. (Und er sagt's ja auch selbst: „Ich hätte nie gedacht, daß mir sowas passieren könnte!")

Nutzt aber alles nichts: Bei Hans Beimers außerehelicher Affäre mit Anna Ziegler haben die Wände gewackelt, das war mehr als ein flüchtiges Stelldichein. „Am liebsten", hat der verzweifelte Verliebte gedruckst, „würde ich dich nehmen und mit dir irgendwohin gehen ... für immer!" Sicher: Anna ist jung, attraktiv und in vielem das genaue Gegenteil der resoluten Mutterfigur Helga Beimer.

Aber nicht das „am liebsten" hat für Hans gezählt, sondern seine Familie, die er nicht kaputtmachen wollte; zwanzig Jahre Ehe, die sich nicht einfach vom Tisch wischen lassen; eine Frau, die er liebt und die zu Hause auf ihn wartet. Deshalb hat er sich Vernunft verordnet und ist zurückgekehrt - mit flatterndem Herzen.

Ein bißchen dünnhäutiger ist er seitdem, manchmal leidet er unter Migräne oder Schlaflosigkeit, und sein Entschluß, Anna zu vergessen, wird nicht gerade dadurch erleichtert, daß er der Vater ihres zweiten Kindes ist und sie nach wie vor nur ein Stockwerk entfernt wohnt.

Nach über zwanzig Jahren ist die unbeschwerte Selbstverständlichkeit in Beimers Ehe vorbei. Es wird nicht leichter. Aber auch nicht langweiliger ...

Joachim Hermann Luger

geboren: 2.10.1943 in Schönbach
aufgewachsen in: Berlin
wohnt in: Bochum
Größe: 178 cm
Augenfarbe: grau-blau
Familienstand: verheiratet mit Angelika
Kinder: Magnus (16), Julius (4)
Ausbildung: Ausbildung als Chemielaborant; Schauspielschule, Stuttgart
Bühnen: wichtige Rollen z.B. in „Kleiner Mann, was nun?" (Fallada), „Helden" (Shaw), „Der zerbrochene Krug" (Kleist), „Dantons Tod" (Büchner), „Rosenstern und Güldenstern" (T. Stoppard)
Hobbys: Segeln, Motorradfahren

Die Tränenreiche
Marion Beimer

Die einzige Tochter der Beimers kam am 21.5.1969 in Bochum zur Welt. 1976 Umzug nach München. Bis Januar 1986 Beziehung mit Vasily Sarikakis. November 1986 Tod ihres Freundes Thomas. Lernte im Februar 1987 den Priester Matthias Steinbrück kennen. Mai bis Oktober 1987 Beziehung mit Matthias. Januar 1988 Abreise nach Berlin, Beginn des Architekturstudiums. Seit 1989 im Austausch mit Dominique bei Familie Mourrait in Paris.

Als Marion noch zur Schule ging und mehr oder weniger brav zu Hause wohnte, hat sie immer zu den tränenreichen Erscheinungen der Lindenstraße gehört. Wenn sie sich aufs Bett ihres Jungmädchenzimmers warf und ihr tränennasses Gesicht in den Kissen vergrub, dann dauerte es nie lange, bis Mutter Helga an die Tür klopfte, um ihrer heranwachsenden Tochter seelischen Beistand zu leisten oder ihr die Beichte abzunehmen - meist war sowieso irgendein Liebeskummer der Quell ihrer Tränen.

Denn da hat Marion viel Pech gehabt und sich oft aus Trotz die Augen wundgeheult, weil die Eltern es wieder einmal besser gewußt hatten. Damals, als sie mit Vasily über Weihnachten nach Griechenland gefahren ist und dort so unglücklich war, daß sie in eine Jugendherberge flüchtete. Oder ein Jahr später die Fahrradtour, die ihre Eltern verboten hatten, und bei der ihr Freund Thomas tödlich verunglückt war.

Danach kam das tragische Kapitel Matthias Steinbrück: Der schüchterne Gottesmann half Marion über den Unfalltod ihres Freundes Thomas hinweg. Auf harten Kirchenbänken gab er ihr in tiefsinnigen Gesprächen neuen Lebensmut, hielt bei verschwiegenen Spaziergängen zaghaft ihre Hand, und sie verliebte sich in ihn. Leider hat Matthias ihre Zuneigung mit einer solchen Hingabe erwidert, daß ihr angst und bange wurde.
Als er für sie sein Priesteramt aufgab, hat sie ihn mitsamt seinen Heiratsplänen todunglücklich in der Lindenstraße zurückgelassen ...

Neben dem Studium hat sie in Berlin dann erst einmal das Leben an sich ausprobiert, bevor sie in Paris gelandet ist. Dort setzt sie ihr Architekturstudium an der Sorbonne fort und wohnt im „Palast" des reichen Kunsthändlers Jean-Luc Mourrait. Paris ist weit, und Marions Besuche sind selten. Sehr schade, findet Mutter Beimer.

Ina Bleiweiß

geboren: 28.3.1968 in Halle
aufgewachsen in: Leipzig und Berlin
wohnt in: München
Größe: 168 cm
Augenfarbe: grün-braun
Familienstand: ledig
Ausbildung: studiert Regie an der Musikhochschule München
TV: verschiedene Produktionen des DDR-Fernsehens
Hobbys: Musik, Theater, Kino, Bücher

Der Gewitzte
Klausi Beimer

Beimers Jüngster, geboren 17.10.1978 in München. Seit September 1989 Gymnasiast. Ist mit Manoel befreundet.

Seit Klausi auf dem Gymnasium ist, müßte man das „i" am Ende eigentlich weglassen. Denn Klaus(i) ist nun kein kleiner Junge mehr! Der erste Ernst des Lebens hat begonnen, und wie ernst das für einen Beimer werden kann, das konnte Klausi anhand der schulischen Dauerkrise seines Bruders Benny bestens studieren. Aber noch überwiegt bei Beimers Jüngstem der Stolz auf die neue Penne, und er nimmt's mit Gelassenheit. („Sag mal, Mutti, krieg' ich dann auch Nachhilfeunterricht?")

Es gab allerdings eine Zeit, die hat Klausi nicht mit Gelassenheit genommen. Da war ihm auch überhaupt nicht nach Lachen zumute, und er wird noch heute sehr traurig, wenn er sich an den 24. März 1988 erinnert: An diesem Tag hatte ihm Onkel Franz wieder mal gezeigt, wie man mit einem Luftgewehr umgeht, und er hatte wieder mal vergessen, zu erwähnen, wie gefährlich das ist. Klausi zielte vom Fenster aus auf ein Verkehrsschild, und der Querschläger traf auf der Straße Stefan Nossek so unglücklich, daß er erblindet ist.

Seit diesem Tag hat Klausi etwas gegen Gewehre - und gegen liebe Onkel, die erzählen, daß nur diejenigen richtige Männer sind, die schießen können.

In letzter Zeit beobachtet er ein wenig verunsichert das, was zu Hause los ist. Irgendetwas stimmt da nicht. Seine Eltern sind gereizt und komisch zueinander, sie haben Geheimnisse, und auch Benny weiß mehr darüber, als er zugibt. Da hat dann selbst Klausi keine Lust mehr, sich Blödsinn auszudenken oder Witze zu erzählen, weil die alle so mies drauf sind, daß sie sowieso über nix mehr lachen können. Dabei sind seine Witze wirklich lustig ...

Moritz A. Sachs

geboren: 13.8.1978 in Köln
aufgewachsen in: Köln
wohnt in: Köln
Hobbys: Musik, Sport, Bücher

Klausi Beimer mit seinem Freund und Nachbarn Manoel Griese

Der Weltverbesserer
Benny Beimer

Der ältere Sohn der Beimers, geboren am 14.12.1971 in Bochum. Seit 1976 in München, besucht das Gymnasium. Riß im August 1986 nach Portugal aus, blieb 3 Monate. Beziehung zu Beate Flöter von Februar bis April 1987. Seit Dezember 1988 Beziehung zu Kornelia Harnisch. Im Juni 1989 flogen beide von der Schule.

„Das ist jetzt also der Dank dafür", sagen die enttäuschten Eltern in solchen Fällen meistens. Da hat man dem Jungen alle Freiheiten gelassen, da hat man sich bemüht, immer verständig und tolerant zu sein - und dann so was: Läßt sich wegen politischer Agitation von der Schule schmeißen, findet das Abitur überhaupt überflüssig, treibt sich herum ... und demnächst muß man noch Angst haben, daß er mit seinen Robin-Wood-Kollegen irgendeinem Politiker aufs Dach steigt, um das Waldsterben zu stoppen. Was macht der Junge bloß für Sachen?

Na ja, Benny Beimer ist eben etwas älter geworden und nicht mehr so ganz der nette Junge von nebenan. Früher reichte es ihm, Anti-Atomkraft-Parolen auf Else Klings Briefkasten zu kleben, fromme Lieder zu singen und Backsteine in Klospülungen zu versenken. Inzwischen legt er Stromkreise lahm und hängt Transparente aus den Schulfenstern, um gegen die Energiepolitik zu demonstrieren.

Und wenn Mutter Helga auch gar nicht so falsch findet, wofür er sich engagiert, so fragt sie sich doch, wieso es ausgerechnet ihr Sohnemann sein muß, der da dauernd aus der Reihe tanzt - zumal sie nicht recht weiß, was aus ihm mal werden soll.

Das weiß Benny zwar auch nicht, aber es ist ihm auch ziemlich egal, solange er noch weiß, was er jetzt gerade anfangen will mit seinem Leben. Und da fällt ihm - außer mit Kornelia im Hobbykeller rumzuhängen - noch eine ganze Menge ein.

Christian Kahrmann

geboren: 19.6.1972 in Köln
aufgewachsen in: Köln
wohnt in: Köln
Größe: 195 cm
Augenfarbe: grün-braun
Familienstand: ledig
Ausbildung: besucht ein Kölner Gymnasium
TV: „Mein Hund bellt", ZDF-Ferienprogramm
Hobbys: Kino, Musik, Party

Nina Vorbrodt

geboren: 17.1.1972 in Köln
aufgewachsen in: Köln
wohnt in: Köln
Größe: 165 cm
Augenfarbe: braun
Familienstand: ledig
Ausbildung: besucht ein Kölner Gymnasium
Bühnen: Kinderopern
Hobbys: Steppen, Tanzen, Schauspielerei

Die Freundin

Kornelia Harnisch

Freundin von Benny Beimer. Geboren am 17.12.1971 in München. Vater Architekt, Mutter studiert Psychologie. Wohnt seit Scheidung der Eltern mit ihren beiden älteren Schwestern zusammen. Gleiche Schulklasse wie Benny Beimer.

Eigentlich hätten sich Kornelias hervorragende Leistungen in der Schule ja auch förderlich auf Benny auswirken können. Aber ihre eigenwilligen Nachhilfeaktionen während Bennys Leistungskrise bestanden nun einmal darin, mit ihm die Schule zu schwänzen, elterliche Entschuldigungen zu fälschen, Stromkreise lahmzulegen ... und schließlich gemeinsam von der Schule zu fliegen dafür, daß sie ein Transparent „MIT DEM LICHT DER ERKENNTNIS GEGEN ATOMENERGIE" aus einem der Schulfenster gehängt hatten. (Der weise Spruch ist Ex-Pfarrer Matthias eingefallen.)

Mittlerweile aber hat selbst die flippige Kornelia den Ernst ihrer Lage gecheckt und beschlossen, auf einer neuen Penne noch einmal richtig durchzustarten. Ihre Aktionen mit Benny will sie nun darauf beschränken, das Bett in seinem Hobbykeller zu besetzen.

Wenn das den Eltern Beimer mal wieder nicht paßt, kann sie sich auch den Luxus erlauben, Benny mit zu sich nach Hause zu nehmen - da sind sie vor Störaktionen besorgter Mütter und Väter sicher.

Matthias zu Besuch bei Mutter Beimer

Der Gottesmann

Matthias Steinbrück

Geboren am 20.8.1957 in Donaueschingen. Katholisches Internat St. Blasien. Studierte nach dem Abitur katholische Theologie in Aachen und München. 1983 Priesterweihe. Übernahm 1985 Pfarrstelle St. Gabriel in München. Lernte im Februar 1987 Marion Beimer kennen, legte im Dezember 1987 sein Priesteramt nieder, wurde von Marion verlassen.

Wenn ein katholischer Pfarrer sich verliebt, dann gnade ihm Gott, weil er in Teufels Küche gerät: Mit aller Macht lastet das Zölibat auf den schwachen Schultern des Gottesdieners.

So auch bei Matthias Steinbrück, dem bläßlichen Jungpfarrer und Meister der Verklemmung: Er wandte sich Marion Beimer zu, als sie in einer schweren Stunde auf der Suche nach dem Sinn des Lebens in den Reihen seiner Kirche Platz nahm. Aus Seelsorge wurde Zuneigung, aus Zuneigung wurde Leidenschaft - in den Armen von Marion hörte Matthias die Engel singen und wußte: Das ist sie, die große, die wahre Liebe! Schwer wütete in ihm der Kampf, denn den Pfad christlicher Nächstenliebe hatte er verlassen. Dann mußte das Priesteramt dran glauben, weil das Zölibat es so will.

Doch als der Weg zur Ehe endlich frei war, da ist ihm das Glück davongelaufen. Marion - jung und eigensinnig - hat vor Matthias und seiner madonnenhaften Verehrung die Flucht ergriffen. Und kein Bitten, kein Flehen, keine Tränen des betrübten Liebenden haben sie zurückgebracht ...

Etwas verloren läuft Matthias Steinbrück seitdem durch die Lindenstraße. Manchmal trinkt er bei Frau Beimer einen traurigen Kaffee und leckt seine Wunden. Aber mit der Zeit werden sie verheilen, sogar bei ihm.

Manfred Schwabe

geboren: 29.7.1960 in Köln
aufgewachsen in: Köln
wohnt in: Köln
Größe: 185 cm
Augenfarbe: blau
Familienstand: ledig
Ausbildung: Spielleiterseminar in Recklinghausen
Schauspielschule in Köln
Bühnen: Köln, Neuss
Hobbys: „Ja, warum eigentlich nicht mal was anderes machen als Kunst?!"

*Nicht immer ein Herz und eine Seele:
Berta Griese und ihr Adoptivsohn Manoel*

Die späte Braut
Berta Griese

Tochter von Lydia Nolte, Ehefrau von Gottlieb Griese. Geboren am 25.6.1941 in Riga/Baltikum. Nach dem Tod des Vaters Flucht nach Hannover. Tod des Bruders. Wuchs auf Gestüt des Onkels in Hannover auf. Nach Tod des Onkels 1956 Umzug nach München. Kaufmännische Lehre, Abteilungsleiterin in Wäschehaus. Wurde im Februar 1986 arbeitslos. Heiratete Gottlieb Griese im Juni 1986. August 1987 Adoption Sohn Manoel. Wurde Weihnachten 1988 von Gottlieb verlassen.

Manchmal denkt Berta an ihre Zeit mit Gottlieb zurück. Dann erinnert sie sich an den ersten Abend in seiner Wohnung, als sie so viel von dem Kirschlikör getrunken hatte, daß sie später reichlich beschwipst an ihrer Mutter vorbei ins Bett torkeln mußte. Und dann die Hochzeit. Ganz in weiß, trotz ihrer fünfundvierzig Jahre! Kurz danach sind sie mit dem Segelschiff durchs Mittelmeer gekreuzt. Für sie war das die glücklichste Zeit ihres Lebens. Sie fühlte sich wie neugeboren, hatte tatsächlich noch einmal die Kurve gekriegt und sich vom tugendhaft-trostlosen Dasein an der Hand ihrer Mutter verabschiedet. Das Leben lag vor ihr: bunt, groß und schön.

Aber so sollte es dann doch nicht sein. Als sich herausstellte, daß sie keine Kinder mehr bekommen konnte, war das der erste Dämpfer. Und die Adoption von Manoel, zu der sie sich entschlossen hatte, erwies sich auch als eine schwierige Geschichte.

Dann hat Gottlieb sie und den Jungen verlassen - im Stich gelassen. Für Manoel war diese Trennung wohl noch schwerer als für sie. Nein, sie ist nur zu stolz und gekränkt gewesen, um sich einzugestehen, wie weh ihr Gottliebs Entscheidung getan hat.

So vieles wäre heute einfacher, wenn ein Mann an ihrer Seite wäre. Einer, der ihr Mut macht, der sie zum Lachen bringt und der auch ein Vater für Manoel sein könnte. (So einer wie Robert Engel ...) Manchmal, denkt Berta, kostet das Leben viel zu viel Kraft, um allein zu sein. Und deshalb sucht sie weiter - bis auch sie den richtigen finden wird.

Ute Mora

geboren: 12.8. in Wuppertal
aufgewachsen in: Wuppertal
wohnt in: München
Größe: 170 cm
Augenfarbe: grün
Familienstand: verheiratet mit Christoph Lindert
Ausbildung: Schauspielausbildung, Düsseldorf
Bühnen: Kellertheater Neuss, Tourneetheater Remscheid, Theater in der Kramgasse Bern, Stadttheater Wien, Stadttheater Lübeck, Theater am Einlaß München.
Hobbys: „Alle Flohmärkte dieser Welt."

Der Bootsmann
Gottlieb Griese

Vater von Henny Schildknecht, Opa von Tanja und Meike, Ehemann von Berta. Geboren am 7.1.1926. Gab Bibliothekars-Beruf nach Tod der ersten Ehefrau auf. Erwarb 1978 den Kiosk in der Lindenstraße. Heiratete Berta im Juni 1986. Januar 1987 starb Tochter Henny, im Juli 1987 Enkelin Meike. August 1987 Adoption Sohn Manoel. Verließ Berta und Manoel Weihnachten 1988.

Gottlieb war ein Mann mit einem Traum - dem Traum von einer großen, weiten Reise. Vielleicht lag das ja an den vielen Jahren, die er in der Enge seines Kiosks verbracht hatte; vielleicht war seine Sehnsucht durch die vielen Bücher geweckt worden, die er früher als Bibliothekar gelesen hatte; vielleicht aber wollte Gottlieb auch nur deshalb weit weg, weil ihn nichts so richtig zurückhielt in der Lindenstraße.

Jedenfalls zog es ihn hinaus aufs Meer, und als er fast sechzig war, fing er an, seinen Traum in die Tat umzusetzen. Er lernte segeln, er machte Pläne für ein Boot und traf dann eine Frau, die - so glaubte er damals - zu diesem Traum passen könnte und mit ihm auf die Reise gehen würde. Und dafür hat er Berta Nolte geliebt und hat - er war schon lange Großvater - zum zweiten Mal geheiratet.

Die Flitterwochen auf dem Mittelmeer waren vielversprechend und hätten eine gute Generalprobe abgeben können. Dann aber hatte Berta einen anderen Traum: von einem Kind und von einer Familie.

Gottlieb hat versucht mitzuträumen. Er hat geglaubt, daß die Zeit reichen würde und daß die Liebe groß genug sei für beide Träume. Aber das war ein Irrtum. Denn er war zu alt, um noch einmal mit ganzem Herzen den Vater zu spielen, zu alt auch, um noch lange zu warten.

Gottlieb ist ganz allein auf die Reise gegangen, so wie er es früher einmal geplant hatte.

Die Schauspielerin Ute Mora mit ihrem Ehemann und Kollegen Christoph Lindert. Auch er taucht manchmal in der Lindenstraße auf: als Vater von Kornelia Harnisch

Fritz Bachschmidt

geboren: 10.9.1928 in Kehl
wohnt in: Köln
Größe: 183 cm
Augenfarbe: blau
Familienstand: verheiratet
Kinder: zwei Töchter
Ausbildung: Schauspielausbildung
Bühnen: Bremen, Wuppertal, Dortmund, Bern, Hannover, Stuttgart
TV: z.B: „Unternehmen Rentnerkommune" (HR-Serie), „Hilf, wenn du kannst" (SWF), „Eugen Köberle", „Treffer" (WDR), „Heidelberger Schloß" (SDR), „Der Fahnder" (WWF), „Von Menschen und Plätzen" (SDR), „Detektivbüro Roth" (WWF)

Das Adoptivkind

Manoel Griese

Adoptivsohn von Gottlieb und Berta Griese. Geboren am 3.2.1981 in Mexiko-City. Waise, wuchs in einem Kinderheim auf. Lebt seit Sommer 1987 bei Berta. Adoptiv-Vater Gottlieb hat die Familie Weihnachten 1988 verlassen.

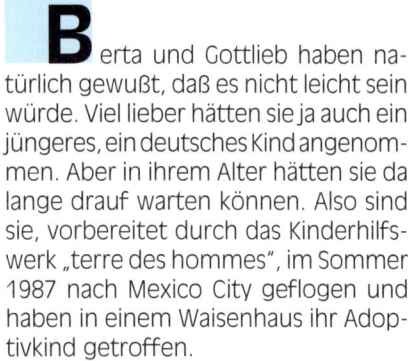

Berta und Gottlieb haben natürlich gewußt, daß es nicht leicht sein würde. Viel lieber hätten sie ja auch ein jüngeres, ein deutsches Kind angenommen. Aber in ihrem Alter hätten sie da lange drauf warten können. Also sind sie, vorbereitet durch das Kinderhilfswerk „terre des hommes", im Sommer 1987 nach Mexico City geflogen und haben in einem Waisenhaus ihr Adoptivkind getroffen.

Ein paar Tage später hat ein sechs Jahre alter mexikanischer Junge die weiteste Reise seines Lebens gemacht. Er heißt Manoel und ist mit zwei großen fremden Menschen in einer kleinen fremden Straße am anderen Ende der Welt gelandet. Und er hatte nichts dabei außer seiner Angst.

Berta und Gottlieb haben viel Zeit und noch mehr Geduld gebraucht, um Manoel diese Angst zu nehmen. Mittlerweile, nach mehr als zwei Jahren, ist er ein Kind der Lindenstraße: Wenn „Mano" mit seinem besten Freund Klausi Beimer durch die Gegend schleicht und sie die Nachbarn mit ihren gefürchteten Streichen strapazieren, dann ist für ihn die Welt hier, so wie sie ist, in Ordnung.

Aber oft ist er traurig und ein schwieriges Kind - weil er weiß, daß die Lindenstraße so wenig seine Heimat ist wie Berta seine Mutter; weil er nicht versteht, warum Gottlieb und sein großer Freund Robert Engel nicht mehr bei ihm sind, weil er Oma Lydia sehr vermißt, die schon so lange krank ist. Und weil er sich manchmal ganz, ganz weit weg sehnt.

Marcel Kommissin

geboren: 2.1.1979 in Lima (Peru)
aufgewachsen in: bis zum zweiten Lebensjahr in Lima, danach als Adoptivkind deutscher Eltern in Lohmar
wohnt in: Lohmar
Größe: 1,43 m („Ich wachse ja noch")
Augenfarbe: dunkelbraun
Hobbys: Tennis, Tischtennis und Fußball, mit Freunden spielen, Hörspiele

Die alte Dame
Lydia Nolte

Geboren am 19.5.1908 in Riga/Baltikum, stammt aus Schlesischem Landadel (von Schemnitz). 1939 Geburt Sohn Theo. 1941 Geburt Tochter Berta. Flucht mit Kindern nach Tod des Mannes. 1942 Tod des Sohnes. Lydia lebte mit Berta auf dem Gestüt des Schwagers in Hannover. Umzug nach München nach dessen Tod 1956. Juni 1986 heiratete Tochter Berta Gottlieb Griese. Im März 1987 nahm Lydia Nolte die junge Chris Barnsteg bei sich auf. Abreise zur Kur nach Garmisch im November 1988, erkrankte dort.

Sie ist die große alte Dame der Lindenstraße! Als Lydia Nolte im Mai 1988 ihren 80. Geburtstag feierte, da haben ihr alle aus vollem Herzen gratuliert und gewünscht, daß sie ihnen noch lange erhalten bleibt und auf vielen Feiern dabei sein wird - sei es als Taufpatin (wie damals bei Max Zimmermann), als Trauzeugin (wie bei Dresslers) oder einfach als die gute Freundin und kluge Ratgeberin, die sie in den letzten Jahren für so viele gewesen ist.

Leider aber sieht es gar nicht gut aus mit Lydia Noltes Gesundheit. Seit einem Schwächeanfall im letzten Winter hat sie die meiste Zeit in einer Kurklinik in Garmisch verbracht, und es war lange fraglich, ob sie überhaupt wieder gesund in die Lindenstraße zurückkehren würde. Ihre Wohnung hat sie jedenfalls schon schweren Herzens auflösen lassen, weil sie später doch bei ihrer Tochter Berta wohnen würde.

Und das macht ihr schmerzlich klar, daß sie alt geworden ist und von nun an auf Hilfe angewiesen sein wird. Dabei ist der Gedanke, wieder mit Berta zusammenzuwohnen, schon merkwürdig. Schließlich ist ihre Tochter erst vor drei Jahren aus der gemeinsamen Wohnung ausgezogen.

Tilli Breidenbach privat: Zuhause sitzt sie gerne an der Nähmaschine

Für Lydia war das damals ein heilsamer Schock. Er hat sie gezwungen, die Wirklichkeit wahrzunehmen und aufzuhören, sich wehleidig in Erinnerungen an die heile Welt ihrer Vorkriegsvergangenheit zu flüchten. Sie hat erkannt, daß untadelige Manieren und edle Herkunft nicht alles sind auf der Welt. Und sie hat sehr viel gelacht in diesen letzten Jahren.

Tilli Breidenbach

geboren: 2.8.1910 in Völklingen an der Saar
wohnt in: München
Familienstand: geschieden
Kinder: Matthias
Ausbildung: Studium der Kunstgeschichte, Romanistik und Germanistik, Uni Köln; Ausbildung an der Städtischen Schauspielschule Köln
Bühnen: Darmstadt, Kiel, Essen, Berlin, Hamburg, Zürich, Bern usw.
TV: z.B. „Pott" (WDR), „Lobster" (WDR), „Tatort" (NDR), „Martin Luther" (ZDF)

Zusammenhalt trotz aller Krisen: Ludwig und Elisabeth Dressler

Der Medizinmann
Ludwig Dressler

Geboren am 11.12.1933, Arzt für Allgemeinmedizin, Praxis Lindenstraße 7. 1965 Heirat mit Nina Winter. 1966 Geburt Sohn Frank. Trennung von Nina 1970. Lernte 1979 Elisabeth Flöter kennen. Heiratete Silvester 1986. August bis Dezember 1987 Verhältnis mit Ex-Frau Nina. Sohn Frank ging mit ihr nach Amerika. Anfang 1988 große Alkoholprobleme. Sommer 1988 Entziehungskur in Italien. Nach Unfall am 23.2.1989 in der Lindenstraße gelähmt.

Ludwig Dressler, der kluge und einfühlsame Medizinmann der Lindenstraße, ist sich selbst nie ein guter Arzt gewesen. Als es ihm ein paar Mal wirklich an den Kragen ging, hatte er keine bessere Idee, als sich jede Menge Cognac zu verschreiben. Gemischt mit wehmütigem Selbstmitleid war das genau die Rezeptur, die ihn dazu brachte, sich schnellstens aufzugeben. Es ist hauptsächlich seiner Frau Elisabeth zu verdanken, daß er alle Krisen irgendwie überstanden hat.

Ludwig hat im Sommer 1988 eine Alkohol-Entziehungskur gemacht und makabererweise bekam er bald darauf die Gelegenheit, zu zeigen, ob er seine Probleme auch ohne Alkohol in den Griff kriegt. Denn seit dem 23. Februar 1989 ist er gelähmt. (Vasily Sarikakis hat ihn in der Lindenstraße mit einem Lieferwagen angefahren.)

Der Doktor wird also vermutlich für den Rest seines Lebens im Rollstuhl sitzen, und er hat dieses Schicksal bisher erstaunlich gelassen - und mit viel Mineralwasser - hingenommen. Er gibt sich optimistisch, lebensmutig, scheint sogar zu akzeptieren, daß Elisabeth auf die Annäherungsversuche seines Praxis-Vertreters Dr. Pauli eingegangen ist und sich in ihn verliebt hat.

Nur Vasily Sarikakis, der den Doktor seit seinem Schuldbekenntnis täglich besucht und pflegt, bekommt die Launen und Depressionen deutlich zu spüren, die Dressler sonst hinter einer ungeheuren Selbstbeherrschung verbirgt.

Die Verbitterung des Doktors über sein Schicksal ist groß, und er selbst hat Angst, daß ihm eines Tages die Kraft fehlt, dagegen anzukämpfen.

Ludwig Haas

geboren: 16.4.1933 in Eutin
aufgewachsen in: Eutin
wohnt in: Wolfratshausen
Größe: 183 cm
Augenfarbe: braun
Familienstand: ledig
Ausbildung: Schauspielausbildung in Hamburg
Bühnen: Hamburg, Dortmund, Baden-Baden, Mannheim, Göttingen, Kammerspiele München, Ruhrfestspiele Recklinghausen, Festspiele Bad Hersfeld
TV: z.B.: „Der Witzbold", „Das Attentat", „Der Fall Sorge", „Die Feuerwehr", „Ein Fall für zwei", „Notenkonferenz"
Hobbys: Malen, Bildhauerei, Drehbücher schreiben, Kurzfilme produzieren.

DIE ROLLEN

Die Tapfere
Elisabeth Dressler

Geboren am 18.2.1944. Bekam 1966 ihr erstes Kind Carsten. Trennung von dessen Vater. Beziehung zu Engländer, 1970 zweites Kind Beate. 1979 Sprechstundenhilfe bei Dr. Dressler. Heiratete Dressler Silvester 1986. Ehekrise 1987 wegen Dresslers Ex-Frau. Zweite Ehekrise Anfang 1988 wegen Dresslers Alkoholsucht. Sommer 1988 gemeinsame Italienreise. Lähmung des Ehemannes seit Februar 1989. Verhältnis zu Vertretungsarzt Dr. Pauli seit August 1989.

Manchmal sieht Elisabeth den Himmel auf sich herabstürzen. Dann heult sie und tobt, so ungerecht fühlt sie sich vom Schicksal behandelt. Und sie fragt sich, warum ausgerechnet ihr das kleine bißchen Glück einer guten Mutter und Ehefrau nie vergönnt war; warum ausgerechnet ihr bescheidener Traum vom ganz normalen Ehe- und Familienidyll sich immer nur einen Moment lang erfüllt hat, bis ihr irgendetwas den Boden brutal unter den Füßen wegzog.

Wenn sie dann geheult und getobt hat, rafft sie sich wieder auf. Mit trotzigem Lebensmut macht sie eben das Beste draus. „Mir ist in meinem Leben noch nie etwas geschenkt worden", sagt sie tapfer: Zwei Kinder hat sie allein großgezogen. Mit allem ist sie fertig geworden, auch mit dem Schock, daß ihr Sohn homosexuell ist.

Sie hat die großen Enttäuschungen und Demütigungen ihrer Ehe mit Ludwig Dressler weggesteckt. Mit unglaublicher Duldsamkeit hat sie ausgehalten, als Ludwig kaum ein halbes Jahr nach der Hochzeit die große Liebe zu seiner Ex-Frau Nina wiederentdeckte. Elisabeth mußte mitansehen, wie das ist, wenn Ludwig wirklich verliebt ist – in eine andere. Aber sie hat gehofft und gewartet, hat ihrem Mann alle Ausbrüche, Einbrüche und Krisen zugestanden, hat ihn wieder aufgerichtet, weil sie sich ihr so lang ersehntes Glück einfach nicht nehmen lassen wollte.

Und dann ist wieder alles ganz anders geworden, weil Ludwig seit seinem Unfall gelähmt im Rollstuhl sitzt. Jetzt kann er ihr nicht mehr alles geben, wonach sie sich sehnt. Jetzt ist Elisabeth es, die ihm weh tut durch ihre Affäre mit seinem Kollegen Pauli, die ihren Mann hintergeht, obwohl sie ihn liebt und bei ihm bleiben möchte. Elisabeths Suche nach dem ganz normalen Glück geht weiter.

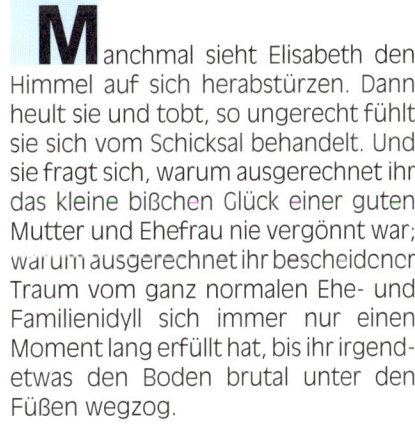

Dagmar Hessenland

geboren: in Dresden
„Ich bin ein 46jähriger Steinbock."
aufgewachsen in: Köln
wohnt in: München
Größe: 172 cm
Augenfarbe: braun
Familienstand: „Ich liebe mein Privatleben."
Ausbildung: Max-Reinhardt-Seminar, Wien
Bühnen: Wien, Krefeld, Oldenburg, Bonn, Mannheim, Köln, Frankfurt
Hobbys: Privatleben, Beruf, Antiquitäten, Lesen, gute Luft atmen.

Als Ludwig am Ende war: Volltrunken hockt er vor der Haustür

Der Stellvertreter
Manfred Pauli

Praktischer Arzt. Geboren am 29.12.1934 in Bonn. Übernahm im Frühjahr 1989 die Praxisvertretung bei Dr. Dressler und verliebte sich in dessen Frau Elisabeth.

Beginn einer Affäre: Arzt Manfred Pauli mit Elisabeth, der Frau des Kollegen

Für Manfred Pauli, den alternden Junggesellen und vielerprobten Charmeur, stand einiges auf dem Spiel, als es ihn in die Lindenstraße verschlug: Er hatte im besoffenen Kopf eine Kiste Champagner darauf gewettet, daß es ihm gelingen würde, seine künftige Sprechstundenhilfe Elisabeth Dressler auch zu seiner Geliebten zu machen. Ein Stoff fast wie aus einem Arztroman - und nicht gerade von der feinen Art, denn Pauli wußte, daß Elisabeth nicht nur Sprechstundenhilfe, sondern eben auch die Ehefrau seines gelähmten Kollegen Dresslers ist, von dem er für die Weiterführung seiner Praxis engagiert worden war.

Champagner und sportlicher Ehrgeiz waren also die Gründe dafür, daß Pauli, der charmante Schuft, sich zielstrebig und gekonnt daran machte, Elisabeth zu erobern. Und er hatte sogar Erfolg.

Als er seinem Wettpartner den Vollzug melden konnte („Wir sind seit drei Wochen ein Paar"), da war allerdings aus dem Spiel für Pauli längst Ernst geworden: Er hat sich in Elisabeth verliebt. Mehr als nur flüchtig! Und auf den Champagner und vieles mehr würde er nun gern verzichten, wenn Elisabeth sich entschließen könnte, für immer bei ihm zu bleiben. Elisabeth ist aber nach der kurzen Affäre zu ihrem Mann zurückgekehrt. Noch hofft Pauli, daß sie ihm eine neue Chance gibt. Wetten würde er nicht darauf.

Dieter Schaad

Größe: 185 cm
Augenfarbe: blau-grau
Bühnen: erstes Engagement in Worms am Rhein, letztes am Staatstheater Wiesbaden
Hobbys: „Tennis und die über 100jährige mit Wasser betriebene Nerobergbahn in Wiesbaden"

Die Diva
Nina Winter

Ex-Frau von Ludwig Dressler, geboren am 7.3.1937 in Salzburg. Schauspielausbildung in Wien. Heirat mit Dressler 1965, Umzug nach München. 1966 Geburt Sohn Frank. Ließ sich 1970 von Dressler scheiden und ging nach Amerika.

Nina Winter paßt in die Lindenstraße ungefähr so gut wie Franz Schildknecht in den Denver-Clan. Die Ex-Frau von Ludwig Dressler, eine mondäne, geheimnisvolle und beeindruckende Schönheit, war mit ihren glanzvollen Auftritten einfach eine Nummer zu groß für die Lindensträßler, und schon nach den ersten Worten ihres kurzen Gastspiels (ironischerweise sagte sie zu Elisabeth Dressler: „Entschuldigen Sie bitte, wenn ich störe!") war klar: Das gibt Ärger und den nicht zu knapp.

Ludwig Dressler, erst seit einem halben Jahr wieder verheiratet, lief dann auch mit wehender Fahne zu Nina über, vergaß alles um sich herum - inklusive Elisabeth, um in den Armen seiner Ex-Frau von der Rückkehr vergangener Leidenschaft zu träumen.

Besinnungslos vor Glück verdrängte er dabei, daß Nina ihn schon einmal sitzen ließ: Damals war sie als junge Schauspielerin nach Amerika gegangen, wo sie später die große Liebe ihres Lebens traf und wieder heiratete. Als dieser Mann im Frühjahr 1987 starb, verlor sie ihren Halt. Mit der Rückkehr in die Lindenstraße hoffte die einsame und ratlose Nina, Trost bei ihrem Sohn Frank und bei Ludwig zu finden.

Daß es zu einer Affäre mit Ludwig kam, daß dieser wieder mit ihr leben wollte, damit hatte sie nicht gerechnet. Und mit Worten wie aus einem Hollywood-Melodram verließ sie ihn ein zweites Mal: „Du hast mir geholfen, meinen Schmerz zu besiegen. Ich bin dir dankbar. Aber ich liebe dich nicht!"

Krista Stadler

Größe: 164 cm
Augenfarbe: braun
Ausbildung: Schauspielausbildung in Wien
Bühnen: Wien, Komödie Basel, Deutsches Theater München, Kleine Komödie München, Graz, Berlin, Salzburger Festspiele
TV: Verschiedene Produktionen des ORF, „Der Pakt" (ZDF), „Offene Zweierbeziehung" (SFB)

Der Musterknabe
Carsten Flöter

Sohn von Elisabeth Dressler und Halbbruder von Beate Sarikakis. Geboren am 5.3.1966, wuchs ohne Vater auf. Ist homosexuell. Carsten war mit Frank Dressler ein Jahr in Amerika. Erhielt dann Medizin-Studienplatz. Wohnte nach der Hochzeit seiner Mutter mit Freund Gert zusammen. 1987 Theatergruppe. Trennung von Gert und Einzug von Robert Dezember 1987. Vermietete August 1988 nach Roberts Auszug Zimmer an Zorro.

Eine stolze Mutter und ihr Sohn: Elisabeth mit Carsten Flöter

Bei so einem Sohnemann geraten Mütter ins Schwärmen: Carsten bügelt seine Hemden selber, kann kochen wie ein Weltmeister, und seiner Wohnung könnte man jederzeit das Prädikat „besonders ordentlich" verleihen. Die Sache mit dem häuslichen Musterknaben hat nur einen Haken: Carsten ist schwul. Und als er das seiner Mutter anvertraute, hat er ihr einen ganz schönen Schrecken eingejagt, zumal er gleich Ernst machte und mit seinem Freund in ihre Wohnung gezogen ist.

Aber der Schrecken hatte irgendwann ein Ende, und im Grunde ist Frau Mutter ja stolz auf Carsten: Er ist fleißig, zuverlässig und nimmt sein Medizinstudium sehr ernst - wenn er nicht gerade unter Liebeskummer leidet. Dann nämlich entwickelt er einen großen Leidensdruck, den er mit dem Genuß von Opern-Arien zu mildern sucht.

Als sein Freund Robert ihm weggelaufen ist, hat er sehr viele Arien gehört. Denn Robert hat ihn sehr gekränkt, und ihm vorgeworfen, daß er eine trübe Tasse ist. Er war es leid, im trauten Heim bekocht und verwöhnt zu werden. „Du bist einfach langweilig", hat Robert ihm zum Abschied gesagt.

Mit dem Untermieter Zorro hat Carsten sich dann ein echtes Kontrastprogramm in seine Blitzblank-Bude geholt, und dessen Müll- und Lärmorgien brachten ihn an den Rand des Nervenzusammenbruchs. Immerhin: Das „Abenteuer Zorro" hat Carsten gutgetan und ihn etwas lockerer gemacht. Auch in der Frage „Wie benehme ich mich gepflegt daneben?" konnte er einiges dazulernen.

Georg Uecker

geboren: 6.11.1962 in München
aufgewachsen in: Oslo und Bonn
wohnt in: Köln
Größe: 1,92 („Aber gut proportioniert!")
Augenfarbe: blau-grau
Familienstand: ledig
Ausbildung: Schauspielausbildung in Köln
Bühnen: „Theater die Kugel", Köln
TV: z.B.: „ ... und die Moral von der Geschicht'" (WDR)
Hobbys: „Bei dem Wort kriege ich Pickel."

Der Auswanderer
Frank Dressler

Einziges Kind von Dr. Dressler und seiner damaligen Frau Nina. Geboren am 31.10.1966. Trennung der Eltern 1970, Mutter Nina, Schauspielerin, ging nach Amerika. Frank bewarb sich 1985 für einen Medizinstudienplatz, brach das Studium Juni 1986 ab. Gefängnis August 1986 bis April 1987. Beziehung zu Chris Barnsteg ab Mai 1987, Mitglied der Theatergruppe. Dezember 1987 Trennung von Chris und der Lindenstraße.

Eine schwierige Beziehung: Frank Dressler und sein Vater Ludwig

Manchmal muß eine Menge passieren, bis Menschen endlich lernen, miteinander zu reden: Frank Dressler und sein Vater beispielsweise haben sich das erste Mal in der Besucherzelle eines Gefängnisses vernünftig und verständig unterhalten - zu der Zeit saß Frank im Knast, weil er in die Praxis seines Vaters eingebrochen ist, um Medikamente zu klauen. (Und dabei mußte er leider auch die unvermeidlich anwesende Frau Kling niederschlagen ...)

Diese blödsinnige Tat war eine Trotzreaktion. Denn Ludwig Dressler, ein übermächtiger, autoritärer Vater, war kurz zuvor völlig ausgerastet, weil Frank sich entschlossen hatte, sein Medizinstudium abzubrechen. Diese Neuigkeit war zuviel; jedenfalls für einen Vater, dessen großer Traum es immer war, aus seinem einzigen Sohn einen Arzt zu machen. Ludwig hat Frank damals wutentbrannt einen Schlappschwanz genannt und ihn rausgeschmissen ... erst im Knast trafen sich Vater und Sohn wieder.

Während der Haftzeit hat Frank dann gelernt, seine Ideen und Meinungen auch gegenüber seinem Vater auszusprechen - und durchzusetzen: Als er den Knast verlassen hat, wußte er jedenfalls, daß er Schauspieler werden will, egal, ob es seinem Vater paßt oder nicht. Und tatsächlich war dieser Entschluß eine neue Enttäuschung für Ludwig, weil Frank damit in die Fußstapfen seiner Mutter Nina Winter trat. Mehr noch: Im Dezember 1987 hat Frank wegen seiner Mutter sogar die Lindenstraße verlassen und ist ihr nach Amerika gefolgt. Vielleicht findet er da ein Zuhause, vielleicht kehrt er - wie sein Vater es wünscht - zurück ...

Christoph Wortberg

geboren: 17.8.1963 in Köln
aufgewachsen in: Köln
wohnt in: Köln
Größe: 180 cm
Augenfarbe: grün-blau
Familienstand: ledig
Ausbildung: Schauspielausbildung
Bühnen: Theater im Bauturm, Köln
Hobbys: Lesen und Schreiben

Bis zur Folge 47 hat der Kölner Schauspieler Daniel Haydu den Frank Dressler dargestellt.

Der kluge Kopf
Panaiotis Sarikakis

Geboren am 16.11.1937 im griechischen Saloniki. 1963 Geburt Vasily. Ging mit Familie nach Deutschland, pachtete die Gaststätte „Akropolis" in der Lindenstraße. November 1987 Hochzeit Sohn Vasily mit Beate Flöter. Übergab im September 1988 die Verantwortung für das Lokal an Vasily und eröffnete eine Tanzschule.

Panaiotis ist ein kluger Kopf, mit Sinn für die Realität. Er weiß, was es heißt, als Ausländer in der Bundesrepublik zu leben und Geschäfte zu machen. Er hat gelernt, daß es Leute gibt, die nur darauf warten, daß seine Familie sich etwas zuschulden kommen läßt; die sie dafür hassen, daß sie keine Deutschen sind; die ihnen immer deutlicher zu verstehen geben, daß sie verschwinden sollen.

Manchmal macht ihn das traurig, er ist enttäuscht und ein wenig müde. Dann verläßt ihn die Lust, im „Akropolis" den guten, freundlichen Bilderbuchwirt zu spielen, und er ist froh, daß sein Sohn Vasily die Verantwortung für die Geschäfte übernommen hat: Vasily, der hier aufgewachsen ist und von dem Elena sagt, „daß er nur noch traurig sein wird zwischen den Welten."

Aber Panaiotis will davon nichts wissen. Er krempelt die Ärmel hoch, klatscht in die Hände, stampft mit dem Fuß auf und beginnt zu tanzen. Er nimmt seine Gitarre und erzählt mit kräftiger Stimme Geschichten aus der Heimat ...

... und vergißt, daß er in der Lindenstraße in München ist, wo die Menschen anders sind, wo andere Gesetze den Lauf der Dinge bestimmen. Dann ist er einfach ein Grieche, und er ist stolz darauf und lädt alle ein, mit ihm zu tanzen, um das Leben und die Liebe zu feiern. „Jamas!"

Kostas Papanastasiou

geboren: 8.2.1937 in Karditsa / Griechenland
aufgewachsen in: Karditsa
wohnt in: Berlin
Größe: 183 cm
Augenfarbe: braun
Familienstand: verheiratet mit Monika
Kinder: Mark (20)
Ausbildung: Architekturstudium, Berlin; Schauspielstudium, Berlin
TV: „Die Rose und die Nachtigall" (ZDF), „Rückkehr nach Mykene" (Serie für griech. Fernsehen), „Rummelplatzgeschichten", „Rückkehr" (noch nicht gesendet)
Filme: „Die Eroberung der Zitadelle" (Bernhard Wicki), „Milo Milo" (Nikos Perakis), „System ohne Schatten" (Rudolf Thome)
Musik: 2 LP's
Hobbys: Musik und Holzarbeiten

Die Heimatlose
Elena Sarikakis

Geboren am 8.11.1939 in Saloniki (Griechenland). 1963 Geburt Vasily und Umzug nach Deutschland. Anfang 1989 schmuggelte Elenas Bruder Dimitri Videorekorder und wurde verhaftet.

Elena schüttelt sehr oft den Kopf. Sie steht hinterm Tresen, ihre Lippen sind zusammengekniffen und ihr ganzer Blick drückt Skepsis und Unverständnis aus. Dann versteht sie diese Welt nicht, in der nichts mehr seinen Platz hat, nichts so bleiben kann, wie es immer war - und wie es in der Heimat ihrer Eltern und Großeltern wohl heute noch ist. Aber Saloniki hat sie vor langer Zeit verlassen, um ihrem Mann Panaiotis zu folgen.

Elena ist nicht heimisch geworden in Deutschland. „Es wird viel geredet", sagt sie, „besonders über Ausländer. Und wir sind Ausländer." Ihre Vorsicht und Zurückhaltung gegenüber dem fremden Land hat sie nie ganz aufgegeben, ein unbestimmtes Mißtrauen trägt sie immer im Blick, als ob sie in ständiger Erwartung des nächsten Unheils lebt.

Unheil, denkt Elena manchmal wehmütig, das es für ihre Familie in der Heimat nicht geben würde. Dort haben die Traditionen der Väter noch Bestand, dort würden sie nicht zwischen zwei Welten stehen. Dort hätte Vasily bestimmt kein deutsches Mädchen geheiratet! (... daß ihm nach zwei Jahren Ehe immer noch kein Kind geschenkt hat.) Und niemand hätte ihnen dort rassistische Parolen an die Hauswand gesprüht.

Dann aber wischt Elena diese Gedanken wieder weg. Sie ist hier, weil sie mit Panaiotis gegangen ist, und das ist gut so. Sie ist stark und zäh, sie steht ihre Frau, und sie hält die Familie zusammen. Wenn das auch in der Heimat einfacher gewesen wäre ...

Lindenstraßen-Wirtin Domna Adamopoulou musiziert in ihrem Kölner Lokal „Bei Domna". Film-Ehemann Kostas Papanastasiou ist ebenfalls vom Fach: „Terzo Mondo" heißt seine Kneipe in Berlin.

Domna Adamopoulou

geboren: in Monastiraiki/Griechenland
wohnt in: Köln
Größe: 161 cm
Augenfarbe: dunkelbraun
Kinder: Leandros (25), Stephania (22)
Ausbildung: Gastronomin
Hobbys: Schwimmen, Gymnastik, Autofahren.

Der Büßer
Vasily Sarikakis

Einziges Kind der Griechen Sarikakis. Geboren 14.2.1963 in Saloniki. Kam mit seinen Eltern nach Deutschland. Bis Januar 1986 Beziehung zu Marion Beimer. Verliebte sich im Sommer 1987 in Beate Flöter, Hochzeit im November. Ab Mai 1988 gemeinsame Wohnung. Im Oktober 1988 Eröffnung der „Agora"-Bühne und Übernahme des „Akropolis". Autounfall Februar 1989

Bis zum 23. Februar 1989 war Vasily Sarikakis ein ziemlich glücklicher junger Mann. An diesem Tag aber hat sich sein Leben mit einem Schlag verändert. Fast hoffnungslos ist er seitdem - so schicksalhaft wie in einer griechischen Tragödie - in Schuld und Sühne seines unglücklichen Handelns verstrickt. Denn Vasily hat vor den Augen seiner Frau Beate deren Stiefvater überfahren und Unfallflucht begangen. Er ließ ihn hilflos auf der Straße liegen, weil die Polizei sonst die Schmuggelware seines Onkels Dimitri auf dem Unfallwagen entdeckt hätte.

Die Loyalität gegenüber der Familie hatte Vasily schon zur Hilfe für den kriminellen Onkel gezwungen, und diese Loyalität hinderte ihn auch an der Hilfe für den verletzten Doktor. Dressler aber wird wahrscheinlich für immer im Rollstuhl sitzen und Vasily, der Unheil von seiner eigenen Familie abwenden konnte, ist schuld daran.

Monatelang ist er wie in einem Alptraum gefangen herumgelaufen. Mal wollte er das alles nicht wahrhaben, dann wieder wollte er sich der Polizei stellen. Schließlich hat er Ludwig Dressler die Wahrheit gesagt.

Damit aber hat der Alptraum noch kein Ende. Vasily muß einen „Sühneplan" erfüllen, den sich der Doktor statt einer Anzeige ausgedacht hat. Er muß jetzt ständig für sein Opfer da sein, muß sich kommandieren und demütigen lassen, Dresslers Launen ertragen ... Es ist nur noch eine Frage der Zeit, dann wird Vasily das nicht mehr aushalten.

Hermes Hodolides

geboren: 15.9.1963 in Saloniki
aufgewachsen in: Saloniki
wohnt in: Köln
Größe: 180 cm
Augenfarbe: dunkelbraun
Familienstand: ledig
Ausbildung: studiert Freie Kunst an der Düsseldorfer Kunstakademie
Bühnen: New York
Hobbys: „Das Wort ist für mich undefinierbar."

Die Schwiegertochter

Beate Sarikakis

Susanne Gannott
geboren: 14.2.1969 in Köln
aufgewachsen in: Köln
wohnt in: Köln
Größe: 170 cm
Augenfarbe: grün-braun
Familienstand: ledig
Hobbys: Musik machen

Tochter von Elisabeth Dressler, geboren am 17.8.1970. Wuchs ohne Vater auf. 1985 private Handelsschule. Flog im Januar 1986 von der Schule. Seit Februar 1986 in Isolde Panowaks Friseursalon. April 1986 Tod des Vaters. Silvester 1986 heiratete Mutter Dr. Dressler. Beate zog im Januar 1987 zu Beimers, kurze Beziehung zu Benny. Lernte dann Vasily Sarikakis kennen, Hochzeit im November 1987. Ab Mai 1988 eigene Wohnung mit Vasily. Übernahme des Lokals der Schwiegereltern Oktober 1988. Gleichzeitig richteten sie im „Akropolis" eine Bühne ein. Als Vasily Dr. Dressler überfuhr, saß Beate auf dem Beifahrersitz.

Beate, so erzählt ihre Mutter Elisabeth gern mit leidgeprüfter Miene, war ein schwieriges Kind. Aufsässig, trotzig und widerborstig soll sie gewesen sein. Auf keiner Schule, in keinem Internat hat sie es in ihrer Sturm- und Drangzeit lange ausgehalten, bis sie nach ihrem letzten Rausschmiß wieder bei Mutter in der Lindenstraße gelandet ist. Zu der Zeit herrschte ziemliche Funkstille zwischen den beiden, und die Frau Mama ist heute noch dankbar, daß aus ihrer Tochter, die sie damals glücklicherweise als Aushilfe in Frau Panowaks Salon unterbringen konnte, eine richtige Friseuse und solide Ehefrau geworden ist.

Einen Teil ihrer trotzigen Verrücktheiten hat sich Beate noch in ihrem Outfit bewahrt. Ansonsten ist die aufmüpfige Tochter tatsächlich schnell erwachsen und vernünftig geworden. Nur gegen Autoritäten ist sie nach wie vor allergisch; egal, ob es gerade ihr Stiefvater Dr. Dressler ist, der sich wie ein Pascha aufführt, oder ihr Schwiegervater Panaiotis, der meint, auf einmal den großen Patriarchen markieren zu müssen. Bei solchen Auftritten wird Beate sauer.

Und trotz aller Befürchtungen ihrer Schwiegermutter Elena hat sie bisher bewiesen, daß auch ein deutsches Mädchen eine gute Ehefrau für Vasily sein kann - und daß in ihr keine Hexe steckt, wie ein paar alte griechische Frauen Elena eingeredet hatten.

Eigentlich könnte Beate also glücklich sein. Wenn da nicht der schreckliche Unfall von Vasily und Dr. Dressler wäre, der auch ihr Leben sehr belastet ...

Der Besserwisser
Hubert Koch

Stiefvater von Gabi Zimmermann. Geboren am 4.11.1925 in Dresden. Wurde nach dem Krieg Uhrmachermeister in Peine. Lernte 1974 Rosi Skabowski in Bad Reichenhall kennen. Heiratete sie 1975. 1987 Pensionierung. Zog mit Rosi im Februar 1989 in die Lindenstraße.

Es gibt pünktliche Menschen und unpünktliche. Hubert Koch ist als Uhrmacher sozusagen zur Pünktlichkeit verpflichtet. Seine Frau Rosi hingegen, darauf weist er sie oft genug hin, hält er für unpünktlich, ebenso ihre Tochter Gabi und deren Kusine Anna, wie er meist hinzuzufügen pflegt. Aber es ist nicht nur die Unpünktlichkeit, die ihm auffällt.

Hubert, der es stets genau nimmt, hat auch Unaufgeräumtheit und Undankbarkeit als tragende Wesenszüge der Familie seiner Frau ausgemacht.

Und wenn man nun mit gleich drei Angehörigen dieses unmöglichen Menschenschlags unter einem Dach wohnen muß, dann ist das schon ein schweres Schicksal für einen alten, kurzsichtigen Uhrmacher, der es meistens besser weiß und auf die Frage, wie spät es ist, auf seine Weise antwortet: „Es ist jetzt dreizehneinhalb Minuten nach acht, ungefähr!"

Hubert hat viel Zeit, es genauzunehmen und über die Charakterzüge anderer Menschen nachzudenken. Er hat nämlich nichts zu tun. Seit er pensioniert ist und seiner Frau mit einigem Widerstreben zu deren Tochter in die Lindenstraße gefolgt ist, weiß er wenig mit sich und seiner Freizeit anzufangen. Die Zahl der kaputten Uhren in der Nachbarschaft ist begrenzt, und spazieren gehen kann man auch nicht acht Stunden am Tag.

So ist er eben der nörgelnde Besserwisser, der alles unter die Lupe nimmt und damit hauptsächlich seiner Stieftochter Gabi total auf den Wecker geht. Um im Bild zu bleiben: Der Kerl tickt nicht ganz richtig!

Robert Zimmerling

geboren: 30.8.1924 in Bremerhaven
aufgewachsen in: Bremerhaven
wohnt in: Nörten-Hardenberg
Größe: 184 cm
Augenfarbe: blau
Familienstand: geschieden
Kinder: Matthias (39)
Ausbildung: Schauspielausbildung, Bremerhaven und Berlin
Bühnen: Schloßparktheater Berlin, Deutsches Theater, Göttingen
TV: „Der Landarzt", „Die Bertinis"
Hobbys: Segeln, Wandern

Die Nervensäge
Rosi Koch

Mutter von Gabi Zimmermann, Tante von Anna Ziegler. Geboren am 19.10.1927 in Wuppertal. Heiratete 1955 den Österreicher Bruno Skabowski, zog nach Salzburg. 1960 Geburt Tochter Gabi. Scheidung. Kellnerin in der Gaststätte von Bennos Vater. Lernte 1974 Hubert Koch kennen, Heirat 1975, Umzug nach Peine ohne Gabi. Wohnt seit Februar 1989 mit Hubert in der Lindenstraße.

Margret van Munster
geboren: 13.11. in Köln
aufgewachsen in: Köln
wohnt in: Köln
Größe: 160 cm
Augenfarbe: „Bei Wut grün, bei Freude grau-blau"
Familienstand: ledig
Ausbildung: Schauspielschule Berlin unter Leitung von Gustav Gründgens
Bühnen: Prag, Nürnberg, München, Düsseldorf
Hobbys: Esoterik

Rosi Koch meint es wirklich gut. Sie will auch überhaupt keinen Dank dafür haben. Sie möchte nur sich selbst sagen können, daß es ohne sie hinten und vorne nicht hinhauen würde; daß ihre Tochter sie wirklich braucht, jetzt, wo sie als junge Witwe allein dasteht mit ihrem Sohn Max.

Nur deshalb ist Rosi nach der Beerdigung von Benno bei Gabi in der Lindenstraße geblieben! Eine Mutter weiß eben am ehesten, was zu allererst gemacht werden muß. Und Weihnachten, da hat sie ihrer sprachlosen Tochter die frohe Botschaft überbracht: Sie und ihr Mann, der Hubert, haben sich entschlossen, für immer in die Lindenstraße zu ziehen ...

Seitdem muttert und großmuttert Rosi herum, was das Zeug hält. Und das ist - bei aller Liebe - zu viel für Gabi. Die ist schließlich fünfzehn Jahre von zu Hause fort und es nicht mehr gewohnt, daß ständig eine Frau Mutter um sie herum turnt, die Stühle gerade rückt, an der Tischdecke zupft, immer und überall die Ohren spitzt und tödlich beleidigt ist, wenn ihr guter Rat einmal nicht gefragt sein sollte.

Rosi hat sich in den Kopf gesetzt, auf ihre alten Tage noch so etwas wie die gute Seele in Gabis Leben zu werden, aber mit ihrer vorwitzig-rechthaberischen Art ist sie dafür entschieden zu strapaziös. Es ist kein Wunder, daß sie sich auch mit ihrem „Hubertchen" ständig in den Haaren liegt. Und in solchen Fällen sagt man wohl: Da haben sich zwei gefunden.

Das Aids-Opfer
Benno Zimmermann

Geboren am 25.7.1952 in München, wuchs in Bad Reichenhall auf. Nach dem Tod der Mutter half er dem Vater bei der Land- und Gastwirtschaft. Maurerlehre. Zog 1978 mit Gabi in die Lindenstraße. Wurde im August 1986 arbeitslos. Hochzeit mit Gabi im Februar 1987. Im März 1987 bekam Gabi Kind von Phil. Benno erfuhr im September 1988 von seiner Aids-Infektion. Er starb am 24.11.1988.

So, wie Benno geliebt hat, hat niemand geliebt in der Lindenstraße. Wenn es auch wie Kitsch aussieht: Die Gabi, seine Frau, war sein ganzes Lebensglück. Und vermutlich hätte nichts und niemand mehr dieses Glück kaputt machen können - bis auf den Tod. Der aber ist gekommen, so gemein, langsam und unausweichlich, daß es zum Heulen war, dabei zuzusehen.

Das Serienschicksal hat uns hart rangenommen, als es ausgerechnet Benno, dem ewigen Monogamisten und Treue-Champ, den tödlichen Aids-Virus verpaßte: Hier habt ihr ihn, den Virus, der keine Moral kennt, der sich einen Dreck um Gut und Böse schert.

Ausgerechnet Benno also: der netteste Junge von nebenan, der immer so laut gesungen hat, wenn er besoffen war; der das Leben gerne so übersichtlich gehabt hätte wie sein Aquarium und so einfach wie seine „Von nichts kommt nichts"- Weisheiten; der sich am wohlsten fühlte, wenn er richtig zupacken konnte und ein Bier im Kühlschrank stand; dessen Augen leuchteten wie die eines kleinen Jungen, wenn er von „daheim" und den Bergen erzählte - und seinen Traum von einer unverlogenen Idylle träumen konnte.

Und genau die hat er gesucht, als er im letzten Winter gespürt hat, daß er den Kampf gegen den Virus verloren hat. Wenigstens in Frieden sterben wollte er, und das hat er gedurft: Beim ersten Schnee ist er eingeschlafen, weit weg von der Lindenstraße, aber in den Armen von Gabi. Für viele ist Benno der netteste geblieben. Und sein Tod war der traurigste.

Bernd Tauber

geboren: 1950 in Göppingen
Größe: 175 cm
Augenfarbe: blau
Familienstand: verheiratet
Kinder: ja
Ausbildung: Staatliche Hochschule Stuttgart
Bühnen: Breslau, Tübingen, Kiel
TV: z.B.: „Fallstudien" (ZDF), „Krimistunde" (Bavaria), „Tatort" (NDR), „Geschichten aus der Heimat" (SWF), „Der Fahnder" (Bavaria)
Filme: z.B.: „Das Boot" (W. Petersen), „Kerbels Flucht"

Die junge Witwe
Gabi Zimmermann

Witwe von Benno, Tochter von Rosi Koch. Geboren 23.5.1960 in Salzburg. Zog nach Scheidung der Eltern mit der Mutter nach Bad Reichenhall. Mutter Rosi kellnerte dort in der Gaststätte Zimmermann. Nach Hauptschulabschluß 1975 Schneiderlehre. Begann Arbeit in Textilbetrieb. Heirat mit Benno Februar 1987. März 1987 Geburt Sohn Max (Vater ist Phil Seegers). Gabi arbeitet jetzt in einem Schnellimbiß.

Gabi Zimmermann ist keine lustige Witwe. Es gibt für sie auch nicht besonders viel Grund zum Lachen - jetzt, wo nichts mehr so ist, wie es war, als Benno noch lebte; jetzt, wo ihre Mutter Rosi reichlich ungebeten in die Lindenstraße eingezogen ist, um Gabi mit spät erwachter Mutterliebe so fürsorgend in den Arm zu nehmen, daß ihr kaum noch Luft zum Atmen bleibt.

Gabi fehlt die Liebe von Benno, nicht die ihrer Frau Mama, deren Tröstungs-Tiraden ebenso unerträglich sind wie die nölige Art ihres Gatten Hubert, den Gabi nicht nur deshalb nicht ausstehen kann, weil er ihr Stiefvater ist.

Gabi braucht niemanden, der sie an die Hand nimmt und ihr sagt, wo's lang geht. Sie hat eine Menge von dem, was man gesunden Menschenverstand nennt, und sie hat immer gewußt, was sie will - außer damals, als sie sich nicht mehr so sicher war, ob sie ihren Benno noch will und ausgerechnet an Phil, dem Küchen-Casanova, ihre weiblichen Reize ausprobieren mußte; mit dem Resultat, daß sie bei diesem „Kamikaze-Beischlaf" schwanger geworden ist.

Jetzt, wo Benno tot ist, tut es besonders weh, daß nicht er, den sie geliebt hat, und mit dem sie zuletzt so glücklich war, der Vater ihres Kindes ist. Er hätte es sich so sehr gewünscht. Und es fällt ihr schwer, das zu vergessen. So, wie es ihr schwerfällt, den alten Spaß am Leben wiederzufinden. Auch wenn sie weiß, daß sie jung ist und noch viel auf sie wartet. Sie braucht Zeit dafür.

Andrea Spatzek

geboren: 3.5.1959 in Salzburg
aufgewachsen in: Wien
wohnt in: Wien
Größe: 167 cm
Augenfarbe: blau
Familienstand: ledig
Ausbildung: Schauspielausbildung in Salzburg
Bühnen: Oldenburger Staatstheater, Volkstheater Wien, Dortmund, Wilhelmshaven, Wuppertal, Bregenz
Hobbys: Töpfern und Malen

Die Geliebte
Anna Ziegler

Kusine von Gabi Zimmermann. Geboren am 14.7.1959 in Teisendorf. Ausbildung als Kindergärtnerin. Lernte 1979 Friedhelm Ziegler kennen. Tod der Mutter 1981. Heirat 1984. Zog im September 1987 in WG. Im Oktober Geburt der Tochter Sarah. Erster Prozeß gegen Friedhelm wegen Mißhandlung im Februar 1988. September 1988 Scheidung von Friedhelm. Verhältnis mit Hans Beimer von August bis Oktober 1988. Am 27.7.1989 Geburt des gemeinsamen Sohns Tom.

Liebe auf den zweiten Blick: Anna Ziegler und Hans Beimer bei der Buchladeneröffnung in der Lindenstraße

Nach allem, was Anna bisher erlebt hat, kann sie nun fast gelassen in die Zukunft blicken, obwohl sie nicht gerade gut dasteht - mit zwei Kindern von zwei Vätern und ohne Mann. Aber das schmerzhafteste Kapitel ihres Lebens hat sie endlich überstanden: Die Ehe mit Friedhelm Ziegler ist geschieden, und Friedhelm, der Anna mehrmals brutal mißhandelt und vergewaltigt hat, ist zu einer Haftstrafe verurteilt worden.

Diesen Prozeß im Frühjahr 1989 hatte Anna mit großer Angst erwartet. Sie war damals - nach der Affäre mit Hans Beimer - erneut schwanger und wußte, daß dies als Indiz eines schlechten Lebenswandels gegen sie verwendet werden könnte. Die Beziehung zu dem verheirateten Hans Beimer wollte sie auf jeden Fall geheimhalten, und Gabi und Gung hatten die rettende Idee, Zorro als „Scheinvater" zu präsentieren - vor Gericht und auch in der Lindenstraße.

So hat Anna in Zorro einen Scheinvater, den sie als Mann nicht haben will. Und es gibt den echten Vater, den sie liebt, aber als Mann nicht kriegen kann. Denn Hans Beimer ist zu Frau und Kindern zurückgekehrt und soll von seinen Vaterfreuden nichts erfahren ... obwohl er schon ahnt, was Sache ist.

Vieles wäre also einfacher, wenn Anna wegziehen würde. Aber gerade jetzt hat sie mit ihren Kindern bei Gabi und Gung ein Zuhause und neues Selbstbewußtsein gefunden. Und das ist das wichtigste für sie.

Irene Fischer-Probst

geboren: 24.12.1959 in Frankfurt a.M.

aufgewachsen in: Freiburg / Kirchzarten

wohnt in: München

Größe: 176 cm

Augenfarbe: braun

Familienstand: verheiratet mit Dominikus Probst

Kinder: Augustin (7), Clara (1/2)

Ausbildung: Schauspielunterricht in München und Prag

Bühnen: Residenztheater München

TV: „Besuch in der Provinz" (BR), „Phantasus muß anders werden", „Tunguska", „Solaris TV" (ARD), „Der Sprung", „Hick", „Annies Waschsalon" (SDR), „Ce un giorno" (RAI)

Hobbys: Mann, Kinder, Hund

DIE ROLLEN

Der Psychopath
Friedhelm Ziegler

Exmann von Anna Ziegler, geboren am 15.9.1959. Ausbildung als Finanzbeamter in Traunstein. Lernte Anna 1979 kennen. Hochzeit 1984. Versetzung nach München, zog mit Anna in Kastanienstraße. Wurde im Februar 1988 zu 12 Monaten Gefängnis auf Bewährung verurteilt. Psychotherapeutische Behandlung. Arbeitete Ende 1988 im Supermarkt der Lindenstraße. Wurde am 30. März 1989 zu acht Monaten Freiheitsstrafe wegen Vergewaltigung verurteilt.

Friedhelm Ziegler sieht nicht aus wie einer, der gewalttätig ist. Er sieht auch nicht aus wie einer, der Frauen schlägt. Schon gar nicht würde man annehmen, daß er seiner eigenen Frau etwas antun könnte. Aber Friedhelm hat seiner Frau etwas angetan: Er hat sie mißhandelt, als sie schwanger war. Er hat versucht, sie zu überfahren, als sie ihn angezeigt hat. Und er hat sie schließlich in seiner eigenen Wohnung vergewaltigt, weil sie sich von ihm scheiden lassen wollte.

Auch vor Gericht hat Friedhelm nicht den Eindruck eines „brutalen Vergewaltigers" gemacht. Ruhig und mit scheinbar großer Rücksicht auf die Gefühle seiner Ex-Frau Anna hat er alle Schuld von sich gewiesen. Vermutlich hätte man ihm genauso viel oder wenig geglaubt wie ihr - wenn da nicht überraschend ein Zeuge aufgetaucht wäre, der gesehen hat, wie Anna Ziegler an jenem Abend verstört und weinend aus dem Haus lief.

Das war einfach Pech für Friedhelm: Er hat anschließend ein Geständnis abgelegt und ist am 30. März 1989 zu acht Monaten Haft verurteilt worden - ohne Bewährung.

Bis zuletzt hat er immer wieder beteuert, daß er seine Frau sehr lieb hat. Wenn Anna früher eingesehen hätte, daß diese Liebe krank und zerstörend ist, hätte sie sich viel ersparen können.

Aber sie ist immer zu ihrem Mann zurückgekehrt, weil sie glauben wollte: Er wird sich ändern – bis sie die schmerzhafte Gewißheit hatte, daß sie sich irrt.

Szene einer Ehe: Anna ist in die WG geflüchtet, Friedhelm will sie zur Rückkehr bewegen

Arnfried Lerche

Bühnen: Flensburg, Hamburg, Köln, Berlin,

TV: z.B.: „Bahnhofgeschichten" (ZDF), „Das Traumschiff" (ZDF), „Frau Jenny Treibel" (BR), „Patienten" (ZDF), „Detektivbüro Roth" (ZDF), „Acht Tage in den Bergen" (ZDF)

Der Bürgerschreck

Zorro (Franz Joseph Pichelsteiner)

Geboren am 9.8.1963. Studierte nach dem Abitur Kunstgeschichte und Theaterwissenschaften. Brach 1987 ab. Zog im August 1988 bei Carsten Flöter ein. Seit Oktober 1988 Beziehung zu Chris Barnsteg. Wohnt seit März 1989 in einem Wohnwagen im Hinterhof. Sein Antrag auf Wehrdienstverweigerung wurde im Juli 1989 abgelehnt, seitdem drückt er sich vor der Einberufung.

Manche Männer kommen zur Vaterschaft wie die Jungfrau zum Kind: Zorro zum Beispiel, der charmante Pleitegeier, Schrottkünstler und Universal-Dilettant. Ihm wurde das seltene Angebot unterbreitet, einfach mal eben so Vater zu werden. Gezeugt war es nämlich schon, das kommende Kind von Anna Ziegler, nur bezeugt mußte es noch werden. Und diese „Scheinvaterschaft" hatte einen ernsten Hintergrund. Im Vergewaltigungsprozeß gegen ihren Ex-Ehemann mußte die sichtbar schwangere Anna dem Gericht unbedingt einen Vater präsentieren. Den echten Urheber Hans Beimer wollte sie aber auf jeden Fall da raushalten. Also wurde Zorro ausgeguckt: Der ist jung, ledig und als Oberfreak und sympathischer Bürgerschreck für jeden „Spaß" zu haben. Wie erwartet spielt er seine neue Rolle elegant und überzeugend. Überraschenderweise allerdings hat er sich die Geschichte richtig zu Herzen genommen. In jeder freien Minute, die ihm sein Kleintier- und Gemüsezuchtprojekt im Hinterhof der Lindenstraße läßt, kümmert er sich rührend um Mutter und Kind. (Zumal sich seine Freundin Chris vor einiger Zeit vermutlich für immer verabschiedet hat ...)

Nur mit Vater Staat liegt der Schein-Daddy Zorro momentan im Clinch: Er möchte einfach kein Soldat werden, hat den Prozeß um die Wehrdienstverweigerung aber verloren. Wenn er danach nicht im richtigen Moment untergetaucht wäre, würde er schon längst in einer Uniform stecken. Ein Deserteur hat's ganz schön schwer.

Thorsten Nindel

geboren: 16.12.1964 in Höxter
aufgewachsen in: Hannover
wohnt in: Hannover
Familienstand: ledig
Größe: 185 cm
Augenfarbe: grün-grau-blau
Ausbildung: Schauspielschule Hannover
Hobbys: „Meine Liebeleien sind ganz alltäglich"

Die junge Wilde
Chris Barnsteg

Geboren am 9.11.1964. Abgebrochene Lehre als Rechtsanwaltsgehilfin. Gelegenheitsjobs, Probleme mit Alkohol und anderen Drogen. Lernte 1985 Wolf Drewitz kennen, wohnte in der Lindenstraßen-WG. Trennung Weihnachten 1986. März 1987 Umzug in Wohnung von Lydia Nolte. Mai bis Dezember Beziehung zu Frank Dressler. Aufnahme in Schauspielschule August 1988. Letzter Lover Zorro, kennengelernt Oktober 1988. Seit Mai 1989 auf Theater-Tournee.

Wenn Chris Barnsteg sich im nachlässigen Chaoten-Chic an Lydia Noltes rustikalen Eßtisch fläzte und der alten Dame mit starken Worten über Gott und die Welt in die Suppe spuckte, dann war es eins der kleinen Wunder der Lindenstraße, daß die alte Dame ihr für diese „Ätz-Kotz-Würg-Show" nicht die Tür gewiesen hat.

Aber Lydia Nolte hatte es sich nun einmal als eine Art Alterswerk vorgenommen, die junge Untermieterin zu akzeptieren. Und sie mochte ihr „liebes Fräulein Christina" sogar, weil hinter den trotzig-protzigen Posen eine sensible und gute Seele steckt, die wütend ist über die großen und kleinen Katastrophen dieser Welt.

Chris, die Individual-Aktivistin, wollte alles und das meist sofort: Atomwaffen verschrotten, Umweltverschmutzung stoppen, Gewalt verbieten, sich selbst verwirklichen, Sängerin sein, Schauspielerin werden, die arme Philo Bennarsch vor der Psychiatrie und Doc Dressler vorm Alkohol retten ... Hauptsache, es bewegt sich was, und zwar ganz schnell. Deshalb wäre sie am liebsten pausenlos mit einer Glocke durchs Treppenhaus gelaufen und hätte den Leuten ihren Rückzug ins kleine Privatglück vermiest. „Ich weiß genau, daß ich das nicht will, was ihr wollt!" hat sie einmal gesagt. Denn für Chris Barnsteg sind das Elternhaus, Zuhause und Familie nie etwas anderes als ein verlogener Greuel gewesen. Und noch eins war ihr völlig klar: „Wenn's drauf ankommt, bist du sowieso immer allein!"

War nach 96 Folgen serienmüde: Schauspielerin Silke Wülfing, die „alte" Chris Barnsteg

Stefanie Mühle

geboren: 19.3.1960 in Köln
aufgewachsen in: Köln und Stuttgart
wohnt in: Köln
Größe: 172 cm
Augenfarbe: „bei Sonne blau, bei Regen grau"
Familienstand: ledig
Ausbildung: Schauspielausbildung in Essen
Bühnen: Westfälisches Landestheater
TV: „Nach Berlin", Moderation von „Spaß am Dienstag" (WDR)
Filme: „Silvester in Treptow"
Hobbys: Wandern, Musik und Stofftiere

Das Charakterschwein

Phil Seegers

Geboren 14.4.1961. Studierte Pädagogik. Wohnte in der Lindenstraßen-WG. Frühjahr 1986 Affäre mit Gabi Zimmermann, Gabi wurde schwanger. Im Juli 1986 warf man Phil aus der WG. Im März 1987 Geburt seines Sohnes Max. Erbte im Juli 1987 34 Häuser, darunter Lindenstr. 3. Ging im Februar 1988 nach Amerika.

Bei Phil Seegers Auftritten war das so, als ob es plötzlich ein wenig dunkler und stiller auf dem Bildschirm geworden wäre: Wir wußten, gleich passiert wieder ein Unglück. Denn Phil, ehemals Student, dann Millionenerbe und schließlich auch Eigentümer des Hauses Lindenstraße 3, war ein penetranter Störer und das größte Charakterschwein weit und breit - oder, um es wie Chris Barnsteg auszudrücken: „Da, wo andere Leute 'n Charakter haben, hat der 'ne Müllkippe!"

Phil, der sich für die größte Erfindung seit Casanova hielt, war ein schlechter Verlierer: Daß Gabi ihn nach ihrer kurzen Affäre (bei der sie schwanger wird!) aus der Wohnung schmiß und Benno heiratete, hat er nie verwinden können; nicht deshalb, weil er Gabi geliebt hat. Dem oberschlauen Studenten war einfach der Gedanke unerträglich, daß ausgerechnet Benno, der Dummkopf „mit dem primitiven Charakter des Bergbauern", zum rechtmäßigen Vater seines Kindes werden sollte. Deshalb hat Phil zwei Jahre lang mit allen Mitteln und schmutzigen Tricks versucht, Gabi und Benno auseinanderzubringen und sein Recht auf das Kind geltend zu machen.

Selbst als der reichgewordene Ex-Student sich schon in den USA niedergelassen hat, nimmt er Bennos Aids-Erkrankung zum Anlaß, um noch einmal die Initiative „zur Rettung seines Kindes" zu ergreifen. Aber für nichts auf der Welt würde Gabi sich von ihm wieder über den Tisch ziehen lassen.

Marcus Off

geboren: 1958 in Überlingen am Bodensee
wohnt in: München
Ausbildung: Schauspielausbildung in München
Bühnen: 1984 „Einzeln" von Erika Brahl (Uraufführung Modernes Theater München), 1985 „Der Disput" von Marivaux (Theater in der Kreide, München).

Der Musiker

Wolf Drewitz

Geboren am 26.1.1959. Konservatoriumsausbildung, freier Musiker und Komponist. Lernte 1985 Chris kennen, wohnte in WG Lindenstr. 3. Februar 1986 Job als Bordmusiker auf Schiff, kurze Rückkehr im März. Verschwand für immer, wohnt jetzt in Darmstadt.

Der Musiker Wolf Drewitz war ein ganz netter Kerl, wenn man davon absieht, daß er sich meistens um sich selbst gedreht hat. Man könnte auch sagen, er macht sich das Leben ziemlich leicht. In der Lindenstraße küm-

merte er sich hauptsächlich um seine Saxophone und Synthesizer und nur dann, wenn ihm gerade mal danach war, um die WG - oder um seine Freundin Chris.

Die hätte damals seine Hilfe nötig gehabt. Aber immer wenn's drauf ankam, hat ihr Freund, der Herr Musiker, sich aus dem Staub gemacht: Als sie ungewollt schwanger wurde und ständig betrunken zuhause rumhing, nahm er einen Job auf einem Kreuzfahrtschiff an. Sechs Wochen später hatte er Landurlaub und konnte Chris besuchen: Lebensmüde lag sie nach einer Fehlgeburt im Krankenhaus. Sein Kommentar, als sie ihn bat, wenigstens ein paar Tage bei ihr zu bleiben: „Du brauchst nicht mich, du brauchst eine Tracht Prügel!"

Drei Monate später war Wolf längst wieder an Bord und schickte seiner lieben Freundin eine reizende Ansichtskarte: „Hei, Chris. Diese Kreuzfahrt ist das geilste, was ich jemals erlebt habe. Habe die Frau meines Lebens gefunden, und Geld hat sie auch noch. So trennen sich unsere Wege. Sei einmal ein Schatz und pack meine Sachen. Wenn ich wieder mal nach München komme, hole ich das Zeug ab. Das Leben ist wunderbar!" So wunderbar, daß Wolf Drewitz nie wieder in die Lindenstraße zurückgekehrt ist.

Dirk Simplizius Triebel

geboren am: 31.1.1957 in Düsseldorf
wohnt in: Köln
Familienstand: ledig
Ausbildung: Schauspielausbildung in Köln
Bühnen: Theater „Der Keller" in Köln, Schauspielhaus Köln, Koblenz, Bonn
TV: „Gesetzt den Fall" (WDR), „Zattere 51" (WDR)

Der Konfuzianer
Gung Pham Kien

Geboren am 23.10.1958 in Vietnam. Nach dem Tod der Eltern floh er mit Bruder und Schwester in einem Flüchtlingsschiff. Die Geschwister kamen um. Seit 1983 in der Lindenstraßen-WG. Arbeitet bei der Post.

Der Herr Gung, wie Else Kling ihn immer nennt, heißt mit vollständigem Namen Gung Pham Kien, was aber nur die wenigsten wissen. Denn sogar im Abspann jeder Lindenstraßen-Folge wird er zwischen all den Beimers, Sarikakis' und Pavarottis einfach nur als Gung notiert.

Gung Pham Kien also, der im Vietnam-Krieg und auf der Flucht seine ganze Familie verloren hat, wohnt seit vier Jahren mit Gabi zusammen. Er arbeitet bei der Post, und weil er damit so etwas wie einen Dauerkursus „Typisch Deutsch" belegt hat, nimmt er viele Eigenarten des für ihn fremden Landes - einschließlich Frau Kling - sehr gelassen hin.

Kopfzerbrechen machen dem schüchternen jungen Mann schon eher die Gefühlswelten deutscher Frauen: Als er Anna Ziegler ganz freundschaftlich über ihren Scheidungs-Trouble hinwegtrösten wollte, mißverstand sie seine Zuwendung und stieg ihm ungefragt ins Bett. Und als Gung sich in Katharina, eine Kollegin von der Post, verliebte, stellte er wieder verwirrt fest, daß er in ein schnellebiges Land geraten ist: Während er nach dem ersten Kuß noch im siebten Himmel schwebte, hatte ihn die ungeduldige Dame längst sitzen lassen, weil sie seine Anständigkeiten leid war. Gung, der sonst für viele Lebenslagen eine konfuzianische Weisheit parat hat, blieb nach diesem Kulturschock etwas verwirrt und traurig zurück.

Am besten weiß Gabi seine stille Art zu schätzen. Sie hat oft genug erlebt, daß er ein guter und treuer Freund ist. Gung war es auch, der ihnen bei Bennos Aids-Erkrankung zur Seite stand. Er ist viel mehr als nur der Babysitter, der den Max auf vietnamesisch in den Schlaf singt.

Amorn Surangkanjanajai

geboren: 23.3.1953 in Bangkok
aufgewachsen in: Bangkok
wohnt in: Köln
Größe: 168 cm
Augenfarbe: schwarz
Familienstand: verheiratet
Kinder: Benjamin (3)
Ausbildung: studiert Betriebswirtschaftslehre in Köln
Bühnen: Schauspielhaus Düsseldorf („Made in Bangkok")
Hobbys: Malen

Die Heimgekehrte

Isolde Panowak-Pavarotti

Geboren am 26.11.1936, Inhaberin eines Friseursalons in der Lindenstraße. Ihr erster Mann, der Tonmeister Hubert Panowak starb im April 1987 in Kenia. Isolde überließ im Februar 1988 den Salon Bianca Guther und trat einen langen Kururlaub auf Ischia an. Heiratete dort im November den Restaurant-Besitzer Enrico Pavarotti. Gemeinsame Rückkehr im Januar 1989.

Seit Isolde wieder verheiratet ist, hat sie den schönsten Doppelnamen der Lindenstraße: Panowak-Pavarotti - da ist Musik drin. Und Isolde singt nicht nur gern laut, sie tanzt auch auf dem Tisch, wenn sie gut drauf ist, oder macht sonst was los, wenn sie sich gerade danach fühlt.

Denn die hinreißend-dynamische Mittfünfzigerin will etwas haben von ihrem Leben, und seit ihrem „Jahresurlaub" auf Ischia sieht es so aus, als ob sie noch 'ne Menge kriegen könnte: Die Lindenstraße ist wieder zu ertragen, der Friseursalon läuft gut - und sie hat sich ihren Göttergatten Enrico mitgebracht, der das Kunststück fertigbringt, seiner „bella gioia" zu Füßen zu liegen und sie gleichzeitig auf Händen zu tragen.

Mit ihrem ersten Gatten hatte Isolde nicht so viel Glück: Hubert war meist auf Reisen, ziemlich untreu und hinterließ ihr nach seinem plötzlichen Tod im April 1987 einen Haufen Schulden. Das war unglücklicherweise die Zeit, in der Isolde sowieso kurz vor der totalen Pleite stand. Denn sie hatte einen hohen Kredit aufgenommen und mit der Familie Sarikakis das Haus ersteigert, in dem sich das „Akropolis" befindet.

Als dann noch eine Flaute in ihrem Geschäft eintrat, hat Isolde den großen Frust bekommen. Sie wollte nur noch eins: Weg hier und zwar schnell! Den Laden überließ sie Bianca Guther und ab ging's nach Ischia ... wo sie einem gewissen Enrico Pavarotti begegnet ist. Bellissimo! Jetzt ist sie wieder da, und auf einmal ist alles ganz einfach.

Marianne Rogée

geboren: 22.2.1936 in Münster
aufgewachsen in: Coesfeld
wohnt in: Köln
Größe: 165 cm
Augenfarbe: blau
Familienstand: verheiratet mit Christos Karakandas
Kinder: Anouschka (27)
Ausbildung: Industriekauffrau Schauspielausbildung, Münster und Frankfurt
Bühnen: Münster, Köln, Stuttgart, München Kabarett
Rundfunk: ARD, DLF, Deutsche Welle
Hobbys: keine

Der Pizzabäcker
Enrico Pavarotti

Geboren am 9.1.1936 in Neapel. Ausbildung als Koch. Erste Ehefrau starb 1977. Besaß Pizzeria auf Ischia. Lernte dort 1988 Isolde Panowak kennen. Heiratete sie im November 1988 und folgte ihr nach München. Eröffnete im April 1989 eine Pizzeria in Grieses ehemaligem Kiosk.

Wo Enrico auftaucht, da bleibt keine Flasche im Keller und kein Auge trocken. So elegant und energisch, wie Alberto Tomba in seinen besten Zeiten die Pisten hinunterstürmte, fegt Enrico seit der Hochzeit mit Isolde durch die Lindenstraße. MAMMA MIA. Enrico singt und tanzt, Enrico palavert, Enrico gestikuliert - und läßt dabei die anderen Lindenstraßen-Bewohner ganz schön alt und ranzig aussehen.

Ein Kompliment an Isolde Panowak: Mit dem Import des quirligen Kochs, der ihr zuliebe sogar sein Restaurant auf Ischia aufgab, hat sie nicht nur sich selbst etwas Gutes getan, auch die Lindenstraße kann Isoldes „Topolino" gut gebrauchen. Und seine Steh-Pizzeria droht zu einer echten Konkurrenz für Sarikakis' „Akropolis" zu werden. Denn beim „Herrn Zarotti", wie Else Kling ihn zu nennen pflegt, gibt es neben Pizza und Pasta garantiert gute Unterhaltung.

Enrico, der Immigrant aus Ischia, trifft eben auch in der Lindenstraße immer den richtigen Nerv der Leute. Und als Entwicklungshelfer in Sachen Lebenslust und guter Laune hat er hier mit Sicherheit noch ein paar Jahre alle Hände voll zu tun.

Guido Gagliardi

geboren: 27.9.1937 in Ravenna
aufgewachsen in: Venedig, Bozen und Mailand
wohnt in: Novara
Größe: 171 cm
Augenfarbe: braun-grün
Familienstand: verwitwet
Kinder: Andreas (9)
Ausbildung: Schauspielausbildung in Mailand
Bühnen: arbeitete z.B. mit Dario Fó, Franco Enrico und Giorgio Strehler (Mailand)
TV: z.B.: „Aufforderung zum Tanz" (WDR), „Die große Flatter" (ARD), „Soko - 5113" (ZDF), „Tatort" (ARD), „Wenn Kuli kommt", „Neapel sehen und erben" (ZDF)
Kino: z.B.: „Theo gegen den Rest der Welt" (Peter A. Bringmann)
Hobbys: Tauchen und Kunst

Die Verführte
Bianca Guther

Geboren am 3.5.1956. Ausbildung als Maskenbildnerin in München. Arbeitete als Friseurin im Salon Panowak. Beziehung zu Nossek April 1987 bis zu dessen Tod im Juni 1988. Verließ im September 1988 die Lindenstraße.

Bianca war eine sehr kluge und selbstbewußte Frau, mit klaren Vorstellungen über ihr Leben und die Menschen um sie herum. Die Welt des Friseur-Salons war ihr, die als Maskenbildnerin keine Stelle gefunden hatte, im Grunde zu miefig, die Kundschaft zu spießig. Sie führte lieber engagierte Diskussionen, als sich Tag für Tag am Hausfrauenklatsch zu beteiligen.

Als sie sich allerdings in Stefan Nossek verliebte, geriet in ihrem wohlgeordneten Kopf einiges durcheinander. Denn Nossek war ein Windhund, und Bianca wurde nicht schlau aus ihm. Sie wußte nur, daß er ein Spieler war und auch ein paar schmutzige Tricks auf Lager hatte.

Als sie später erfuhr, daß er seit Jahren mit Erpressungen sein Geld machte, wollte sie sich von ihm trennen. Aber dafür war es zu spät: Nossek lag hilflos im Krankenhaus - erblindet. Bianca wußte, daß sie jetzt nicht mehr gehen würde, weil er ihre Hilfe brauchte.

Und sie hat gemerkt, daß sie ihn noch liebt, trotz seiner Lügen. Dieser Liebe wollte sie eine Chance geben, als sie ihn nach Hause holte. Aber das Schicksal hat anders entschieden: Im Sommer 1988 ist Nossek bei einem Unfall ums Leben gekommen.

Bald nach seinem Tod hat auch Bianca die Lindenstraße verlassen. Das Leben dort bedeutete ihr nichts mehr, daran konnte auch Beate Sarikakis' liebevoller Trost, ihre Freundschaft nichts ändern. An einem kleinen Theater in Ulm hat Bianca als Maskenbildnerin angefangen. Das Kind, das sie damals von Stefan Nossek erwartete, hat sie nicht bekommen.

Der Spieler
Stefan Nossek

Wiener, geboren am 1.6.1954. Brach 1972 Fotografenlehre ab, kam 1982 als Tennistrainer nach München. Wurde 1986 Tanja Schildknechts Trainer und Liebhaber, hatte von Februar bis Oktober 1986 auch ein Verhältnis mit Tanjas Mutter Henny. Ab April 1987 Beziehung zu Bianca Guther. Hatte ein Fotoatelier, in dem er zeitweise einen illegalen Spielclub unterhielt. Nossek wurde im März 1988 angeschossen, verlor dabei das Augenlicht. Am 9.6.1988 Tod durch Unfall.

Der Nossek war eine richtig nette, sympathische Erscheinung. Er war ausgesprochen zuvorkommend (vor allem schönen Frauen gegenüber), hatte gute Umgangsformen und sein leicht süffisantes Grinsen war einfach unschlagbar. Aber Vorsicht: Nossek war der böse Bube der Lindenstraße. Von

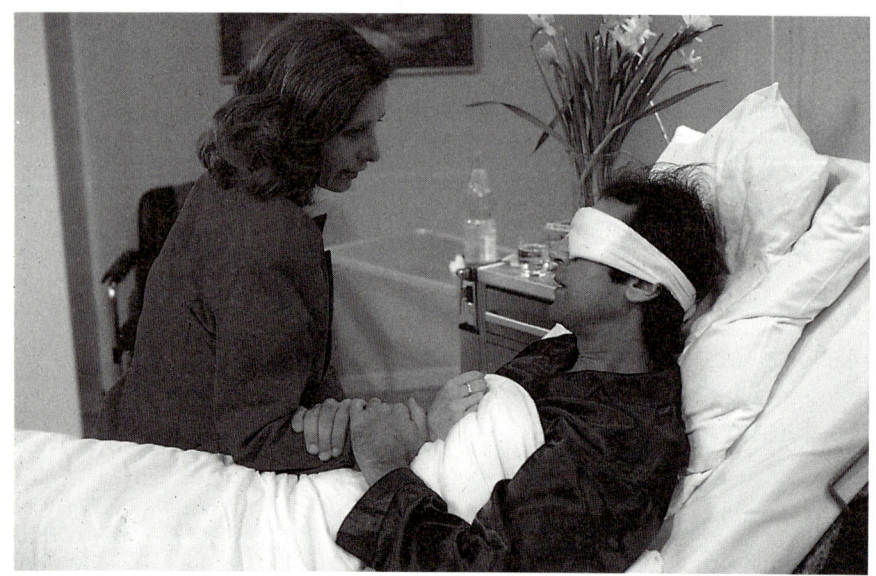

Nach dem Unfall: Bianca besucht den erblindeten Nossek im Krankenhaus

Annette Kreft

geboren: 12.5.1954 in Warendorf/Westfalen
wohnt in: München
Größe: 168 cm
Augen: blau
Familienstand: verheiratet mit Michael Whitaker
Kinder: Michael Carl
Ausbildung: Schauspielausbildung in Bochum
Bühnen: Badisches Kammerschauspiel, Dinkelsbühl, Memmingen, München, Bukarest
TV: „Draft" (CBS New York), „Der Fahnder" (WWF), „Der Alte" (ZDF)
Filme: „Eingeschlossen" (Heinig/Reim), „Eines langen Tages Ende" (K. Hieber), „Commercial Breakdown" (P. Ristau), „Rache ist Blutwurst" (F. Heinig)

Frauen aufreißen über Glücksspiel und Erpressung bis zur Softporno-Produktion hatte der clevere Hund so ziemlich alles drauf, wofür man in der Hölle landet. Und wenn es darum ging, an Geld, Spaß oder Frauen zu kommen, konnten ihn viele um seine Kreativität nur beneiden.

Als Tennis-Trainer von Tanja Schildknecht hatte er allerdings ein sehr böses Foul in einem ziemlich miesen Spiel begangen: Er machte sowohl seinen Schützling Tanja als auch dessen Mutter Henny heiß auf einen Ehrenplatz in seinem Schlafzimmer. Am Ende kostete diese Geschichte Nossek den Job, Tanja die Karriere - und Henny das Leben.

Danach ist Nossek, was die Damen betrifft, ruhiger geworden. Denn in Bianca Guther hatte er eine Frau getroffen, die ihm tatsächlich etwas bedeutete, und die sich von seinen Macker-Allüren wenig beeindrucken ließ. Er wollte sie heiraten, aber so viel Zeit sollte unserem Helden nicht mehr bleiben: Nossek erblindete durch einen tragischen Querschläger aus Klausi Beimers Luftgewehr, und nur drei Monate später riß ihn ein Auto in der Lindenstraße für immer aus den Stiefeln. Schade, er war gerade auf dem Weg, Champagner zu kaufen - aus Freude über Biancas Schwangerschaft. Vermutlich wäre er ein sehr stolzer Vater geworden.

> **Dietrich Siegl**
>
> **geboren:** 1954 in Wien
> **aufgewachsen:** in der Schweiz
> **wohnt in:** Wien
> **Bühnen:** z.B.: Wien, Theater in der Josefstadt
> **TV:** z.B.: Verschiedene Produktionen des ORF, „Abschiede" (ZDF), „Kommissar Zufall" (WDR), „Bonner Geschichten" (WDR)
> **Filme:** „Karambolage" (Kitty Kino), „Coconuts" (Franz Nowottny)

Der böse Bube und seine Herzdame: Stefan Nossek mit Freundin Bianca im Privat-Casino

Die Naive
Elfie Kronmayr

Geboren am 15.7.1959, Kindergärtnerin. Lernte 1985 Siegfried Kronmayr kennen und zog mit ihm in die Lindenstraße. Hochzeit Januar 1986. Verließ wegen Sigis Versetzung Ende Oktober 1986 die Lindenstraße.

Wenn die Elfie klug gewesen wäre, hätte sie ihren Sigi nie geheiratet. Sie hätte wissen müssen, daß es für so ein verletzliches Mädchen wie sie unmöglich ist, mit diesem cholerischen Berufs-Mißtrauer, Prinzipienreiter und Ordnungsfanatiker glücklich zu werden. Aber Elfie war naiv, mächtig verknallt in ihren Zollbeamten und brachte außerdem - sie schien doch etwas zu ahnen - den richtigen Wahlspruch mit in ihre Katastrophen-Ehe: „Wenn man sich liebt, dann kann man auch was aushalten."

Und sie hat ausgehalten: alle denkbaren Gemeinheiten, Unterstellungen und Blödheiten ihres halsstarrigen Gatten. Nur wenn es ganz schlimm wurde, ist sie mal weggelaufen - nicht weit natürlich, höchstens bis in die Waschküche oder zur Wohngemeinschaft, um sich auszuheulen und auf eine neue herzzerreißende Versöhnungsszene mit ihrem Märchenprinzen vorzubereiten. (Einmal, als Elfie sich gegen den Willen von Sigi eine Arbeit sucht, läßt diese Versöhnung ein bißchen länger auf sich warten: Sigi schlägt seine Frau blutig, worauf sie tagelang völlig regungslos mit offenen Augen im Bett herumliegt - passiver Widerstand sozusagen.)

Die Elfie war eben immer himmelhochjauchzend oder zu Tode betrübt; vor allem aber zu schwach und zu unselbständig, um die einzig richtige Konsequenz aus ihrem Ehe-Chaos zu ziehen. Sie sagte einmal zu Gabi: „Von weitem betrachtet ist so'n Beziehungsdrama bestimmt sehr lustig!" Da hat sie recht. Wenn man nah genug dran ist, wird es ein einziges Trauerspiel.

Claudia Pielmann

Ausbildung: Schauspielausbildung, Otto-Falckenberg-Schule München

Bühnen: Mitglied der Theatergruppe „Zauberflöte", Mitwirkung bei „Yerma", P. Zadek, Kammerspiele München.

Der Quertreiber
Siegfried Kronmayr

Geboren am 16.10.1955, Zollbeamter. Wohnte von Dezember 1985 bis Oktober 1986 mit Elfie in der Lindenstraße, wurde dann nach Rosenheim versetzt.

Sigi war eine der unangenehmsten Erscheinungen, die je in der Lindenstraße gesichtet worden sind. Er war ein Paradebeispiel für Korrektheit, Verklemmtheit, Spießigkeit und Humorlosigkeit und hat es in kürzester Zeit geschafft, sich bei allen Hausbewohnern unbeliebt zu machen. In seinem einsamen Kreuzzug für Recht und Ordnung sammelte der Muster-Zollbeamte und treue Diener seines Staates Unterschriften gegen den sittlichen Verfall der Familie Schildknecht, zerrte altehrwürdige Hausbewohner wie Joschi Bennarsch vor Gericht und witterte hinter jeder Wohnungstür den potentiellen Feind. Selbst Elfie wurde von ihm verdächtigt, mit diversen Nachbarn im subversiven Gedankenaustausch Intrigen gegen ihn zu verabreden.

Arme Elfie! Die junge Ehe mit Sigi war ein einziges Drama. Nie mehr sah man zwei Menschen in so rascher Folge Krieg führen und im gemeinsamen Liebesschwur mit verwundeten Herzen in die Kissen sinken. Dabei war es hoffnungslos: Mit diesem Sigi konnte man nur in selbstzerstörerischer Absicht zusammenleben. Er war eifersüchtig auf alles und jeden, dem Elfie sich zuwendete, und völlig unfähig, ihre Liebe überhaupt anzunehmen. (Vermutlich, weil er sich selbst nicht ausstehen konnte ...)

Als Sigi umgezogen ist, hat ihm niemand „Auf Wiedersehen" gesagt.

Franz Braunshausen

geboren: 1959
wohnt in: München
Ausbildung: Schauspielausbildung in Stuttgart
Bühnen: Schwäbisch Hall, Bruchsal, München
TV: z.B.: „Spielraum" (ZDF)

Der Ehrenmann
Joschi Bennarsch

Geboren 19.1.1907 in Teblitz-Schönau (Böhmen). Heiratete Philo 1937. 1938 Geburt von Sohn Paul, der seit Kriegsende vermißt wird. 1954 Umsiedlung nach München. Friedhofsarbeiter. Handel mit Honig, Kräutern, Steinöl und „Heimaterde". Starb im November 1986 nach einem Herzinfarkt.

Der Joschi gehörte zu der Sorte Mensch, die ihr Herz am rechten Fleck trägt, die die Kirche im Dorf läßt und ihren Lebensabend in Würde und Anstand vor Gott und den Menschen verbringen möchte. 49 Jahre lang war er mit seiner Frau Philomena verheiratet, und bis zu seinem Tod (er ist in Ruhe und Frieden zu Hause eingeschlafen) hat er sie auf eine ihm ganz eigene zärtlich-forsche Art geliebt und geachtet.

Joschi war auch ein pfiffiger Bursche und hat sich schon immer allerhand einfallen lassen, um neben seiner Arbeit noch andere Geldquellen zu entdecken. Seine findigste Idee war wohl der Handel mit „Heimaterde": Joschi verkaufte den Menschen säckchenweise Erde aus der verlorenen Heimat (hauptsächlich aus ehemaligen deutschen Ostgebieten), die sie dann, dem alten Brauch entsprechend, mit in ihr Grab nehmen konnten. Und da er ein redlicher Mensch und anständiger Geschäftsmann war, nahm er die Aufgabe, immer originale Erde zu organisieren, sehr ernst.

So war es für ihn dann auch die größte Demütigung seines Lebens, als Sigi Kronmayr ihn angezeigt hat und Else Kling vor Gericht gehässig behauptete, er würde wertlosen Dreck verkaufen. Das Gericht schloß sich diesem Vorwurf zwar nicht an, aber die Geschichte hat den Joschi trotzdem sehr mitgenommen. „Ist schon merkwürdig", sagte er verbittert nach der Verhandlung, „was für Kreaturen alles in so 'nem Haus zusammenwohnen."

Herbert Steinmetz

geboren: 1908 bei Leipzig
gestorben: 30.11.1986
Ausbildung: Schauspielausbildung in Leipzig
Bühnen: Leipzig, Halle, Essen, Nürnberg, Posen, „Junge Bühne" u. Thaliatheater Hamburg, Staatstheater Bremen, Hannover, Stuttgart
TV: z.B.: „Effie Briest" (ZDF), „Berlin Alexanderplatz" (WDR), „Die Sehnsucht der Veronika Voss" (SDR), „Lemmi und die Schmöker" (WDR), „Der Regenmacher" (ZDF)

Die Alleingelassene

Philo Bennarsch

Geboren am 12.7.1912 in Teblitz-Schönau (Böhmen). Köchin. 1937 Heirat mit Joschi und ein Jahr später Geburt Sohn Paul (Kriegsvermißter). Wohnte seit 1954 in München. November 1986 Tod Joschi. Philo starb im Februar 1988.

Johanna Bassermann

geboren: 1906 in Köln
wohnt in: Köln
Ausbildung: privater Schauspielunterricht bei Karl Zistig, Hamburg
Bühnen: Mannheim, Trier, Regensburg, Görlitz, Stettin, Deutsches Theater Berlin, Staatstheater Schwerin, Münster, Osnabrück, Aachen, Köln
TV: „Tatort" (WDR), „Krimistunde" (WDR)

Wenn die gute alte Philo Bennarsch ihre Meinung sagen wollte, begann sie meist mit den Worten: „Mein Joschi, der hat gesagt ..." Denn: Wenn ihr Joschi das gesagt hat, dessen war sie sich ganz sicher, dann stimmte das auch.

Sie hat ihn sehr geliebt, ihren Joschi, und seit der Hochzeit im Jahre 1937 ist sie ihm immer eine gute Frau gewesen. Ein Leben ohne ihn war für sie unvorstellbar, wer hätte ihr auch sagen sollen, wo es langgeht. Und als Joschi eines Abends tot in ihrem großen Bett lag, da war das für die Philo unbegreiflich.

Sie hat ihn beerdigt, aber er war damit nicht aus der Welt: Sein Bild stand auf einem Altärchen in ihrer Küche, und dort redete sie mit ihrem Mann, fragte ihn um Rat und versprach, kurz vor der Goldenen Hochzeit, ganz schnell zu ihm in den Himmel zu kommen.

Philo wollte also nicht mehr weiterleben, bis zu dem Tag, wo sie zufällig in einem Fernsehfilm über Fischerei ihren seit Kriegsende vermißten Sohn Paul entdeckte. Sie war sich ganz sicher: Paul war dieser Kapitän auf dem russischen Schiff da, und nun setzte sie all ihren - zunehmend verwirrten - Verstand ein, um zu ihrem Jungen zu kommen.

Weil sie nicht auf ein Reise-Visum nach Rußland warten wollte, versteckte sie sich auf dem Großmarkt in einem sowjetischen LKW, wurde aber schon in Hannover entdeckt. Halberfroren landete sie in einer psychiatrischen Anstalt. Ein trauriges Ende einer kurzen Reise, denn von diesen Strapazen hat sich die arme Philo nicht mehr erholt. Aber am 11. Februar 1988 konnte sie ihren Joschi endlich wieder in die Arme schließen.

Der Theatermacher

Gert Weinbauer

Geboren am 22.9.1962 in Freiburg. Nach Abitur Studium Germanistik und Sprachen. Abbruch des Studiums, Ausbildung als Buchhändler. Arbeit in Münchner Buchhandlung 1985. Lernte auf Jugoslawien-Reise 1986 Carsten Flöter kennen. Zog Anfang 1987 zu ihm. Ab Sommer 1987 Theatergruppe. Zog Ende 1987 nach Streit mit Carsten aus.

Die Jugendliebe

Robert Engel

Geboren am 9.9.1965 in Düsseldorf. Lernte Carsten Flöter auf Internat kennen. Zivildienst, Studium Zeitungswissenschaft, Germanistik und Soziologie in Köln, freie Mitarbeit bei Zeitung. Brach 1987 sein Studium ab, ging nach München. Zog in Carstens Wohnung, begann Volontariat. Juli 1987 Trennung von Carsten, zieht in Griese-Wohnung. Freundschaft mit Manoel und Berta. Baut Grieses Kiosk zu Taschenbuchladen um, macht im Dezember 1988 Pleite.

Gert Weinbauer kam aus bestem Hause und hatte hervorragende Manieren: Er wußte, wie man stilecht einen Sherry serviert, eine gefüllte Ente vorlegt oder einer Frau wie Elisabeth Flöter Komplimente macht - was allerdings nichts daran ändern konnte, daß diese ihn bei ihrem Zusammentreffen gründlich ablehnte. Schließlich war er für sie der erste schwule Freund ihres Sohnes Carsten und als solcher gewöhnungsbedürftig.

Gert jedenfalls liebte nicht nur bei Tisch die großen Gesten und blumigen Worte. Auch als Regisseur der Laienspielgruppe gerieten ihm die Erklärungen und Anweisungen für Carsten, Chris und Frank meist eine Spur zu theatralisch; man könnte auch sagen, daß er sich selbst immer zu wichtig genommen hat. Außerdem hatte er wenig Humor und neigte dazu, alles sehr verbissen zu sehen: Durch das harmlose Techtelmechtel von Carsten und Chris während einer Theaterprobe zum Beispiel wurde für ihn gleich die ganze Gruppenarbeit in Frage gestellt. Und als wenig später Carstens alter Freund Robert, ein sympathischer Lockermann, in ihre gemeinsame Wohnung einzog, ist er vor Eifersucht fast geplatzt.

Als Regisseur einer undisziplinierten Theatergruppe und als Liebhaber eines Typen, der sich nicht hundertfünfprozentig für ihn entscheiden konnte, war Gert sich letztendlich zu schade: In einer bewegenden Abschiedsszene hat er Platz für andere gemacht.

Günter Barton

geboren: 1955 am Bodensee
wohnt in: Hamburg
Ausbildung: Schauspielausbildung in Hamburg; Klassische Gesangsausbildung, Musikhochschule Köln
Bühnen: Konstanz, Ulm, Tübingen, Berlin, Hamburg, Freiburg

Da hat Carsten Flöter nicht schlecht gestaunt, als eines Tages seine Jugendliebe Robert wieder vor der Tür stand. Ebenso überrascht war Carstens Freund Gert, als „Robbi" gleich über Nacht blieb und auch noch ein bißchen länger ... Beziehungsknatsch war angesagt. Schon ein paar Wochen später waren die Fronten geklärt: Gert hatte wütend seine Koffer gepackt und Carsten und Robert waren wieder ein Paar.

Ihr Glück sollte aber auch nicht für die Ewigkeit sein: Robert war es irgendwann leid, jeden Abend in trauter Zweisamkeit auf dem Sofa zu liegen, und sich von Carsten Käsehäppchen in den Mund schieben zu lassen. Er fühlte sich dann doch ein bißchen zu jung, um in einer eheähnlichen Beziehung zu versauern. Da war es ihm schon wichtiger, seinen Traum vom eigenen Buchladen zu verwirklichen.

Und in dieser Situation erwies sich die Bekanntschaft mit Berta Griese als doppelt nützlich: Erstens konnte Robert nach der Trennung von Carsten in die leerstehende Wohnung ihres Man-

Die Krabbelgruppe der Lindenstraße

Unter so „ganz normalen" Umständen haben sie in der Lindenstraße ja bislang keins der drei Kinder zur Welt kommen lassen.

Den Anfang beim Nachwuchs machte Max Zimmermann. Er erblickte, weil Gabis Wehen plötzlich einsetzten, fast im Notarztwagen das (Blau-)Licht dieser Welt. Und sein Vater ist nicht Gabis mittlerweile verstorbener Ehemann Benno, sondern Phil Seegers, der sich als reichgewordener Immobilien-Erbe in die USA abgesetzt hat.

Mit Anna Zieglers Kindern ist es auch etwas unübersichtlich: Sarahs Vater ist Annas Ex-Mann Friedhelm. Der Vater des kleinen Tom ist Hans Beimer, aber alle Welt soll glauben, Zorro wär's gewesen. (Und ausgerechnet Helga Beimer mußte Anna zur Entbindung in die Klinik fahren ...)

Tragende Rollen müssen Max, Sarah und Tom bislang noch nicht übernehmen, aber eins ist sicher: Der „Krabbelgruppe" gehört das 21. Jahrhundert in der Lindenstraße.

Gabi Zimmermann mit ihrem Sohn Max (links), ihre Kusine Anna Ziegler und Tochter Sarah

nes ziehen, und zweitens half Berta ihm, Gottliebs alten Kiosk in einen Buchladen zu verwandeln. (Daß Berta sich dabei in ihren jungen Freund verliebte, war eine tragikomische Episode.)

Die feierliche Buchladeneröffnung im August 1988 ließ Robert dann auf gute Geschäfte hoffen. Leider aber zogen die Lindensträßler rasch das Fernsehen den Büchern wieder vor: Schon im Dezember war der Laden pleite, und Robert verschwand sang- und klanglos aus der Lindenstraße. Nur Carsten, der liebt ihn immer noch.

Martin Armknecht

geboren: 21.2.1962 in Düsseldorf
aufgewachsen in: Düsseldorf
wohnt in: Düsseldorf
Ausbildung: Schauspielausbildung, Hamburg und Berlin
Bühnen: eigenes Theater in Düsseldorf („Hansa-Palast"), Oberhausen, Moers
TV: „Solange es gut geht"
Hobbys: Malen, Lesen und Spazierengehen

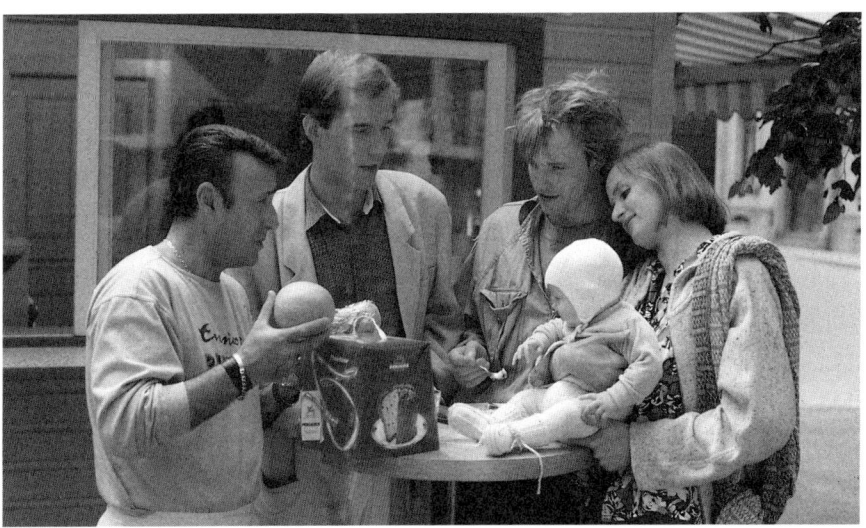

Anna Ziegler und Scheinvater Zorro präsentieren stolz „ihr" Baby Tom, Enrico Pavarotti (links) und Carsten Flöter gratulieren

Das Kapital
So viel Geld gibt's in der Lindenstraße

Tanja Schildknecht hat 240.000 Mark, die Hälfte des Erlöses vom Verkauf der „Zwetschgenwiese". Die andere Hälfte gehört **Gottlieb Griese**.

Berta Griese bekam von ihrem Mann zum Abschied 70.000 Mark (die Hälfte davon für Manoel). Er hat die Miete für ein Jahr im voraus bezahlt (bis Weihnachten 1989). Außerdem gehört ihr der Kiosk, den sie an Enrico für 800 Mark monatlich verpachtet.

Dr. Ludwig Dressler besitzt außer seiner Arztvilla eine Ferienwohnung in Percha am Starnberger See.

Egon Kling besitzt seit seiner Beteiligung an der Schmuggelaktion 5.000 Dollar, von denen Else nichts weiß.

Beate Sarikakis hat von ihrem verstorbenen Vater 150.000 Mark geerbt. Davon hat sie 80.000 Mark Bianca geliehen. Dafür tritt Bianca die Miete für Nosseks alte Atelierwohnung (Tanzschule) an Beate ab. Das heißt: Panaiotis muß an Beate fünf Jahre und sieben Monate lang 1.200 Mark monatlich bezahlen. Danach (ab Januar 1994) gehen die Mieteinnahmen für 14 Monate an Bianca, danach an Isolde, der das Haus gehört.

Isolde Panowak-Pavarotti besitzt zwei Häuser in der Lindenstraße und zwar das, in dem der Friseursalon und die Tanzschule von Panaiotis sind, sowie zur Hälfte das Haus, in dem das Lokal der Sarikakis ist. Die griechische Familie hat dieses Haus gemeinsam mit Isolde ersteigert.

Gabi Zimmermann muß monatlich 1.200 Mark Zinsen für das Haus in Aying zahlen, das ihr verstorbener Mann Benno dem kleinen Max vererbt hat. Es hat einen Wert von 300.000 Mark. Ab Oktober 1989 vermietet sie es für monatlich 1.500 Mark.

Hilfsaktionen: Als Gabi in Geldnot war (sie konnte die Zinsen für Bennos Haus nicht mehr bezahlen), überraschten sie Gung, Anna und Zorro mit Geldgutscheinen. Zorro hatte exklusiv für sie ein paar seiner „Kunstobjekte" versteigert.

GELD

Bewohner	Gehalt / Rente	Sonst. Einkünfte	Miete	Ausgaben	Auto
Kling Egon + Else	Rente Egon: DM 1.536	Else Putzarbeiten: DM 15/Std. Waschsalon	DM 680		VW Passat (braun) M-PK 2118
Beimer Hans, Helga, Benny, Klausi, Marion	DM 5.076	Kindergeld: DM 240	DM 820	Unterhalt Marion (Paris) DM 500	BMW 318 (dunkelrot) M-KX 5934
Flöter Carsten		Bafög DM 600 von Elisabeth DM 1.000	DM 740		VW-Käfer (gelbschwarz) M-BP 5741
Schildknecht Franz + Vera	Franz (früher) AT 12: DM 4.653 (Grundgehalt: DM 3.736 Ortszuschlag: DM 917) Vera, AT 12: DM 4.141 (Grundgehalt: DM 3.468 Ortszuschlag: DM 673)	Kindergeld DM 50 Franz' Fahrerjob DM 15/Std. Unregelmäßige Einkünfte aus Bilderverkauf z.B. Celin: DM 7.000, Mourrait: DM 25.000	DM 740		Mazda 626 (grün) M-AA 6371
Tanja	Praktikum DM 500 (bis Folge 208) später zahlt Mourrait Un- terhalt, Miete	Zinseinnahmen aus Erbe DM 240.000 ca. DM 900 monatlich			
Wittich Franz	Rente DM 2.058		DM 540		
Sarikakis Vasily + Beate	Vasily ca. DM 4.000 Beate nach Gesellenprü- fung DM 2.300	Tanzschulenmiete DM 1.200 bis Ende 1993	DM 520 (Lokal: DM 1.598)		Ford Escort Kombi (grau) M-VY 5249
Koch Hubert + Rosi	Rente DM 1.633		DM 820		
WG Gabi, Gung, Anna, Max, Sarah, Tom	Gabi DM 920 Gung DM 2.135 Anna DM 1.300 Witwenrente Gabi DM 850 Halbwaisenrente Max DM 290	Gabi: Kinder- geld DM 50 Miete Haus Benno DM 1.500. Anna: Kinder- geld DM 150 Max: aus Treu- handkonto Phil DM 1.000 mtl. bis Vollendung 18. Lebensjahr	DM 820	Gabi: Zinsen- tilgung DM 1.200 (Bennos Haus)	
Griese Borta + Manoel	DM 1.416	Pachtvertrag DM 800 Klavierunterr. DM 20/Std.	DM 740 (ab Folge 212)		Citroen CX (blau) M-LD 6323 (Gottlieb)
Nolte Lydia	Rente DM 1.104			Kur- pension	
Panowak- Pavarotti Isolde + Enrico	Enrico: DM 4.400 Isolde: DM 4.200	Mieteinkünfte DM 6.800	DM 720 DM 800 (Kiosk)	Darlehens- rückzahl. DM 145.000 Haus Sarik.	Passat Kombi (rot) M-AP 3280
Zorro			Wohn- wagen		
Sarikakis Panaiotis + Elena		Tanzschule: DM 3.100 Elena für Küche: DM 2.000	DM 600 DM 1.200 (Tanz- schule)	Rückzahlg an einen Freund DM 30.000 (f. Haus)	
Dressler Ludwig + Elisabeth	Ludwig: DM 19.000 Elisabeth: DM 2.783	Unfallver- sicherung	Eigentum	Elisabeth an Carsten DM 1.000	Volvo Kombi (dunkel- (grau) M-AL 5779

Geschichten aus der Lindenstraße

Es gibt Geschichten in der Lindenstraße, die die Zuschauer sehr bewegen. Spannende, dramatische und traurige Geschichten. Meist geht es um Dinge, die jedem passieren können, um Konflikte, die alltäglich sind. Und nicht immer gibt es ein Happy End.

Drei Geschichten aus den ersten Jahren werden auf den nächsten Seiten erzählt. Drei Geschichten, die typisch sind für die Lindenstraße.

Aufgezeichnet von Renate Schweizer

Hans Beimer wurde die Erinnerung nicht los. Den ganzen Tag lang sah er Anna vor sich, wie sie da im Gegenlicht am Fenster gestanden hatte. Er sah ihr verlorenes Lächeln, ihre zartgliedrigen Hände, die an einer Geranie herumzupften. Sie war schön, wunderschön. Er hätte es ihr viel öfter sagen müssen. Nicht nur dieses eine Mal. Oder gar nicht. Das wäre noch besser gewesen.

Es nutzte nichts, sich zur Ordnung zu rufen, sich zu sagen, daß nichts passiert war zwischen ihm und Anna Ziegler. Jedenfalls fast nichts. Sie hatten sich ein paarmal gesehen. Erst in der neueröffneten Buchhandlung von Berta Griese, dann in seiner Wohnung.

Hans und Anna
Eine verhängnisvolle Affäre

Er hatte ihr ein Buch geliehen. „Ehe- und Scheidungsrecht" - damit sie sich besser auf ihre Scheidung von Friedhelm Ziegler vorbereiten konnte.

Und sonst? Ins Kino waren sie gegangen, ein Hindemith-Konzert hatten sie gehört. Zwei Kneipen, drei Isar-Kilometer, ein verrückter Taxi-Chauffeur. Vorbei, vergangen, Erinnerungen, die nur ihm gehörten, ihm und Anna.

Jetzt war Helga wieder da. Handfest, praktisch, laut, lieb. Drei Wochen Nordseeurlaub mit Klausi und Benny hatten sie nicht verändert. Nichts würde sie verändern. Ausgerechnet Anna hatte sie am Tag ihrer Rückkehr zum Krabbenpulen einladen müssen. Zum Nachtisch hatte es die Himbeeren gegeben, die Anna ihm morgens gebracht hatte. Anna, Anna, Anna! Er konnte nichts anderes denken. Hans Beimer, sagte er sich, es war ein Intermezzo, mehr nicht. Strohwitwer war er gewesen. Millionen Männer vor ihm und bestimmt auch nach ihm hatten in ähnlichen Situationen nichts anbrennen lassen. Dagegen war er ein Waisenknabe. Und Anna? Sie hatte Angst. Angst vor ihrer Scheidung; Angst vor ihrem gewalttätigen Mann, den man aus der Untersuchungshaft entlassen hatte. Sie war dankbar für ein freundliches Wort, einen Rat, ein Lächeln. Er mußte das alles vergessen. Er hatte Familie, Verantwortung. Vielleicht warf's ihn ja auch nur so um, weil es das erste Mal war. Sei vernünftig, Hans Beimer, sagte er sich. Tausendmal am Tag. Und nachts? Nachts träumte er. Von Anna. Da gingen die Träume mit ihm durch. „Schlaf, Hänschen, schlaf!" Helgas Stimme. Im Bett neben ihm. Er wälzte sich hin und her, murmelte Unverständliches, dann einige klare Worte: „... nein, Anna ... nicht so weit weg ... nein!"

Anna? Wieso Anna? Helga war hellwach.

„Anna, wir können doch nicht ..."

„Was hast du gesagt, Hänschen?" Helga beugte sich über ihn.

„Was ist denn?"

Schlaftrunken kam er hoch. „Ich hab' geträumt." Er drehte sich um, drehte Helga den Rücken zu. Es gefiel ihr nicht. „Geträumt", flüsterte Helga Beimer. „Von einer Anna!"

Am nächsten Morgen bekam er zum Frühstück Kakao von ihr. Und dann jeden Morgen. Helga umsorgte ihn wie einen Kranken. „Kaffee ist für dich gestrichen, Hansemann!" Sie riet ihm zu Baldrian, zu beruhigenden Wassergüssen. Sie wollte ihn zum Arzt schikken, ihm Haferbrei kochen. Abends gab es Kräutertee. Vier Tassen. „Ich mach mir wirklich Sorgen, Hans", sagte Helga. „Irgendwie organisierst du dein Leben falsch. Merkst du nicht, daß du dich von deiner Arbeit auffressen läßt?" Gott sei Dank, sie schob es auf die Arbeit. Sie hatte keine Ahnung. Jedenfalls nicht von Anna. Sie schleifte ihn zur Tanzschuleneröffnung bei Sarikakis und glaubte, daß es ihm Freude machte, mit ihr zu tanzen. Dabei ging er nur wegen Anna mit. Um sie zu sehen, um ein paar Worte mit ihr zu reden, um sich an ihrem Lächeln zu wärmen.

Es war Vollmond. Eine wunderbare Nacht. Nicht für die, die nicht schlafen können, weil die Sehnsucht sie fast umbringt. So wie Hans. So wie Anna.

Helga hatte es bei Sarikakis' gefallen. „Was hältst du davon, wenn wir einen Tanzkurs machen. Wir unternehmen so wenig."
„Ich kann bestimmt nicht schlafen."
„Komm ins Bett. Ich massiere dir deinen Nacken. Dann kannst du bestimmt schlafen."
Hans zog sein Jackett wieder an.
„Willst du nochmal weg?" Helga war mehr erstaunt als enttäuscht.
„Einmal um den Block. Ich brauch' frische Luft."
Helga blieb liegen. „Merkwürdig", sagte sie, als die Tür zuschlug, „früher hat ihm der Mond nie was ausgemacht."

Anna saß auf ihrem Bett. Sie trug noch immer das geblümte, weich fallende Seidenkleid mit dem schwingenden Rock. Die Schuhe hatte sie ausgezogen. Sie ließ sich zur Seite fallen, legte den Kopf auf die verschränkten Arme. Sie dachte an Hans. Sie sah ihn vor sich. Sein Lächeln, seine Hände. Der Vollmond erhellte das Zimmer. Von irgendwoher kam leise Musik. Wie in Trance stand Anna auf, verschränkte die Arme vor der Brust, als wollte sie sich selbst umarmen. Sie hielt es hier drin nicht aus. Sie schlüpfte in die Schuhe. Unbemerkt huschte sie zur Wohnungstür. In der Küche waren Gabi und Benno auch noch wach. Gabi umarmte Benno. Warum wirkte er nur so verzweifelt? Irgendwas war mit den beiden los.

Anna schloß behutsam die Tür hinter sich. Nicht Gabi und Benno waren jetzt wichtig. Nur Anna und Hans, Hans und Anna! Wie er sie beim Tanzen im Arm gehalten hatte, hatte sie es genau gewußt. Es gab nur sie und ihn. Sie verließ das Haus, ging die Lindenstraße in Richtung Kastanienstraße. Wenn er jetzt käme ...
Da sah sie ihn. Auch er hatte sie bemerkt. Sie liefen aufeinander zu. In der Höhe eines Bauwagens blieben sie beide stehen, nur einen Meter voneinander entfernt. „Komm", sagte Hans. „Komm!" Ein Auto fuhr vorbei. Sie beachteten es nicht. Sie sahen sich nur an, lächelten. Hans nahm Annas Hand, zog sie in einen Hauseingang. „Oh, Anna", sagte er. Dann küßten sie sich. Zärtlich, vorsichtig, dann immer leidenschaftlicher. Sie hatten beide gewußt, daß dieser Moment kommen würde. Sie hatten ihn herbeigesehnt. Jetzt, endlich ...

Sie bemerkten den Radfahrer nicht, der laut pfeifend näher kam, beim Anblick des in einen endlosen Kuß versunkenen Paares provozierend seine heisere Fahrradklingel betätigte. Das nahmen sie wahr, lösten sich voneinander. Das Mondlicht fiel taghell auf das Gesicht des Mannes. „Paps!" sagte eine verstörte Jungenstimme. Und noch einmal „Paps!" Es war Benny Beimer.

Anna zog aus. Zurück in die Kastanienstraße. In der Lindenstraße hielt sie es nicht mehr aus. Nicht nur wegen Bennos Krankheit. Das war zwar ein schrecklicher Gedanke, Benno und Aids, aber zurück in die alte Wohnung ging sie deswegen nicht. Da spielte schon eher die ständige Nähe von Hans eine Rolle. Und die von Helga Beimer. Jetzt hatte sie Anna auch noch angeboten, daß sie Hans mal rüberschicken wollte in die Kastanienstaße, zum Helfen. Es hatte sich so ergeben, als Beimers Staubsauger streikte und sie sich den aus der WG leihen wollte. Manchmal kam es Anna so vor, als suche Helga Beimer ihre Nähe. Und jetzt drängte sie ihr Hilfe auf. „Es gibt doch Dinge, die man einfach nicht kann als Frau. Schwere Möbel aufstellen und ... Können Sie mit einer Bohrmaschine umgehen? Ich habe mich mein Leben lang geweigert, das zu lernen. Wissen Sie was? Ich schicke Ihnen meinen Mann. Der kann so was."

Anna wehrte sich. „Nein, das ist wirklich nicht nötig."
Helga Beimer blieb ganz lieb, ganz freundlich, fast ein bißchen mütterlich. „Kein Widerspruch. Ich leihe Ihnen meinen fast perfekten Heimwerker. Einverstanden?"
Am gleichen Abend sprach Benny mit seinem Vater. Eine Woche hatte Hans sich gedrückt. Jetzt war er froh über das Gespräch. Benny war viel erwachsener als er gedacht hatte. Es tat gut, mit ihm zu reden. „Benny", sagte Hans. „Ich hätte nie gedacht, daß mir so was passieren könnte. Ich .. ich möchte es dir irgendwie erklären, verstehst du?"
„Jetzt komm mir bloß nicht mit irgend 'ner Midlife-Crisis-Scheiße oder so was. Ich glaube an den Kram nicht." Benny signalisierte durch Tonfall und Mimik Ablehnung.

„Neulich Abend, als du uns gesehen hast ..." fing Hans Beimer wieder an. „Ich hab euch erst gar nicht erkannt. Und ich Idiot hab' auch noch voll geklingelt."
Hans lächelte ganz kurz, es hätte auch ein Weinen sein können. „Fast hätte ich meine Schüssel um einen Laternenmast gewickelt. Mein eigener Vater mit ..." Er machte eine Pause. „Naja, besonders witzig war's jedenfalls nicht", setzte er hinzu. „Willst du dich scheiden lassen?"
Das kam ein bißchen plötzlich. „Wie bitte?" Hans sah ihn nicht an.
Benny zeigte offene Angst. „Ja. Scheiden. Wär doch konsequent."
Hans sah Benny nun doch an. Er konnte gar nicht anders. Verdammt, er hatte ihn gern. Er hatte Helga und Klausi und Benny und Marion gern. Aber Anna eben auch.
„Eins kann ich dir versprechen, Benny", sagte er fast feierlich. „Ich werde niemals irgendetwas tun, was gegen unsere Familie wäre."
„Ich finde, du solltest diese Anna Ziegler nach Bora-Bora schießen. Verdammt weit weg. Und keiner weiß, wo's ist."
Aber sie wohnte nur in der Kastanienstraße. Und Helga Beimer selbst schickte Hans zu ihr. Benny versuchte es zu verhindern. Schließlich konnte er der Anna Ziegler auch ein paar Löcher für ihre Regale bohren. Aber Helga ließ sich auf nichts ein. Hans half der armen Frau Ziegler, die keinen Menschen hatte. Und nicht Benny. Der machte jetzt endlich seine Hausaufgaben und schaffte das Aluminium zum Container. Von wegen Recycling.
„Bora-Bora", murmelte Benny.
Helga nervte das Getue. „Bohrer? Ach was! Hans, der Junge schreibt morgen eine Erdkunde-Arbeit."
„Okay. Ich fahr' da nach Büroschluß vorbei." Das war die volle Kapitulation.
Benny sah seine Mutter an. Begriff die denn gar nichts? „Mum, du ... ach shit!" Er knallte die Wohnungstür hinter sich zu.
Abends hielt Benny es nicht aus. Er mußte es wissen. Kastanienstraße oder Bora-Bora? Atemlos kam er bei Anna Ziegler an. „Ist mein Vater hier?"
Er war nicht. Und er war auch nicht dagewesen. Den ganzen Abend nicht. Wau! Benny grinste. Zuhause war er auch nicht. Blieb nur noch Sarikakis. Da saß er dann auch. Trank an der Theke Ouzo mit Zorro, dem netten

Verrückten aus der Flöter-Wohnung. Der redete über Mikrozensus. Hans Beimer redete nicht mehr. Der lallte nur noch. Knallbetrunken war er. Benny hatte Mühe, ihn nach Hause zu schleifen.
Aber immer noch besser als das andere. Benny war froh. Vielleicht ging es ja auch ohne Bora-Bora.

Ging es aber nicht. Hans wußte es, als er morgens die Rose hinter dem Scheibenwischer an seinem Auto vor dem Haus entdeckte. Niemand hätte sich was dabei gedacht. Es war eine von diesen buschigen Gartenrosen, wie Else Kling sie in ihren Blumenkästen hatte. Jemand hatte sie da abgepflückt und ihm ans Auto gesteckt. Jemand? Anna! Er rannte von einem Blumenladen zum anderen, bis er sie fand, diese Sorte Rosen. Er kaufte sie alle, einen ganzen Eimer voll. Damit stand er abends vor Annas Tür in der Kastanienstraße. Als sie öffnete, hörte er die Musik. Mozart, Così fan tutte. Er liebte Mozart. Er liebte Anna.

Sie sah ihn stumm an. Hans hielt ihr die Rosen entgegen. „Sie heißen Bibernellrosen", sagte er und kam sich vor wie ein schüchterner Pennäler. „Ich hab' ein halbes Dutzend Floristen verrückt gemacht, bis ich genau diese Sorte gefunden habe." Anna wich einen Schritt zurück. „Ich hab sie doch nur als kleines Zeichen ... an deinem Auto."

Daß er vor ihr stand, überwältigte sie. Sie hob die Hände, wußte nicht, ob sie ihn abwehren oder an sich ziehen sollte. Plötzlich ließ er die Rosen fallen, nahm Anna in die Arme. Sie drängte sich an ihn, schlang die Arme um seinen Nacken, zog erst seinen Kopf, zog ihn dann ganz zu sich herunter. Sie taumelten in die Wohnung, ließen sich nicht los, sanken zu Boden. Langsam, jede Sekunde genießend, begann Hans Beimer Anna auszuziehen. Er hatte den Kampf gegen sich selbst verloren. Er war ein glücklicher Verlierer.

Später ging er mit Helga, Klausi und Benny in die „Agora", die an diesem Abend eröffnete. Benny spielte mit seiner Band, ein Herr Sittich führte seine Pudel vor, ein Pendler machte alle mit seinem Pendel verrückt. Helga amüsierte sich. Verrückt, was sich da alles auf die Bühne wagte. Die Rückwärtssängerin zum Beispiel - daß die den Mut zum Auftreten hatte! Es war ein schöner Abend, fand Helga. Es war auch gut, daß Hans mitgekommen war. Trotz der Überstunden, die er heute wieder gemacht hatte. Und daß er so abwesend wirkte, lag auch nur an seiner Arbeit. Wie lange war das eigentlich her, daß Hans ihr etwas Liebes gesagt hatte? Viel zu lange. „Weißt du eigentlich", sagte sie, als sie nach Mitternacht wieder zuhause waren und sie schon halb ausgezogen auf ihrem Bett saß, „daß du mir schon sehr lange nicht mehr gesagt hast, daß du mich lieb hast?" Eine Welle von Zärtlichkeit überflutete sie dabei. Sie hatte Sehnsucht nach ihm.

„Was sagst du?" Hans drehte sich unwillig im Bett um, nahm seine typische Schlafhaltung ein. Die plötzliche Traurigkeit, die Helga befiel, tat ihr körperlich weh.

Der Alltag ging über solche Verletzungen hinweg. Marion wurde erwartet. Sie kam zurück aus Spanien. Ohne ihre Freunde. Helga machte sich Sorgen. Hans auch. Hatte es Krach gegeben? Und warum war die Sache mit ihrem Gitarrenjüngling in die Brüche gegangen? Und daß sie per Anhalter kam, machte sie beide ganz krank vor Angst. Man hörte doch soviel. Für die Weiterfahrt nach Berlin sollte man ihr lieber gleich die Fahrkarte in die Hand drücken. „Genau", sagte Helga. Die saß im Bademantel in der Küche. Hans hatte Frühstück für alle gemacht und sie schlafen lassen. Aber sie hatte gar nicht richtig geschlafen. Wenn Marion doch nur schon da wäre! Hans wollte die Karten für die Weiterfahrt nach Berlin mittags im Reisebüro holen. „Bleib du lieber hier", sagte er zu Helga. „Sonst steht deine Tochter vor der Tür, und niemand ist da, bei dem sie sich ausweinen kann."

„Glaubst du, sie muß sich ausweinen?" Helga war schrecklich besorgt. Hans zuckte mit den Schultern. So traurig hatte sie ihn lange nicht gesehen. „Möglich", sagte er nur.

Aber Marion war, als sie mittags braungebrannt und wohlbehalten dann endlich vor der Tür stand, ganz fröhlich. Das lag sicher auch an dem Durcheinander mit den beiden Blumensträußen, die zur gleichen Zeit bei Beimers eintrudelten. Einer für Marion - natürlich von Matthias. Und einer für Helga. Von Hans. Mit einer Karte dran. „Bitte nicht in Ohnmacht fallen, meine Taube. Die Blumen sind von mir."

„Typisch Papa", kommentierte Marion das Kärtchen. Und sie verstand überhaupt nicht, warum Helga so nachdenklich sagte: „Typisch ist das ganz und gar nicht."

Dabei sah sie Marion an, ihre große Tochter, einen Menschen, mit dem man reden konnte. Und sie mußte reden, jetzt und gleich. Sie mußte das alles mal loswerden. Von Hans und Anna. Von ihrem Verdacht, der mehr ein Gefühl war. Von Hans' Träumen. Marion hörte ihr zu, nahm zwischendurch ein Bad, kam wieder in die Küche zurück, kein Kind mehr, eine junge Frau. Auf der Suche. Auch auf der Suche nach sich selbst. Habe ich ihr das eigentlich erzählen dürfen? fragte sich Helga. Sie ist doch auch seine Tochter.

Marion kämmte sich vor dem Spiegel die nassen Haare. „Bist du überhaupt sicher, daß sie wirklich was miteinander haben?" fragte sie.

Helga legte Apfelscheiben auf ein Blech mit Kuchenteig. Natürlich gab's zur Feier von Marions Besuch Kuchen bei Beimers. Das gehörte dazu. Helga redete auf den Kuchen runter. „Was heißt hier sicher? Irgendwann ist mir aufgefallen, daß Frau Ziegler mir gegenüber merkwürdig zurückhaltend wurde. Ich hab's immer auf ihre persönlichen Probleme geschoben ... Aber dann, dann hab ich sie mit Papa tanzen sehen, als drüben die griechische Tanzschule eröffnet wurde." Sie sah die beiden jetzt wieder vor sich, ganz genau. Und nachher war Hans noch weggegangen, mitten in der Nacht. Leise, mehr zu sich selbst, sagte sie: „Er hat sie angesehen, wie eine ..." Jetzt klang es verzweifelt, sie wurde laut, „er hat sie eben so angesehen, wie man sich ansieht, wenn man ..." Sie brachte das Wort nicht über die Lippen. Marion riet ihr, mal kräftig auf den Tisch zu hauen. Helga schüttelte den Kopf. Nein, dachte sie, ich werde nicht auf den Tisch hauen. Ich werde abwarten. Er wird sich fangen. Er hat doch uns. Die Anna, die bedeutet ihm doch nicht wirklich was.

Das kleine Lokal war überfüllt. Hans und Anna hatten einen freien Zweiertisch gefunden. Vor ihnen stand eine Karaffe Rotwein. Der Salatteller von Anna war noch nicht angerührt. Auch Hans Beimer aß nicht von seiner Lasagne. Alles an Anna strahlte. Hans wirkte still. Er hatte eine Hand auf die Rechte von Anna gelegt, hielt sie fest, als müsse er sich an sie klammern. Anna fühlte es anders, sie fühlte sich beschützt. „Als ich dich das erste Mal sah, Anna", sagte Hans, „es hat mich einfach überfallen. Aus heiterem Himmel. Ich lieb' dich. Ich liebe dich mehr, als ich dir jemals sagen kann."

Anna sah ihm in die Augen. „Ich weiß es ja, Hans. Ich liebe dich auch. Mehr, als ich sagen kann. Wenn du abends kommst, mir bleibt jedesmal das Herz stehen. Und jedesmal hab' ich Angst, daß es alles nicht wahr ist. Daß ich träume."

Hans griff noch fester nach ihrer Hand. Sie lächelte in seine Augen hinein.

„Aber ich träum' nicht. Es ist wahr!"

„Anna."

„Spürst du mich?"

„Anna." Ihm fiel jedes Wort schwer. „Ja, ich spüre dich. Aber ... Anna - es darf trotzdem nur ein Traum sein."

Ihre Augen waren zärtlich, ihr Lächeln liebevoll. „Ich weiß es ja. Es geht alles nicht. Es ist alles völlig verrückt und unmöglich. Aber ..."

Oh nein, er wollte es nicht hören. Er ertrug es nicht. Er liebte sie. Und wenn sie so redete ... „Wir dürfen uns nicht wiedersehen, Anna, ich halt' es so nicht aus. Ich bin fast jeden Abend bei dir. Und meine Frau ..." Es tat weh, das Lächeln in ihrem Gesicht erlöschen, den Glanz in ihren Augen verschwinden zu sehen. Sie war wieder Anna Ziegler, die Anna Ziegler, die Schreckliches mitgemacht hatte, die unglücklich war, die ... Aber er redete weiter: „Sie wartet auf mich. Nichtsahnend. Sie denkt, ich mach' Überstunden. Ich kann sie nicht anlügen, Anna. Ich bin über zwanzig Jahre mit ihr verheiratet." Er sah die Tränen in Annas Augen, aber er mußte auch das noch sagen: „Sie liebt mich, Anna. Wir haben drei Kinder." Er merkte, wie verzweifelt seine Stimme klang.

„Ich verstehe." Annas Worte waren nur ein Hauch. Er redete weiter. „Ich weiß nicht mehr, was ich tun soll. Tag und Nacht denke ich an dich. Am liebsten würde ich dich nehmen und mit dir irgendwohin gehen ..."

Anna löste ihre Hand aus der seinen. Sie preßte eine Serviette gegen die Augen. Ihre Tränen flossen lautlos.

„Vielleicht können wir uns ja vergessen." Seine Stimme zitterte. Aber Anna schüttelte aufschluchzend den Kopf. Wortlos griff sie nach ihrer Tasche. Alles ging plötzlich sehr schnell. Sie lief aus dem Lokal. Er sah ihr nach, stand mit hängenden Armen da, kraftlos, leer. „Anna!" flüsterte er noch einmal. Der Kellner kam. „Sind Sie fertig?" Hans sah auf, ohne ihn zu sehen. „Was? Ja. Fertig."

Aber am Abend ging er noch einmal zu ihr. Er hatte Angst um sie. Sie hatte so entsetzlich traurig ausgesehen. „Du brauchst keine Angst zu haben", sagte sie tapfer. „Ich schaff' das schon."

„Versprich mir, daß du vernünftig bist. Und verzeih mir. Wäre es dir lieber, wenn es überhaupt nicht passiert wäre?"

Anna schüttelte heftig den Kopf.

„Ich werde dich nie vergessen." Er zog sie noch einmal an sich, küßte sie, wußte, daß es das letzte Mal sein mußte. Er war in diesen Sekunden voller Zärtlichkeit für sie. Als er ging, fühlte er sich wieder leer. „Zehn Minuten später hätte ich geklingelt", sagte eine Stimme aus dem Dunkel neben der Tür von Annas Haus. Benny! Hans starrte ihn an, unfähig, etwas zu sagen. „Komm nach Hause", sagte Benny.

Hans ging mit. Er fühlte sich elend. Aber er ging mit. So war es richtig. Und was richtig war, mußte auch gut sein. Nie wieder Anna! dachte er. Und glaubte, er hätte es überstanden. Aber nichts war überstanden. Als Anna ihn an einem der nächsten Tage im Amt anrief, wußte er, daß es weiterging. Nicht mit Anna. Aber mit Helga. Sie wußte alles. Sie hatte es Anna gesagt. „Und was hast du gesagt?" fragte Hans Beimer nervös.

„Nichts. Nur, daß ich dich liebe."

Er sagte nichts.

„Hans!"

„Ja, Anna ..."

„Was soll ich jetzt tun?"

„Du kannst nichts tun. Ich muß mit ihr reden."

Wie leicht sich das sagte. Und wie schwer es durchzuführen war. Als Hans nach Hause kam, war der Tisch schon festlich gedeckt, nur für zwei. Mit Kerzen. Klausi war schon im Bett. Es gab Maultaschen – wie am Kennenlerntag. „Heute wird er mich wirklich kennenlernen", dachte Helga. Hans fühlte sich gräßlich. Er hatte noch nichts angerührt. Plötzlich ließ Helga ihr Besteck sinken. „Du meinst also, ich soll anfangen", sagte sie. Und dann erzählte sie ihm, wie sonst immer am Kennenlernfest, die ganze Geschichte ihrer Liebe. Er wollte es nicht, aber sie bestand darauf. Sie sprach von der Sicherheit, die ihnen ihre Ehe gegeben hatte, von dem Glück mit den Kindern. Und dann sagte sie plötzlich. „Ich hab' ja selber Schuld, daß du dich in Frau Ziegler verliebt hast."

Jetzt war der Name, um den es die ganze Zeit ging, zum ersten Mal gefallen. Erschrocken starrten Hans und Helga sich an. „Sie ist jung und schön", sagte Helga leise. „Und sie ist hilfsbedürftig. Ich weiß, du hast sie in die Arme genommen und getröstet ... während ich hier sitze und den Haushalt organisiere, und dir auch noch vorschreibe, wann du dich mit Franzbranntwein abreiben sollst, was du essen und trinken darfst und was nicht. Ich habe in einem schrecklichen Irrtum gelebt, Hans. Genau das, was ich als meine Stärken ansah, hat dich von mir weggetrieben. Ich habe dich erdrückt. Ich muß dir auf eine widerliche Weise auf die Nerven gegangen sein." Hans wirkte gequält, als er sagte: „Helga, bitte!" Und dann: „Ich möchte es dir erklären, Helga."

Sie trank ihr Glas leer, hielt es Hans hin, er füllte es. Sie sagte: „Und noch etwas, Hans. Ich habe darüber nachgedacht, wie ich zu dir stehe, nachdem ich das jetzt weiß. Vielleicht willst du das auch nicht hören. Aber ... ich liebe dich ... immer noch." Sie senkte den Kopf und sprach ganz leise weiter. „Das ist das eine. Das andere ist, daß ich vielleicht nicht die richtige Frau für dich bin ... nach zwanzig Jahren Ehe. Wir .... wir sollten reinen Tisch machen. Bitte", sie stand auf, ging zur Tür, „denk du darüber nach, wie es weitergehen soll."

Helga war krank. „Grippe", behauptete Hans. Benny war anderer Meinung. „Eher psychosomatisch, würde ich sagen. Ist doch klar, daß sie jetzt schlappmacht. Nach eurer Fetzerei

Sie saßen in der Küche beim Frühstück. Klausi war schon weg. Weder Hans noch Benny hatten Helga bemerkt, die eigentlich ins Bad hatte gehen wollen, nun aber der Unterhaltung vom Flur aus folgte. Benny hatte also alles gewußt! Das überraschte sie. „Und du siehst sie nie wieder?" fragte er. Diesmal hörte Helga keine Antwort. Hans mußte mit einer Geste geantwortet haben. Denn Benny redete gleich weiter. „Okay. Irgendwie ist mir diese Geheimnistuerei auch wahnsinnig auf den Zahn gegangen." Dann redeten sie noch über Kornelia, die Benny irgendwann mal mit zum Essen bringen wollte. Als ein Stuhl zur Seite geschoben wurde, schloß Helga leise die Badezimmertür hinter sich.

Hans Beimer kochte Pudding. Angeschlagen, blaß, mit verweinten Augen kam Helga in die Küche. Hans redete vom Pudding. Sie redete von Anna. „Und wenn ich dir nicht helfen kann, sie zu vergessen?" Bei ihrem letzten Gespräch über Anna hatte er sie um diese Hilfe gebeten.

„Du kannst alles." Hans rührte in der klumpigen, klebrigen Masse, die er fabriziert hatte.

„Ich bin drei Jahre älter als du. Und ich werd' nicht attraktiver, Hans."

Er grinste. „Ich auch nicht, meine Taube. Wir müssen die Reste unserer Anziehungskraft schon zusammenschmeißen. Dann kann's gehen."

„Glaubst du wirklich nicht, daß ich ... nur Ersatz bin?"

Sie raffte den Bademantel vorne zusammen.

„Ersatz? Wofür?"

„Für etwas Überwältigendes, Großartiges. Für Leidenschaft. Wie im Kino. Ich bin sozusagen ... Hans, ich bin der Alltag."

Hans nahm den Topf vom Herd und ließ den heißen Pudding in vier kleine Schalen fließen. Der zähe Brei wollte nicht so richtig. Helga beobachtete ihn. „Ich weiß nicht, ob es gut war, daß ich alle unsere Fehler ... ich habe alles ausgesprochen, Hans. Du wirst nie vergessen, daß ich dir deine Schwächen vorgehalten habe. Ich habe dir wehgetan."

„Ich denke", er sah nachdenklich auf seine Pudding-Schälchen, „es war ein heilsamer Schmerz. Ich habe seitdem viel darüber nachgedacht. Wenn wir beide es schaffen, wirklich total ehrlich miteinander zu sein ..."

Helga schüttelte den Kopf. „Ich will aber gar nicht wissen, ob du ..." Sie biß sich auf die Lippen. Warum fiel es ihr nur noch immer so verdammt schwer, darüber zu reden?

„Ich werde sie nicht wiedersehen, Helga", sagte Hans Beimer nachdrücklich. „Allerdings kann ich weder sie noch mich in Luft auflösen, wenn wir uns zufällig mal auf der Straße sehen ... oder ... im Lift."

„Ich weiß."

Ganz ernsthaft, aber mit einem vertrauten Lachen in seinen lieben Augen, sagte Hans: „Und ich kann dir auch nicht versprechen, daß ich jemals in meinem Leben einen", jetzt grinste er, „klumpenfreien Pudding zustande bringe. Um mit deinem Sohn Benny zu reden: Dieser hier ist total im Arsch." Und plötzlich wieder ganz ernst fragte er: „Verzeihst du mir?"

Zum ersten Mal seit langem konnte Helga wieder lächeln.

Das war Anfang November. In den nächsten Wochen geschah viel. Helga Beimer litt, weil Marion Weihnachten nicht nach Hause kommen wollte. Gabi litt, weil es mit Benno immer schlechter ging. Die Lungenentzündung brachte ihn schließlich um. Zum Sterben brachte sie ihn nach Hause, in die Berge. Er hatte sich gewünscht, sie noch einmal zu sehen. In der Nacht, als der erste Schnee fiel, starb er. Alle Lindensträßler kamen zu seiner Beerdigung. Lydia Nolte sprach am offenen Grab ergreifende Worte.

Anna hatte alle Hände voll zu tun gehabt in den letzten Wochen. Sie hatte Gabi das Mäxchen abgenommen, damit sie sich mehr um Benno kümmern konnte. Dabei ging es Anna selbst nicht gut. Ständig war ihr so komisch schlecht. Gabi hatte schon was von Schwangerschaft geredet. Aber das war natürlich Unsinn! Oder?

In der Woche vor Heiligabend ging Anna zu Dr. Dressler. Gabi und ihr Gerede! „Lieber Gott, laß mich nicht schwanger sein", flüsterte Anna. Aber sie war schwanger. „... so schwanger, wie man nur schwanger sein kann", sagte Dressler.

Anna starrte ihn an. Er redete weiter. „Tja, mehr kann ich im Augenblick nicht sagen. Sie sind kerngesund. Als Arzt sehe ich im Augenblick keine Probleme." Er sah Anna an. „Wenn Sie irgendwie Hilfe brauchen", sagte er dann, „ich meine, falls diese Schwangerschaft für Sie aus privaten Gründen ein Problem sein sollte, dann lassen Sie uns irgendwann in Ruhe darüber reden."

Sehr leise sagte Anna: „Ich will das Kind ja kriegen. Das Kind wird es sehr gut haben bei mir." Sie wollte aufstehen, schwankte, mußte sich festhalten. Bevor Dressler ihr helfen konnte, stand sie schon wieder sicherer da. „Es geht schon, Herr Doktor." Sie verließ das Sprechzimmer, holte im Wartezimmer ihren Mantel, ging zur Treppe. Und dann weinte sie, alles in ihr weinte. Ein Kind! Sie hatte es jetzt schon lieb. Weil sie seinen Vater lieb hatte. Trotzdem war sie verzweifelt. Sie würde allein sein mit dem Kind. Und allein mit Mäxchen, mit Gabi, mit Gung und Zorro. Nur der eine fehlte, der, der nie erfahren würde, daß er der Vater ihres Kindes war. Es sollte ihm ähnlich sehen, es sollte so lieb sein wie er. So lieb wie Hans Beimer!

Benno hat Aids
Das tödliche Ende einer glücklichen Ehe

Benno Zimmermann war wütend. Was wollten die vom Gesundheitsamt von ihm? Warum schrieben sie ihm einen solchen Brief? Ein Irrtum war das, ein ganz blöder Irrtum. Am besten rief er gleich mal an. Er war auf dem Weg zur Werkstatt, den Brief hatte er im Weggehen aus dem Briefkasten genommen und unterwegs gelesen. Da vorne war eine Telefonzelle! Und da oben auf dem Schreiben stand der Name des Sachbearbeiters beim Gesundheitsamt. Und seine Telefonnummer.

Es dauerte Ewigkeiten, bis er ihn an der Strippe hatte. Diese Beamten hatten immer verdammt viel Zeit. „Sie haben mir da so ein Schreiben geschickt. Also, das kann mich nicht betreffen", kam Benno gleich zur Sache. „Ich soll da nämlich Blut untersuchen lassen, von meinem Hausarzt." Er hörte auf die Frage des Beamten. „Nein", sagte er, „ich war letzte Woche zum Blutspenden bei Ihnen. Für 37 Mark und ein Kännchen Kaffee." Der Gesundheitsmensch fragte schon wieder was. Benno antwortete gereizt: „Nein, mein Hausarzt ist gar nicht da im Moment. Und sein Vertreter ... Aber", machte er einen Vorschlag, „ich könnt' versuchen in einer halben Stunde bei Ihnen zu sein, obwohl", fügte er hinzu, „ein Notfall bin ich nicht. Sie müssen da was verwechselt haben. Gut. Ja. Ich komme vorbei."

Er legte auf, faltete das Schreiben sorgfältig zusammen, steckte es in die Hosentasche. Diese Spinner! „Geschlampt haben die", grantelte er. „Und meine Zeit stehlen's."

Zwei Stunden später war seine Wut in Verzweiflung umgeschlagen. Er wußte, daß sie ihm seine Zeit nicht gestohlen hatten, daß er ... Er war wieder zuhause, rannte durch die Wohnung, schrie „Gabi, Gabi!" Immer wieder, immer verzweifelter. Nein, es durfte nicht sein, es konnte nicht sein. Nicht er, nicht Benno Zimmermann. „Gabi!" Er riß alle Türen auf. Sie war nicht da. Im Schlafzimmer lag ihr Nachthemd zerknüllt auf dem Bett. „Gabi!" Er nahm es und drückte es gegen sein Gesicht. Es hatte ihren Geruch. Er liebte sie. Sie bekam ein Kind. Sein Kind. Heute morgen hatten sie schon über einen Namen nachgedacht. Monika sollte das Kind heißen, und natürlich würde es eine Tochter sein. Seine Tochter!

Benno warf sich aufs Bett. „Gabi", schrie er, „Gabi." Schließlich flüsterte er ihren Namen nur noch, erhob sich wieder, ging in die Küche. Er brauchte einen Schnaps. Nein, nicht einen, eine ganze Flasche. Sonst ... Er setzte die Flasche gleich an den Mund.

So traf Gabi ihn an, als sie abends mit Anna und den beiden Kindern nach

Wie lange hatte er noch zu leben? Ein Jahr, zwei Jahre, vier Jahre - allerhöchstens? Oh verdammt, warum gab's keine Antwort auf die tausend Fragen. Warum sagte ihm sein Spiegelbild nicht, wie's um ihn stand? Täglich kontrollierte er: Pupillen, Augenhintergrund, Zahnfleisch. Aber da war nichts zu sehen.

Und dann Gabi. Sie hatte Angst vor ihm. Er spürte es. Warum fuhr sie sonst erschrocken zusammen, wenn er - wie jetzt - ins Kinderzimmer kam, wo sie Mäxchens Bett frisch bezog. „Was zuckst denn zusammen?" fragte Benno.
„Ich hab dich nicht gehört. Du hast mich erschreckt."
Er schloß die Tür. In der Küche war Anna mit den beiden Kindern. Obwohl Gabi und er seit einer Woche Bescheid wußten, hatten die anderen aus der WG noch keine Ahnung. „Gib's doch zu", sagte Benno schwerfällig, „du hast Angst vor mir."
„Ich hab' keine Angst vor dir." Gabi beschäftigte sich ausführlich mit dem Kinderbett. Nach einer langen Pause fing Benno wieder an. „Ich merk's doch. Seit ich das Ergebnis vom zweiten Test hab', kannst du mich überhaupt nicht mehr anschaun."
Es stimmte. Aber sie hatte geglaubt, er merkte es nicht. Als sie aufsah, war ihre Miene voll Mitleid und Unsicherheit. „Gut, ich geb' zu, daß ich Angst hab. Aber nicht vor dir, Benno. Vor dieser Krankheit hab ich Angst. Ich ... ich krieg' das nicht zusammen, daß ausgerechnet du ..." Sie konnte nicht weiterreden. „Meinst", sagte Benno, „ich krieg' das zusammen? Seit einer Woche zermarter ich mir das Hirn, Tag und Nacht. Sie sagen, ich hab da was in mir, was ... Aber ich weiß nix davon, Gabi. Ich hab das nicht. Ich bin kerngesund. Die haben sich getäuscht. Die haben irgendwas verwechselt in ihrem verfluchten Labor."
Gabi ging zu ihm, legte ihm ganz leicht eine Hand an die Wange. „Vielleicht", sagte sie tonlos, „vielleicht bricht's ja nicht aus."
Er hielt ihre Hand fest, als sie sie zurückziehen wollte. „Es ... Es ... Sag doch, sprich doch aus, daß ich Aids hab. Sag doch, daß du dich vor mir ekelst. Sag doch, daß du des Nachts wach liegst und dir überlegst, wie du den Max von mir fernhalten kannst,

Hause kam. Anna ging mit Sarah gleich in ihr Zimmer. Mäxchen nahm sie auch mit. Gabi nahm Benno die Schnapsflasche aus der Hand. „Benno! Hast Ärger gehabt, im Betrieb?"
Er wollte ihr die Flasche wieder abnehmen. Sie hielt sie fest. „Jetzt sauf da nicht rum. Sag lieber, was los ist, Benno!"
Er reagierte zeitlupenhaft langsam. „Sie haben gesagt ..."
Gabi drängte. „Wer?"
„In dem Labor."
„In was für einem Labor?" Er redete wirr.
Benno leierte den Rest herunter. „Sie wollten, daß ich's vom Hausarzt untersuchen laß' ... aber dann haben sie's gleich dort gemacht. Sie haben gesagt, sie können mich ausnahmsweise dazwischenschieben. Dazwischenschieben ... und dann bin ich in den Betrieb gegangen, und eben hab' ich den Befund abgeholt. Jetzt", er wirkte völlig apathisch, „weiß ich's."

Gabi hatte längst begriffen, daß es um was Ernstes ging. „Was weißt? Was für ein Befund? Wovon redest du überhaupt?" Warum klang ihre Stimme plötzlich so verdammt schrill? Warum hatte sie so eine grauenvolle Angst? Hing das damit zusammen, daß sie heute morgen ... Großer Gott, Benno wußte es ja noch gar nicht. Der freute sich auf das Kind, auf die Monika.
„Jetzt kannst dich von mir scheiden lassen", sagte Benno leise.
„Dann hast du zwei Kinder ohne Vater."
Gabi rüttelte ihn. Sie war plötzlich schrecklich verzweifelt.
„Ich bin nicht schwanger, Benno." Heute morgen, als sie auf der Leiter gestanden hatte, war's passiert. Da hatte die Blutung eingesetzt. Nein, schwanger war sie nicht. Aber wieso scheiden?
„Da kannst aber froh sein", sagte Benno monoton. „Ich hab' nämlich ... den Aids-Virus."

möglichst unauffällig. Sag's doch, Gabi!" Das letzte hatte er geschrien. Gabi biß sich auf die Lippen und versuchte, Benno zu umarmen. Sie wollte es so gern, aber es ging nicht. „Du mußt los ... Zur Arbeit, Benno!"
Er ignorierte ihre Worte. „Woher denn bloß, Gabi? Ich hab doch nie ..."
„Du darfst nicht schon wieder zu spät kommen, Benno!" Er hatte die Stelle in der Behindertenwerkstatt, die ihm der Beimer besorgt hatte, erst seit ein paar Tagen. Die warfen ihn doch glatt wieder raus, wenn er ständig zu spät kam. Und er brauchte die Arbeit, sie brauchten das Geld, das er verdiente.
„Schick mich nicht weg!" flehte Benno. Er hatte Tränen in den Augen. Sie wischte sie weg, als sie zu rinnen begannen. Gabi hatte ihn noch nie weinen sehen. „In der Werkstatt warten sie auf dich."
„Ich wünschte, ich wäre einer von denen. Irgendein normaler ... Behinderter!" Er starrte Gabi sekundenlang verzweifelt ins Gesicht, verließ dann abrupt das Kinderzimmer. Sie wollte ihn nicht.

Gabi betrachtete ihre Hände, mit denen sie eben noch Bennos Tränen abgewischt hatte, strich sie dann an ihrer Bluse ab. Sie schämte sich. Aber sie hatte Angst. Gegen die Angst half Information - glaubte sie wenigstens. Sie beschaffte sich alles, was man Geschriebenes über Aids kriegen konnte, versteckte es im Schrank in ihrem Zimmer im unteren Fach. Sie wollte alles wissen über Aids. Vielleicht gab's Hilfe. Vielleicht half gutes Essen. Schieres Gehacktes zum Beispiel. Anna motzte. „Glaubst du, seine schlechte Laune verschwindet, wenn du ihn mit teuren Sachen vollstopfst?" Anna wußte immer noch nichts. Auch Gung nicht. Irgendwann mußten sie's erfahren. Irgendwann. Aber erst wollte Gabi selbst Klarheit haben. Über sich. Schließlich hatte sie mit ihm geschlafen. Und vielleicht hatte ja auch der Max ... Sie meldete sich und das Kind zum Test an. „Wenn du den Virus hättest, Gabi, hätten die das doch beim Blutspenden gemerkt", gab Benno zu bedenken.
„Wir haben nach dem Blutspenden noch miteinander geschlafen." Benno hatte Max auf dem Arm. „Magst mich nimmer leiden, du Knopf?" fragte er zärtlich. „Haben sie's dir erzählt, die Weiber, daß ich nicht taug' für dich?" Er wandte sich Gabi zu. „Ich hab dich jahrelang nicht angesteckt. Warum sollte es jetzt auf einmal ..."
Der Anblick Mäxchens auf Bennos Arm machte Gabi verrückt. „Was weiß denn ich? Ich habe den ganzen Morgen nur über Ansteckungsgefahr gelesen ... Und ..." Sie riß ihm das Kind aus den Armen und verließ schluchzend das Zimmer. Benno sank in sich zusammen.

Am Abend kam er nicht zum Essen. Gabi ging mit dem Tartar zu ihm. Er lag auf dem Bett, umgeben von allen Aids-Infos, die Gabi rangeschafft hatte. Neben ihm lagen seine handschriftlichen Notizen über die Vorkommnisse seines Lebens. Irgendwann, irgendwo, mit irgendwem muß es doch passiert sein. Er wollte es herausfinden. „Ich wollt' mich entschuldigen", fing Gabi an. „Ich schäm' mich. Schau Benno, ich kann einfach mit der ganzen Geschichte noch nicht umgehen. Es ist zuviel auf einmal."
Benno setzte sich mühsam auf. „Ich kann den Max überhaupt nicht anstecken", sagte er bedrückt. „Der Virus überträgt sich nur durch Blut und Sperma. Und Tränenflüssigkeit. Aber ich heul' ihm ja nicht in die offenen Adern hinein."
„Ich weiß." Gabi nickte. „Ich hab ja auch alles gelesen."
„Soll ich vielleicht Handschuh anziehen? Und mir einen Mundschutz umbinden, wenn ich ihn auf den Arm nehm?"
Sie schüttelte verzweifelt den Kopf. „Ich hab' mich doch entschuldigt, Benno. Ich hab' durchgedreht vorhin. Ich hab' halt Angst um den Maxl."

Es machte Benno wütend, sie so reden zu hören. „Er hat nix und er kriegt nix. Und du auch nicht. Jedenfalls nicht von mir. Ich faß' euch nicht mehr an."
Gabi wurde wieder ruhig. „Wir haben miteinander geschlafen, Benno. Ich kann mich angesteckt haben. Antikörper gegen den Virus bilden sich erst Wochen später. Oder Monate ... Und erst dann, wenn du nachweisen kannst, daß da keine Antikörper sind, kannst du halbwegs sicher sein, daß du ... daß ich ..."
Sie starrten sich verzweifelt an, senkten gleichzeitig den Blick. „Wenn ich nur wüßte, warum", flüsterte Benno.

„Und ich wollt' wissen, woher ..." kam es leise, fast sanft über Gabis Lippen. Gleich darauf sah sie weg. Verzweifelt hockte Benno auf dem Bettrand. Das Tartar mit dem leuchtenden Eigelb in der Mitte stand noch immer unberührt neben ihm. „Du hast doch immer gewußt, was ich tu. Wie hätt' ich's denn vor dir verheimlichen sollen, wenn ich mit einer anderen ..."
„Gelegenheiten gibt's immer."
„Ich hab' so eine Gelegenheit nie gesehen und schon gar nicht genutzt. Was man von dir nicht sagen kann."
Das traf. Das tat weh. „Aber", sagte Gabi, „ich hab' den Virus nicht."
„Wer weiß!" Die Wut kam zurück.
Gabi biß sich auf die Lippen. Warum redeten sie so miteinander? Warum verletzten sie sich. „Jetzt sagst du's selbst!"
Benno zerstörte das Eigelb-Tartar-Arrangement wütend mit der Gabel. „Und außerdem bin ich kein Fixer und kein Schwuler. Und als ich die Blutübertragung hatte, nachdem mir dein sauberer Freund Phil fast den Schädel eingeschlagen hatte, da wurden die Konserven längst kontrolliert. Das war im Juni 86, wenn du's genau wissen willst. Ich kann mich gar nicht infiziert haben." Er klopfte auf die handgeschriebene Liste mit seinen Lebensdaten. Und dann sagte er: „Das ist alles ein Betrug. Das ganze Leben. Ein einziger Schwindel. Alles! Du und ich ... und der Maxl ... die ganze Lindenstraße. Da lebst sechsunddreißig Jahre kerngesund und relativ glücklich vor dich hin ... und dann kommen die und ... Ich hab' doch nix getan. Ich hab' dich geliebt, Gabi. Und ich hätt' dir gern ein Kind gemacht. Sonst nix!"
„Ich bitt' dich, Benno!" Mit Tränen in den Augen wandte Gabi sich vom Aquarium ab, wo sie eben noch den Goldfisch „Cyrill" gefüttert hatte.
Benno schrie sie an. „Jetzt nimm schon dein Bett und geh! Worauf wartest du noch?"

Er wartete nicht ab, ob sie reagierte. Er drückte ihr das Bettzeug in die Arme. Über Gabis Gesicht liefen Tränen. Benno ignorierte sie. „Meinst", schrie er weiter, „ich ertrag' das, wenn du die ganze Nacht neben mir liegst und Angst hast, du könntest mich zufällig berühren? Nein, Gabi, das hält keiner aus. Hier! Geh."

Er drängte sie in Richtung Tür, dann hinaus, schloß hinter ihr ab. Erschöpft ließ er sich auf das Bett fallen, starrte in den übel zugerichteten Tartar-Teller. Er packte ihn. Für einen Moment sah es so aus, als wolle er ihn gegen die Tür werfen. Aber dann drehte er den Teller in einer impulsiven Bewegung um und klatschte das Tartar-Gemisch dorthin, wo vorher Gabis Kopfkissen gelegen hatte.

Drei Wochen später sagten sie es Gung und Anna. Benno glaubte zu wissen, wo er es bekommen hatte. 1984, bei einer Blutübertragung nach einem Unfall auf dem Bau. Eine andere Möglichkeit wußte er nicht. Gung trug es mit Fassung. Er wollte helfen. Anna wurde wütend, weil sie es ihr so spät sagten. Und wenn sie sich nun angesteckt hatte? Sie versuchten, sie zu beruhigen. Gung riet ihr, den Test zu machen. Und zu Gabi sagte er, als Anna wütend aus dem Zimmer gerannt war: „Ihr dürft es niemandem sagen."
Gabi war traurig über Anna. „Aber du ... du hast es doch ertragen."
Gung sah sie an. „Ich", sagte er, „ich zähle nicht in diesem Land." Dann ging er zu Anna. Sie erklärte ihm, daß sie ausziehen würde. Er konnte sie nicht davon abbringen. „Ich muß an mein Kind denken", sagte sie.
„Und wo bleibt deine Freundschaft zu Gabi und Benno?" wollte Gung wissen. Aber die hatte, meinte Anna, nichts damit zu tun.

Gabi sprach auch mit Dr. Dressler. Es war gegen die Absprache. Aber sie hielt es nicht aus, mußte mit einem Menschen reden, der was davon verstand. In seiner Praxis verließen sie die Nerven, sie rannte weg. Darum kam er am Abend in die WG. Benno war auch da. Dr. Dressler nahm die Mitteilung ruhig auf, gab Ratschläge fürs weitere Zusammenleben. Als er weg war, ging es Benno nicht besser. Er konnte es nicht mehr hören, das verdammte Gerede von „Safer Sex" und Zuversicht. Gabi machte ihm Vorhaltungen. „Was soll er dir denn sonst sagen? Er will dir helfen."
„Du weißt genau, daß mir keiner helfen kann." Er kannte das doch längst alles: „Den Austausch von Körperflüssigkeiten vermeiden." „Verkehrsregeln!" - „Angstfrei lieben!" Er hatte Sehnsucht nach Gabi. Gabi hatte Angst vor ihm. Das war's! Daß sie ihn trotzdem mit zum Tanzen zum Sarikakis schleppen wollte, war doch nur Mitleid.

Die Erkältung kam über Nacht. Benno fühlte sich schlecht. Nun schon seit Tagen. Gabi registrierte es ängstlich. Wenn er nieste, sich die Nase putzte, hustete, beobachtete sie ihn verstohlen. Er registrierte jeden Blick. Er verstand sie ja. Er beobachtete sich schließlich auch, kontrollierte die Drüsen, das Aussehen der Haut, die Mundschleimhäute. Er sah elend aus, das wußte er. War das die verdammte Krankheit? Oder die Erkältung? Und dann dieser ekelhafte Geschmack im Mund. Wie nach Metall schmeckte das. Aber zum Arzt ging er nicht.
Und dann passierte die Sache in der Behindertenwerkstatt. Er hatte an der Hobelbank gearbeitet, als ihm plötzlich so schlecht wurde, daß er sich hinlegen mußte. Einfach so, auf den Fußboden. Sonst wäre er umgekippt. Irgendetwas hatte er dabei von Scheiß-Aids gemurmelt. Sie hatten es gehört. Da war alles aus. Gekündigt hatten sie ihm, fristlos. Drei Monate „Gnaden-Gehalt" wollten sie noch zahlen. Aber verschwinden sollte er sofort. Dabei, davon war Benno überzeugt, hatte das nix mit Aids zu tun. Es war die Erkältung, und gegessen hatte er auch nichts gehabt.
Er ging zum Anwalt, wollte gegen die Kündigung was unternehmen. „Ich hab' mir doch nix zuschulden kommen lassen", sagte er. „und ich bin nicht krank."
Der Anwalt war skeptisch. „Sie haben immerhin zugegeben, daß sie Aids-Virus-Träger sind. Herr Zimmermann, ich kann Ihnen da nicht viel Hoffnung machen. Der Virus ist ansteckend. Und in einer Schreinerei kommt es schon mal zu leichten Verletzungen." Er redete und redete. Benno sah das Bild der schönen Frau auf dem Anwalts-Schreibtisch an. „Ihre Frau?" fragte er unvermittelt. Der Anwalt drehte das Bild weg. „So gut wie."
„Verstehe. Haben Sie den Test gemacht?"
„Den Aids-Test?" Der Mann war Abwehr von Kopf bis Fuß.
„Den Test auf Antikörper!"
„Nein, warum?" Komischer Kauz, dieser Benno Zimmermann, dachte der Anwalt. Was sollte die Frage?
„Ich mein' nur", sagte Benno, „wenn jedermann den Test machen müßte, was glauben Sie, wieviele Arbeitslose wir auf einen Schlag hätten." Danach ging er.

Gabi war nach dem Anwaltsbesuch dafür, aufzugeben. Rein rechtlich gesehen konnte man dem Benno zwar nicht kündigen. Aber wenn er gegen die Kündigung anging, würden sie sich eine neue Begründung ausdenken. Und wenn er die Weiterbeschäftigung übers Arbeitsgericht durchsetzte? „Wie soll er denn hinterher in der Werkstatt weiter arbeiten, wenn er gegen die geklagt hat?" meinte Gabi. Nein, sie war dafür, daß Benno sich selbständig machte. Irgendwie würde es schon gehen. Sogar in der Wohnung. Anna war ja jetzt weg, wieder in der Kastanienstraße. Zorro war für Kampf. Benno schüttelte den Kopf. „Wofür soll ich kämpfen?" fragte er traurig.

Aber er wollte doch kämpfen. Und wie! Er merkte es selbst, als Frau Seegers, die Mutter von Phil, Mäxchens Erzeuger, auftauchte, um ihr Enkelkind zu holen. Herr Hülsch, der Hausverwalter im Auftrag von Phil, begleitete sie. Irgendjemand hatte Phil gesteckt, daß was mit Aids los war in der WG. Frau Seegers schien da eher an Gabi zu denken. Und darum wollte sie sich gern um den kleinen Max kümmern. „Er ist doch noch gesund?" fragte sie ängstlich.

Benno wurde weiß vor Zorn. „Wissen Sie, was Sie das angeht!" brüllte er los und baute sich drohend vor den beiden ungebetenen Besuchern auf, so daß sie zurückwichen und Herr Hülsch beinah über Zorros Teppich im Flur gestolpert wäre. „Einen verdammten Scheißdreck geht Sie das an", schrie er. „Aber damit Sie hier nicht noch mehr Gerüchte in die Welt setzen, und damit nicht demnächst die ganze Stadt meine Frau und meinen Sohn als Aussätzige behandeln ... Ich bin's. Ich, Benno Zimmermann, hab den Virus. Wollen Sie das Ergebnis vom Test sehen? Ich kann's Ihnen amtlich beglaubigen lassen. Und dann können Sie's Ihrem sauberen Söhnchen nachschicken. Nach New York oder sonstwohin."
Zorro und Gung hörten dem Ausbruch zu. Leise sagte Zorro: „Der will kämpfen. Das ist die Scheiße!"
„Benno gibt nie auf."

Bennos Schimpftirade wurde von Husten und Niesen unterbrochen. Chris sagte leise und traurig: „Schon mal was von Immunschwäche gehört?"

Die Erkältung war hartnäckig. Fast noch schlimmer war dieser grauenvolle Geschmack, den Benno ständig im Mund hatte. Er kaute Kaugummi dagegen. Viel half's nicht. Vielleicht hatte es ja gar nichts mit dem HIV zu tun. „Hast du das auch, Gabi?" Sie waren in ihrem Zimmer. Benno stand vor dem Aquarium.
„Was hab ich auch?"
„So einen Geschmack im Mund wie von Metall?"
„Geh zum Zahnarzt. Das kann eine Füllung sein. Soll ich uns einen Wein aufmachen? Oder magst lieber ein Wasser oder einen Tee!" Sie war schon an der Tür. Benno drehte sich nicht um.
„Immerzu fragt ihr mich, was ich will. Ihr könnt euch das sparen. Ihr wißt es doch."
„Schau Benno, wir müssen doch mit dir umgehen." Er haßte es, wenn Gabi so hilflos wirkte. Sie war doch stark. Verletzt antwortete Benno: „Ihr müßt. Ja. Mit mir und dem Virus. Und dann hockt ihr in der Küche und überlegt, wie man das macht. Der arme Benno. Vielleicht möcht' er irgendwas. Vielleicht Blumen."
Empört trat er nach einem üppigen Herbstblumenstrauß in einer Bodenvase, den Gabi mitgebracht hatte, redete weiter: „Vielleicht einen Tee, oder lieber Wasser. Oder tanzen gehn! Damit er nicht darüber nachdenkt, was für ein armes Schwein er ist. Und erst die in der Werkstatt. Eine Gefahr bin ich für die. Aber weißt, wie sich der Virus überträgt? Angenommen, ich verletz' mich da wirklich. Ich ratsch' mir den Finger auf. Da müßt' schon einer neben mir stehn, der selbst eine offene Wunde hat. Und dem müßt' ich mein verseuchtes Blut in seine Wunde hineinpressen. Das muß sich vermischen, verstehst du? Da müßt' ich schon Gewalt anwenden, um ihn zu infizieren. Und dann der Phil und seine hilfsbereite Mutter." Ein starker Hustenanfall unterbrach seinen Redeschwall. Er nahm sein Kaugummi aus dem Mund. Gabi beobachtete ihn erschrocken. Sie verließ eilig das Zimmer, sein Husten verebbte. Als Gabi zurückkam, stand er am offenen Fenster, atmete tief und mühsam durch. „Is besser?" fragte sie leise.
Ohne sie anzusehen, antwortete er: „Die Frage kannst dir auch schenken."
Aber er war ihr nicht wirklich böse. Er konnte ihr gar nicht böse sein. Er hatte sie lieb. Und er hatte solche Sehnsucht. Darum schob er in dieser Nacht, als sie eingerollt wie ein Embryo neben ihm schlief, seine Hand unter ihrem Ellbogen durch zu ihrem Busen und streichelte ihn. Sie öffnete die Augen, gab einen winzigen Ton von sich. „Laß mich zu dir, Gabi", bettelte Benno. „Ich paß' auch auf." Sie rollte sich noch mehr zusammen. „Es kann nix passieren", drängte Benno. „Der Doktor hat's gesagt. Und ich ... Ich möcht' halt so gern." Er mußte schon wieder husten. Gabi schob seine Hand ein ganz klein wenig zurück. Er streichelte mit der anderen Hand ihr Gesicht, sie hielt still, er spürte ihr Zittern. „Du bist so schön, laß mich ..." Seine Hand begann zu wandern. Über ihren Hals, den Busen, immer tiefer. „Es ist wahnsinnig lang her, Gabi."
„Sechs Wochen!" Es war nur ein Flüstern.
„Du vermißt es genau wie ich, oder?" Gabi nickte. Er drängte sich an sie. Sie wehrte ihn ab. Noch nie in ihrem Leben hatte sie sich so unglücklich gefühlt. „Benno", brachte sie mühsam heraus, „Benno, lieber nicht."
„Ich hab dich lieb, Gabi."
„Ich dich auch."
„Und trotzdem willst du nicht?"
Sie schüttelte den Kopf. Benno ließ sich enttäuscht zurückfallen. „Du hast Angst", sagte er gegen die Zimmerdecke. Und dann: „Wie lange halten wir das noch durch?"

Als Hülsch, der Verwalter, wiederkam, war Benno allein. Gabi bewarb sich als Serviererin in einem Imbiß. Es paßte ihm nicht. Aber was wollte er machen? Sie brauchten das Geld. Und außerdem, dachte er bitter, ist sie froh, von mir wegzukommen. Der Hülsch hatte ihm gerade gefehlt. Einen an Benno persönlich gerichteten Brief von Phil Seegers wollte er überbringen. Na Mahlzeit! „Und wenn ich ihn nicht annehme?" Sowas irritierte Herrn Hülsch nicht. Machte er es eben mündlich. „Um es ganz klar zu sagen", begann er, „die Mieter fürchten, sich anzustecken, Herr Zimmermann. Sie werden verstehen, daß Herr Seegers es sich nicht leisten kann, wegen eines Mieters", er betonte die beiden Worte, „ein halbes Dutzend andere zu verlieren. Falls Sie sich weigern sollten ..." Daß Benno ungerührt weiter an einem Stühlchen schnitzte, irritierte Hülsch nun doch. „Herr Seegers bittet um Ihr Verständnis ..."
„Das hat er gesagt? Oder steht das da in dem Brief? Daß er mich bittet?"
Hülsch zuckte hilflos die Achseln. „Er hat es ein bißchen anders ausgedrückt. Sie werden schon ausziehen", jetzt mit Nachdruck, „müssen, Herr Zimmermann. Es tut mir leid."
Benno schnitzte noch immer. Aber urplötzlich ratschte er mit dem Messer quer über den Zeigefinger, sofort quoll Blut heraus. Ohne aufzusehen, näherte er sich Hülsch mit dem blutenden Finger, drängte ihn zur Treppe. Hülsch wich angstvoll zurück. „Sagen'S dem Herrn Phil Seegers einen schönen Gruß von mir. Er soll seine Bitte", er betonte es ironisch, „schon persönlich vortragen. Und sagen'S ihm auch, wie ich unliebsame Gäste von meiner Tür wegkrieg. Sagen'S ihm das, ja? Mit einem schönen Gruß, Herr Hülsch!" Hülsch rannte die Treppe runter, als schwebe er in Lebensgefahr.

Gabi kam zurück. Sie hatte den Job bekommen. Sie zahlten 260 die Woche. Sie war ganz zufrieden, weil sie schon in der nächsten Woche anfangen konnte. Für Benno hatte sie Kaugummi mitgebracht. Als sie es ihm gab, bemerkte sie das Pflaster an seinem Finger. „Was hast'n da?"
„Wir werden hier ausziehn, Gabi."
„War die Kling etwa schon wieder da?" Seit Else Kling spitz gekriegt hatte, was in der WG los war, nervte sie dauernd.
„Der Hülsch", sagte Benno und hielt den Finger hoch. „Ich hab' ihn ein bißchen in seiner Meinung bestärkt, daß ich eine Gefahr bin für alle hier im Haus. Ein Monstrum, ein Ungeheuer." Gabi begriff erst jetzt. „Du hast dich absichtlich verletzt?"
„Meine einzige Waffe. Den Hülsch konnte ich damit vertreiben. Aber ich fürcht', der Phil wird den gesamten heiligen bayrischen Machtapparat gegen mich in Bewegung setzen. Und dagegen ..." Er mußte husten, schnaubte anschließend kräftig. Die Erkältung wurde immer schlimmer.

„Aber du bist nicht krank, Benno. Und außerdem können sie nicht einfach allen kündigen, die den Virus haben. Ich hab's im Bus in der Zeitung gelesen. Die Weltgesundheitsorganisation rechnet weltweit mit 100 Millionen Infizierten bis 1991. Also müssen doch jetzt schon …"
„Das sind hundert Millionen Einzelfälle", fiel ihr Benno ins Wort. „Die Ärsche sind immer stärker als die Betroffenen. Und Phil ist ein Arsch."
„Aber ausziehen, Benno, wohin denn?"
„Aufs Land", Benno sprach mehr zu sich als zu Gabi. „Heim."
„Nach Karlstein, Benno? Da ist es nicht mehr so wie früher. Das hast du selbst gesagt, als wir dort warn."
„Immer noch besser als hier, wo die Leute Angst haben vor mir."
„Und wenn sie es in Karlstein erfahren? Und der Maxl braucht Kinder um sich herum. Wir dürfen ihn nicht isolieren. Und uns auch nicht."
Er sah müde zu ihr auf. „Meinst, hier bin ich nicht isoliert?"
„Benno", sie kam näher, „du bist nicht aussätzig."
Benno sah sie groß an. Er sah schrecklich elendig aus, fand sie. „Nein?", sagte er. „Und warum schläfst du dann nicht mit mir?"

Benno ging zu Griese. Er hatte ihm beim Bau des Schiffes helfen wollen. Das ging nun nicht mehr. „Die Hausverwaltung", sagte Benno, „hat mir nahegelegt, meine Wohnung zu verlassen."
Griese arbeitete an einer Zeichnung. Er war ungehalten. „Ich brauch' Sie aber, Herr Zimmermann. Warum sollen Sie denn überhaupt aus Ihrer Wohnung raus?"
Es war doch schwerer, als Benno gedacht hatte. Er brauchte ein neues Kaugummi, bevor er langsam antwortete. „Ich … ich hab … HIV."
Griese sah nicht mal von seiner Zeichnung auf, an der er arbeitete. „Das tut mir leid. Das ist bestimmt nicht einfach für Sie. Eine schreckliche Sache." Und dann redete er wieder vom Bootsbau.
„Sie haben mich nicht verstanden, Herr Griese", sagte Benno. „Es handelt sich ums Aids. Ich bin eine Gefahr."
Jetzt blickte Griese auf. „Mein lieber Herr Zimmermann", sagte er. „Ich habe die Diskussion um diese Krankheit verfolgt, bevor ich auf meinen Törn ging. Ich …" Alles was er sagte, lief darauf hinaus, daß er keine Angst vor Benno und der Krankheit hatte und daß er fest mit Bennos Hilfe rechnete. Dann machte er ihm ein lukratives finanzielles Angebot …

Und genau zu dieser Zeit rief Herr Hülsch bei Gabi an, um ihr im Auftrag von Phil Seegers eine, wie er es nannte, „gütliche Einigung" anzubieten. „Und zwar ist er bereit, Sie gegen ein sehr anständiges Gehalt in seiner Firma anzustellen, wenn …" Gabi war schon sehr gespannt, was jetzt noch kam. „…wenn Sie sich umgehend von Ihrem Mann trennen, und zwar mit Ihrem Sohn."
Sprachlos vor Empörung ließ Gabi den Hörer sinken. In der Küchentür erschien Gung. Hülsch sprach so laut, daß Gabi ihn noch immer verstand. „Er ist bereit, Sie und Ihren Sohn bei sich aufzunehmen, besteht aber darauf, daß Ihr Mann unverzüglich das Haus Lindenstraße 3 verläßt, da er sonst das Risiko eingeht, mehrere unbescholtene Mieter zu verlieren …"
Gabi murmelte: „Jetzt wird mir wirklich schlecht." Sie rannte ins Bad. Gung nahm den Hörer, sagte etwas auf vietnamesisch, was nicht gerade freundlich klang, dann legte er auf.

Benno lag schon im Bett. Kaugummikauend las er ein Segelsport-Magazin, das Griese ihm gegeben hatte. Als Gabi eine Flasche Mineralwasser und ein Glas auf seinen Nachttisch stellte, sah er auf.
„Der Griese", sagte er, „ist wirklich ein hochanständiger Mensch. Wahrscheinlich der einzige hier im Haus, der kein Monstrum in mir sieht."
Schweigend streute Gabi Futter ins Aquarium. Cyrill schnappte danach. Benno redete weiter. „Ich wunder' mich, daß dieser Hülsch sich nicht nochmal gemeldet hat. Dem würd' ich zutrauen, daß er mich anzeigt. Ich hab' ihn schließlich tödlich bedroht, den Arsch", sein Tonfall triefte vor Ironie. „Der hat doch sofort den Seegers angerufen und ihm was vorgeheult. Und Phil?" Er warf Gabi einen Blick zu. „Der läßt sich doch keine Chance entgehen, uns an die Luft zu setzen."
Gabi, noch immer am Aquarium stehend, begann langsam, sich auszuziehen. Benno schluckte trocken. „Schön schaut das aus, was du da machst."
Gabi drehte sich zu ihm um. Sie trug nur noch Slip und Unterrock. Benno sah sie unverwandt an.
„Das was du vorhin gesagt hat, das glaubst du nicht im Ernst, Benno, oder?"
„Was hab' ich vorhin gesagt?"
„Daß der Griese der einzige ist im Haus, der in dir kein …" Gabi kam näher, zog an Bennos Nachttisch eine Schublade auf, „Monstrum sieht." Sie hielt ein verpacktes Präservativ in der Hand, lächelte unsicher.
„Gabi, ich …" Benno fühlte sich verwirrt und glücklich. „Gabi …"
„Nun rück' schon", sagte Gabi weich. „und red' nix mehr!"
Sie legte ihm die Hand auf den Mund. Benno schlang die Arme um sie und zog sie zu sich herunter.

Sie liebten sich sanft und liebevoll, ohne jede Gier. Gabi lächelte. Benno glaubte, sie noch nie so schön gesehen zu haben. Als sie nebeneinanderlagen, begann er, sie leicht und zärtlich zu streicheln.
„War's auch für dich so schön?"
Gabi nickte. Sie fühlte sich glücklich, leicht, frei. Sie hatte keine Angst mehr.
„Und du hast wirklich keine Angst mehr?" fragte Benno.
Sie schüttelte den Kopf. „Alle anderen sind mir egal." Benno streichelte sie immer noch. „Hauptsache, du hältst zu mir. Soll'n sie uns doch rausschmeißen, die Hosenscheißer!" Gabis Liebe machte ihn stark. Er fühlte es.
Gabi kuschelte sich an ihn. „Wer weiß denn überhaupt Bescheid über dich hier im Haus? Wie kann denn dieser Hülsch behaupten, daß die Mieter sich beklagt haben? Die können sich doch nur beklagen, wenn sie's wissen. Und außer Griese und Gung und Chris und dem Pichelsteiner weiß es doch keiner."
„Und die stört's nicht. Sonst säßen die doch nicht dauernd bei uns herum. Weißt was?" Benno richtete sich auf, sah Gabi ins Gesicht. „Ich geh hin. Zu allen im Haus. Ich sag's ihnen. Und die sollen mir in die Augen schaun und mir sagen, daß sie mich aus dem Haus schmeißen wollen. Weil ich Aids hab' …"
Gabi machte große erschrockene Augen. „Das kannst net tun, Benno. Wenn sie nun …"

„Ich kann, Gabi. Aber du? Würdest du mit mir gehen?"

Für die Mieterbefragung zog Benno sich seinen einzigen guten Anzug und die Krawatte an. Das macht immer einen guten Eindruck, fand er ironisch. Lydia Nolte war die erste, die sie um ein Gespräch baten. Sie war betroffen und traurig, als Benno ihr sagte: „Ich hab' den Aids-Virus." Sie hatte Mühe, Fassung zu bewahren. Sie hatte keine Ahnung gehabt. Und schon aus diesem Grund natürlich niemals Bennos Auszug verlangt. Endlich wieder gefaßt wandte sie sich Benno zu. „Nie im Leben würde ich so etwas verlangen, Benno. Ich gebe Ihnen mein Wort."

Berta Griese, die nächste, die sie fragten, war völlig durcheinander. Nein, auch sie hatte nichts gewußt. Sie fand es beunruhigend. „Man hat es immer nur in den Zeitungen gelesen. Und diese Diskussionen im Fernsehen. Aber ... das war so weit weg." Sie hatte auch Angst um Manoel, natürlich. Aber: „Ich erwarte nicht, daß sie unseretwegen ausziehen. Ich ... ich würde Ihnen auch gerne helfen. Aber mehr als das kann ich nicht tun."

Helga Beimer erwartete ihren Mann zu einem längst fälligen Gespräch über Anna, als Benno und Gabi bei ihr klingelten. Sie hörte sich das Anliegen der beiden merkwürdig abwesend an, und obwohl sie ihnen versicherte, daß sie natürlich nicht Bennos Auszug fordern werde, wirkte sie bedrückt und ängstlich, als sie die Tür hinter ihnen schloß. Gabi schüttelte den Kopf. Mit Benno hatte das nichts zu tun. Die hatte selbst Kummer.

Schließlich wußten sie's genau: Niemand im Haus, außer der Kling, hatte was gegen Benno mit seinem Aids-Virus. Gabi sah Benno an. „Weißt, was wir jetzt machen?"
Er grinste. „Wir schreiben der Hausverwaltung einen gepfefferten Brief. Wegen Verleumdung könnten wir die verklagen."
Gabi zog ihn fast übermütig die Treppe runter. „Erstmal gehen wir rüber zu Sarikakis' und essen was."
Es gab Momente, da konnte sie wirklich vergessen, was mit Benno war.

Aber das waren eben nur Momente. Danach kam dann wieder die Niedergeschlagenheit, Angst. Und dann immer noch dieser grauenvolle Husten. Benno sah schließlich selbst ein, daß er dagegen was unternehmen mußte. Dr. Dressler schickte ihn zum Lungenfacharzt zu einer Bronchoskopie. „Ich fürchte", sagte Dressler, „Sie haben eine Lungenentzündung. Die müssen wir so schnell wie möglich in den Griff bekommen."
Benno war deprimiert. War es wirklich erst vierzehn Tage her, daß er so glücklich gewesen war, weil Gabi wieder mit ihm geschlafen hatte? „In den Griff bekommen", sagte er leise, „das klingt so leicht. Dabei hat's eh alles keinen Zweck mehr."
Er weigerte sich auch, in die Klinik zu gehen, als feststand: Lungenentzündung! Dr. Dressler redete eindringlich, aber völlig vergeblich mit ihm. Blieb nur Gabi Zimmermann. Die mußte ihn dazu bringen. Dressler bat sie in die Praxis. „Natürlich kann ich ihn nicht gegen seinen Willen in die Klinik verfrachten, aber ..."
Gabi war verzweifelt. Sie wollte nicht, daß man Benno weh tat. „Kann ich ihn denn nicht pflegen, daheim? Heut' früh hat er gesagt, es geht ihm schon viel besser."
Dressler sah sie mit liebevollem Verständnis an. „Verstehen Sie doch", redete er auf sie ein. „Sein gesamtes Immunsystem ist durch den Aids-Virus unglaublich geschwächt. Eine Lungenentzündung ist auch für einen gesunden Menschen kein Pappenstiel,

und in diesem Fall ... Ich kann die Verantwortung dafür nicht übernehmen. Bitte, sprechen Sie mit ihm. Sie sind der einzige Mensch, auf den er hört." Gabi schüttelte resigniert den Kopf. „Er sagt, er will daheim sterben."
„Wer spricht denn vom Sterben?" erregte sich Dressler und beugte sich zu ihr, sagte eindringlich: „Er darf jetzt nicht aufgeben. Lassen Sie nicht zu, daß er resigniert. Machen Sie ihm Mut!" Gabis Augen waren voller Angst, als sie sagte: „Woher soll ich den nehmen?"

Am Mittag schrieb Benno sein Testament. Der Maxl, der kriegte das Haus draußen auf dem Land. Gabi sollte von seinem letzten Willen nichts wissen. Die kriegte doch nur Angst. Am besten bat er die Lydia Nolte, es für ihn aufzubewahren, bis ...
Er lag im Bett. Es ging ihm schlecht. Trotzdem hatte er Anna weggeschickt, als sie den Maxl holen wollte. Das ging schon noch, daß er auf ihn aufpaßte. Er wollte ihn bei sich haben, solange es ging. Jetzt spielte er mit einem Holzauto neben Bennos Bett. Benno beugte sich zu ihm, strich ihm über den Kopf. Er war sehr ruhig. „Gut, daß du wenigstens nicht traurig sein wirst, wenn ich nimmer da bin. Um die Gabi mach' ich mir Gedanken, weißt ... Die tut so, als glaubt sie, daß ich wieder gesund werden könnt'. Aber nachts, wenn sie meint, ich merk's

nicht, dann weint sie. Sie möcht' unbedingt stark für mich sein, die Gabi." Er lachte leise. „So war sie immer. Sie zeigt net gern, wenn sie Angst hat. Ich auch net. Dabei fürcht' ich mich schon vor dem Sterben."

Max hatte das Holzauto zu fest über den Boden gerollt, drei Räder lösten sich, Benno lächelte. „Hast du's schon wieder kaputt gemacht, dein Auto? Na ja", er stieg aus dem Bett, sammelte die Räder ein, setzte sich, „einmal kann ich's dir ja noch reparieren."

Am Abend hatte er Fieber. Sein Atem ging rasselnd, er bekam kaum noch Luft, phantasierte wild. Gabi war außer sich vor Angst, als er plötzlich einfach wegsackte: Kein Laut mehr, kein Husten, Augen geschlossen, der Kopf aufs Kissen gesunken. Der Dressler mußte her. Sie rief ihn an, lief zu Benno zurück. Vor seinem Bett kniete sie nieder, legte ihren Kopf auf seine Brust. „Benno, mein Liebster, was ist denn?" flüsterte sie erstickt. „Wach doch auf, bitte!"
Aber er kam erst wieder zu sich, als die Sanitäter ihn zum Notarztwagen trugen. Dressler sah keinen anderen Weg mehr. „Gabi", keuchte Benno mühsam, „was machen die hier?"
Sie sagte es ihm. „Aber du hast gesagt, ich kann daheim bleiben, bei dir."
Sie streichelte ihn hilflos, rannte neben ihm her. „Ich will doch nur, daß sie dir helfen."
Benno blickte zu ihr auf. „Helfen? Die können mir nicht mehr helfen. Die nicht."

„Wenn Ihr Mann auf die Alm will", hatte der Doktor im Krankenhaus zu Gabi gesagt, „dann soll er auf die Alm." Und jetzt waren sie da, im Alpengasthof. Frau Wiesenhuber war ganz außer sich vor Freude. Aber auch erschrocken. „Na, du bist aber mager geworden und blaß bist. Na, des wird ja höchste Zeit, wart' nur, i werd' dich schon aufpäppeln, du Lausbub."
Als Benno dann gleich nach der Ankunft nach oben ging, um zu schauen, ob noch alles war, wie der Vater es gerichtet hatte, informierte Gabi die freundliche Frau Wiesenhuber schnell über das, was sie unbedingt wissen mußte: Daß Benno eine Lungenentzündung gehabt, daß er zwölf Kilo abgenommen und in der Klinik gelegen hatte. Kein Wort vom Virus! Das würde die Frau Wiesenhuber gar nicht verstehen. Die war auch ganz zuversichtlich. „Das krieg'n ma scho. Das wird scho wieder. Die frische Luft hier oben, a gut's Essen und a Ruh' braucht er halt jetzt. Keine Sorge - unser'n Benno mach'n wir pumperlsgesund in a paar Wochen. Das wär' ja noch schöner."

Und dann machte sie ihm erstmal eine richtig kräftige Mahlzeit, dem Bub. Omelette mit selbstgeräuchertem Speck, aus fünf frischen Eiern und natürlich in guter Butter gebraten. Gute Butter - Lungenfutter! Gabi brachte ihm das Essen aufs Zimmer. Er fror. Trotzdem war's schön hier. Man sollte ganz rausziehen, die Sache wieder übernehmen, wenn die Wiesenhubers nicht mehr mochten. Und vorläufig konnte man ihnen wenigstens helfen. Benno machte Pläne.

Gabi hatte kaum noch Kraft, ihm zu antworten. Mit brüchiger Stimme sagte sie: „Meinst wirklich? Dann geh' und frag sie. Ich würd schon bei dir bleiben, hier oben. Für immer!"
Sie dachte daran, als sie nachts neben ihm im Bett lag. Das Licht brannte noch. Gabi hatte sich eng an Benno geschmiegt. „Hörst du, wie ruhig es ist?" Er drückte sie an sich. Sie nickte. „Es hat zu schneien ang'fangt", redete Benno leise weiter. „G'wußt hab' ich's. Wenn du morgen früh aufwachst und 'nausschaust, gibt's keine Spuren. Und keinen Dreck wie in der Stadt. Der erste Schnee deckt immer alles am gründlichsten zu." Er streichelte Gabis Gesicht. „Du hast ja geweint!" stellte er erschrocken fest.

Sie weinte heftiger, verbarg ihr Gesicht an seiner Brust. „Ich wein' doch gar nicht. In mir weint's", flüsterte sie, und es war gut, daß Benno sie so festhielt.
„Du mußt nicht weinen. Mir ist's ganz leicht. Und morgen, wenn du den Schnee siehst, dann weißt, daß es ... daß ..."
„Daß es was, Benno?"
„... daß es mir ganz gut geht!"
Er löschte das Licht. „Gut' Nacht, Gabi."
„Gut' Nacht!"

Sie hatten es alle gewünscht: An Bennos Grab sollte Lydia Nolte sprechen. Alle Lindensträßler waren gekommen, sogar Else Kling. Und Friedhelm Ziegler, Annas Mann. Gabis Mutter mußte ihre Tochter stützen, als zwei Männer und ein Mädchen in niederbayrischer Tracht dreistimmig den Beerdigungsjodler sangen. Helga Beimer wischte eine Träne fort. Sie lauschten der Grabrede des alten Priesters, der Benno seit seiner Kindheit gekannt hatte und sehr persönliche Worte fand. Danach wurde der Sarg heruntergelassen, über den der Priester den letzten Segen sprach, bevor Lydia Nolte an das offene Grab trat. Sie sprach über den Tod, den Eintritt ins ewige Leben. Und dann bat sie Gott, ihr einen Platz zu geben neben Benno.

„Du warst uns ein guter Freund. Wir, die wir zurückbleiben, sind aufgerufen, dein Leben fortzusetzen, gemeinsam deinen Sohn Max zu beschützen und gemeinsam deiner lieben Frau Gabi die Hände zu reichen, um ihr zu helfen, ihr Leben ohne dich zu meistern. Es gibt keine andere irdische Wahrheit als die der Liebe. Dein Leben, lieber Benno, war ein Beweis dafür. Die Liebe steht tapfer gegen die scheinbare Sinnlosigkeit unseres Tuns. Wer die Menschen liebt, liebt Gott, der uns alle geschaffen hat, und braucht auch den Tod nicht zu fürchten. Laßt uns anfangen ..."
Sie verstummte. Das einzige Geräusch, das man noch hörte, war das Herabfallen der Erde auf Bennos Sarg, als Lydia Nolte die Schaufel hob. Nach ihr trat Gabi vor. Sie weinte stumm. „Ich war nicht immer gut zu dir, Benno", sie flüsterte fast, „verzeih mir, Benno. Leb wohl!"
Die Erde fiel herab. Über der schweigenden kleinen Gemeinde schienen noch immer Lydia Noltes letzte Worte zu stehen. Wie ein Befehl an die Lebenden: „Laßt uns anfangen!"

Ludwigs Ex-Frau
Das Comeback der Konkurrentin

Sie lagen ganz still. Unter dem Handtuch, das sie vor der Morgenkühle am See schützte, berührten sich ihre nackten, entspannten Körper. Nina häufte träumerisch kleine weiße Kieselsteine auf Ludwig Dresslers Brust. Er streichelte selbstvergessen ihre Haare. Sie war schön und zärtlich und begehrenswert. Alles war wie damals, bevor sie ihn verlassen hatte. Leise sagte Dressler: „Die Vergangenheit kommt zurück. Es macht mir Angst."
Sekundenlang hielt Ninas Hand in der Bewegung inne. Dann nahm sie wieder ein Steinchen auf. „Angst ... ja ... Und gleichzeitig ist es wie ein Traum." Sie schmiegte ihr Gesicht an seine Brust. „Oh Ludwig, wir dürfen das alles nicht! Ich wollte das nicht. Ich bin gekommen, weil ..."
Er verschloß ihre Lippen mit einem sanften, zärtlichen Kuß. „Da war etwas stärker als unser Wille. Nina, komm, laß uns ein wenig träumen." Er küßte sie wieder. „Weißt du", seine Finger spielten mit ihrem Haar, „daß ich das zu keiner Frau mehr hab sagen können?" Er ließ die Worte langsam in den stillen Tag tropfen. „Ich liebe dich." Aber da war Elisabeth. Die war seine Frau. Sie liebte ihn. Er liebte sie. Oder hatte er sich das nur eingebildet? Hatte er nie aufgehört, Nina zu lieben? Nina, seine geschiedene Frau, die Mutter seines Sohnes Frank. Elisabeth ertrug Ninas Rückkehr mit bewundernswerter Fassung. Vielleicht wäre es leichter, wenn sie ihm Vorwürfe und Szenen machte. Oh ja, er wünschte sich den offenen Streit mit ihr. Dann würde er zornig wegrennen. Zu Nina! Aber Elisabeth hatte ihn nur gebeten, mit offenen Karten zu spielen, sie nicht zu belügen. Eine Woche war das her. Er erinnerte sich, daß sie gesagt hatte: „Wenn ich das Gefühl bekäme, unsere Ehe steht auf dem Spiel - dann würde ich kämpfen." Davor hatte er Angst. Jetzt hatte sie dieses Gefühl. Ludwig Dressler spürte es, als er im Laufe des Vormittags, der dem unwirklichen Tagesbeginn mit Nina folgte, ihr Büro betrat. Das Wartezimmer war leer. Elisabeth saß hinter ihrem Schreibtisch. Sie sah ihm in die Augen, als sie fragte: „Sag mal, findest du das nicht übertrieben?" Sie hielt ihm eine Quittung entgegen. „Zwei Wochen 'Vier Jahreszeiten' für deine ehemalige Frau."
Sie beobachtete ihn genau. Ihr entging keine Regung seines Gesichtes, keine Geste. Er hatte sich verändert. Alles war anders zwischen ihr und Ludwig, seit Nina zurück war, seit er sich mit ihr traf, seit ...
„Ich habe ihr das Geld nur vorgestreckt. Warum sollte ich nicht, Cinderella?"
Daß er sie ausgerechnet jetzt so nannte, machte sie wütend. „Nenn mich nicht Cinderella. Das ist ein Name aus einer Zeit, in der du mich nicht belogen hast."
„Wenn du diese blöde Hotelrechnung meinst ..."
„Die meine ich nicht. Ich meine deine lächerlichen und dummen Ausreden, die du mir immer dann präsentierst, wenn du dich mit Nina triffst. Hast du denn gar keine Scham?"
Seit Tagen belog er sie, stahl sich davon

wie ein Schuljunge, erfand Ausreden, schreckte vor keiner Lüge zurück. „Du belügst mich", sagte sie scharf, „und wahrscheinlich betrügst du mich auch schon."
„Cinderella, ich …"
Sie schnitt ihm das Wort ab. „Ich habe dir gesagt, du sollst mich nicht mehr Cinderella nennen. Ich bin keine Märchenfigur, die immer dann zur Verfügung steht, wenn man gerade Lust auf Märchen hat." Sie rannte wütend aus dem Zimmer. Dressler sah ihr mit leerem Blick nach.
Am Abend schickte Nina Blumen. Feldblumen, wie bei ihrem ersten Besuch. Elisabeth warf sie in den Papierkorb. Ludwig stand neben ihr. „Du machst es uns beiden sehr schwer", sagte er. „Nina meint es sicherlich lieb, wenn sie dir Blumen schickt. Und ich wollte dir sagen, daß du mit deinem Vortrag vorhin recht gehabt hast. Ich … Es ist irgendeine Faszination an Nina, die ich selbst nicht verstehe. Ich weiß, daß es für dich verletzend sein muß. Ich werde sie bitten", er wurde leiser, „abzureisen."
„Wo ist die Lösung, wenn sie abreist?" Elisabeth wirkte starr. Dressler hob hilflos die Hände, ließ sie wieder sinken. „Was soll ich machen? Wie soll es sonst weitergehen?"
Elisabeth war mit einem Mal sehr gefaßt. „Du mußt herausfinden, wen du liebst, Ludwig. Und zwar auf eine anständige, saubere und faire Weise. Und selbst wenn du dazu mit ihr schlafen mußt, dann sag mir das. Damit ich auf irgendeine Weise auch noch vorkomme."
„Cinderella …" Es klang wie ein Hilferuf. Elisabeth legte ihm schnell einen Finger auf den Mund. „Nicht dieses Wort. Wenn du sie liebst, dann werde ich nicht die Vernunftlösung sein, sondern gehen."
„Ich werde dich nicht gehen lassen", sagte er leidenschaftlich. Es war ihm ernst. Der Gedanke, Elisabeth zu verlieren, war quälend. Elisabeth wandte sich ab. Die Qual in seinen Augen war mehr, als sie ertragen konnte. „Ludwig! Bis du herausgefunden hast, an welcher Frau dein Herz nun wirklich hängt … bitte, schlaf im Gästezimmer." Sie küßte ihn leicht auf die Lippen und ging.
Er sah ihr nach, sagte leise: „Und was ist, wenn ich herausfinde, daß ich dich und Nina liebe?"
Die Tür hatte sich hinter ihr geschlossen.

Elisabeth wußte, daß sie mit Davonlaufen und Aussperren nichts erreichte. Sie mußte kämpfen. Irgendwas stimmte nicht bei Nina Winter. Vielleicht half es ihr, wenn sie das herausfand. Hand und Fuß mußte es haben. Daß das Stück, das Nina Winter in den Staaten angeblich mit so großem Erfolg gespielt hatte, nach der Premiere nicht ein einziges Mal aufgeführt worden war, reichte nicht. Das war die Lüge einer erfolglosen Schauspielerin. Nicht weniger, aber auch nicht mehr.

Wenn sie beweisen konnte, daß Nina Winters ganze amerikanische Legende eine Lüge war, daß Nina eine Betrügerin und Hochstaplerin war, dann bestand die Chance, Nina zur Kapitulation zu zwingen.
Ein Besuch in Ninas Hotelzimmer sollte Klarheit schaffen. Doch er verlief anders, als Elisabeth es erhofft hatte. Mit einem Telefonanruf bei einem gewissen Mr. Hammer von der Chase Manhattan Bank in Los Angeles brachte Nina den Beweis, daß sie tatsächlich auf eine größere Summe wartete.
Verblüfft registrierte Elisabeth, daß Nina sich keinen Augenblick Mühe gab, die Behauptung zu entkräften, sie habe seit fünfzehn Jahren nicht mehr auf einer Bühne gestanden. „Es stimmt alles, was Sie herausgefunden haben", sagte sie dazu. Und fügte hinzu: „Oberflächlich betrachtet."
„Fünfzehn Jahre kein Engagement?" Elisabeth sah die Rivalin wachsam an. „Das heißt also", Elisabeth schöpfte neue Hoffnung, „daß sie zurückgekommen sind, weil Sie drüben nicht mehr wußten, wie's weitergehen soll. Hier spielen Sie die treusorgende Mutter und versuchen, sich auf Kosten meines Mannes ein neues Leben aufzubauen." Nina lachte, bis sie kaum noch Atem hatte. Dann sah sie Elisabeth mit verletzendem Stolz an und fragte ohne Erklärung für ihren Heiterkeitsausbruch: „Geht es Ihnen wirklich nur um Geld?"

Ludwig Dressler hoffte auf eine Lösung, bei der er keine der beiden Frauen, die er liebte - jede auf eine andere Weise - verlor. Mit roten Rosen versuchte er sich Elisabeths Geduld zu erkaufen. Sie standen auf ihrem Schreibtisch, als Nina auftauchte, um Ludwig zur nachmittäglichen Probe

von „Orphée" einzuladen. Sie wollte den jungen theaterbesessenen Leuten, zu denen ihr eigener Sohn Frank und Elisabeths Kinder gehörten, die Eurydike vorspielen. Wenn das Theater-Unternehmen im Sarikakis-Saal ein Erfolg werden sollte, mußten sie nach Ninas Meinung erst einmal begreifen, worum es bei dem Cocteau-Stück ging. Elisabeth hielt es in der Nähe ihres Mannes und seiner Ex-Frau nicht aus, sie floh zu Beate. Die bügelte in Carstens Küche Theaterkostüme. „Rote Rosen!" klagte Elisabeth. „Rote Rosen für mich. Und ein Tête-à-Tête mit ihr. Ich find's pervers."
Beate warf einen kurzen Blick auf Fotos und einen Schriftsatz, die vor Elisabeth auf dem Tisch lagen. „Du solltest ihm endlich die Wahrheit sagen."
„Ich kann es nicht."
Die Wahrheit bestand in diesen Fotos. Sie zeigten Nina Winter als Oben-ohne-Bedienung in einem Restaurant in Los Angeles in verschiedenen Posen. Es sah ein wenig nach Karneval aus - aber die Fotos waren eindeutig. Sie waren im letzten Frühjahr gemacht. Carsten hatte sie über eine internationale Detektei besorgt.
Und den Bericht über Nina Winter

dazu. Er bewies: Nina war eine Hochstaplerin. Und doch sagte Elisabeth: „Ich kann es ihm nicht sagen."
Beate stellte das Bügeleisen zur Seite. „Du willst ihn um keinen Preis verlieren, oder?" fragte sie.
Elisabeth blickte auf. Sie fühlte sich durchschaut. Ja, sie wollte Ludwig behalten. Sie liebte ihn. Es war ein stilles, ruhiges Gefühl, keine überschäumende Leidenschaft. Aber es war Liebe.

Beate ergriff bei der Nachmittagsprobe die Initiative. Alle waren da: Chris und Carsten, Carstens Freund Gert, Beate und Vasily und natürlich Frank. Und Ludwig Dressler. Fast schüchtern hatte er sich auf einen der Stühle im Hintergrund des Sarikakis-Saals gesetzt. Beate setzte sich zu ihm. Unmißverständlich kam sie gleich zur Sache. „Wir sind alle ziemlich fest davon überzeugt, daß sie überhaupt nichts kann", sagte sie und fuhr fort: „Nina hat seit fünfzehn Jahren kein einziges Engagement mehr gehabt, sie hat fünfzehn Jahre lang nie als Schauspielerin gearbeitet. Und ihr angeblicher Triumpf als Eurydike hat nicht einmal die Premiere überdauert." Nach einem kurzen Disput mit Carsten, der um Ruhe bat, setzte sie hinzu: „Deine Nina ist eine Hochstaplerin, die wahrscheinlich nichts anderes will als dein Geld. Die ist total abgebrannt und lügt wie gedruckt."
Dressler wurde laut. „Ich verbiete dir, so über sie zu reden."
Beate hielt seinem Blick stand. „Dann beleidige du nicht dauernd meine Mutter."
Wie auf ein Stichwort betrat Elisabeth in diesem Moment den Raum. Für einen kurzen Augenblick sah sie Ludwig in die Augen. Auch Nina hatte sie bemerkt. „Ich glaube", sagte sie leise, „wir sollten jetzt beginnen. Jetzt sind alle da."
Sie sah ihren Sohn an. „Frank, bist du so weit?"
Frank trat ein wenig zur Seite. Nina nahm ein weißes Kleid von einem Stuhl, streifte es in einer anmutig-weichen Bewegung über, hob die Arme, bedeckte ihre Augen. Ihr Spiel begann. Atemlose Stille herrschte im Raum. Jeder spürte es, auch ihre Feinde: Sie war wundervoll. Intensiv und hingegeben spielte sie die Eurydike, wurde eins mit der Figur, die sie verkörperte. Elisabeth ertrug es nicht. Leise ging sie zu Beate, flüsterte: „Mein Gott, was ist das für eine Frau! Es kann unmöglich stimmen, was ihr glaubt, über sie herausgefunden zu haben."
Beate flüsterte zurück. „Was weiß denn ich. Jedenfalls spielt sie wahnsinnig gut."
Eurydike starb, getötet von Aglaonikes Gift. Sterbend flehte sie Heurtebise an: „Holen Sie Orpheus! Ich will ihn noch einmal sehen. Er soll mir verzeihen. Ich liebe ihn. O... es sticht mir wie Nadeln in die Rippen. Schnell, schnell, laufen Sie, fliegen sie ... Orpheus!"
Frank als Heurtebise verließ eilig die Bühne. Nina blieb zurück. Sie lag auf dem Boden. Es war sehr still. In die Stille hinein klatschte Chris Beifall. Und dann sagte sie: „Toll, die Dame. Hätt' ich ihr gar nicht zugetraut. Was habt ihr denn da alle für einen Quatsch über die Tante erzählt?"

Elisabeth fühlte sich nach diesem Nachmittag elend und ausgelaugt. Sie wußte, daß sie erneut verloren hatte. Aber warum schwieg Ludwig? Ging er heute

nicht zu ihr? Er wich ihren Fragen aus. Sie verlor die Nerven, schlug ihm ins Gesicht. Er hielt ihre Hand fest. „Tu das bitte nie wieder." Er sprach, ohne die Stimme zu heben. „Wir sollten versuchen, auch im ... im Chaos einander zu respektieren."
Sie haßte ihn in seiner Überlegenheit, als er das Konzert im Fernsehen wieder einschaltete, das sie zu Beginn ihrer Auseinandersetzung abgeschaltet hatte. „Hast du denn überhaupt kein Herz mehr?" fragte sie verzweifelt. „Oder merkst du überhaupt nicht mehr, wie weh du mir tust, wie allein du mich läßt?"
„Im Augenblick will ich dir weh tun." Selbst sein Ton war eine Kränkung.
„So. Und warum?"
„Da fragst du noch?"
„Weil ich ... weil ich deiner ... weil ich nichts dagegen unternommen habe, daß über Nina schlecht geredet worden ist?"
„Du hast die üblen Verleumdungen selbst in die Welt gesetzt."
Er verstand sie nicht. Oder er wollte sie nicht verstehen. Hatte er denn keine Ahnung, was in ihr vorging? „Weil ich mir nicht mehr anders zu helfen wußte und ...", Tränen erstickten ihre Stimme. „Weil du mir nicht hilfst."
„Beate hat gesagt, du hättest Beweise gegen Nina?"
Sie gab ihm die Bilder. Er betrachtete sie. „Es sieht so aus, als wären sie auf einer Faschingsfeier entstanden", sagte er und wollte wissen, woher sie die Bilder hatte. Sie sagte es ihm. Es schien ihn kalt zu lassen.
„Gut dann", sagte er, „das war's dann wohl." Er stand auf, verließ den Raum, schloß die Tür hinter sich. Elisabeth hörte das Klappern seines Schlüsselbundes, die Dielentür wurde geöffnet und wieder geschlossen. Elisabeth ging ans Fenster, blickte hinunter auf die nächtlich leere Straße. Sie wartete auf ihn, erschrak, als hinter ihr die Tür noch einmal geöffnet wurde. Dressler!
„Ich hab's mir anders überlegt", sagte er.
„Heißt das - du bleibst heute Nacht hier?"
Er sah ihr starr in die Augen. „Das heißt nur, daß ich dir noch etwas sagen will. Elisabeth, ich möchte mich scheiden lassen."

Elisabeth wußte am nächsten Morgen nicht, wie sie die Nacht überstanden hatte. Aber sie saß da an ihrem Schreibtisch, als sei nichts geschehen, war freundlich zu seinen Patienten, rettete sich in den Alltagstrott. Manchmal war er hilfreich. So weh es auch tat: Sie wollte durchhalten. Sie wollte Ludwig den Abschied schwermachen. Er sollte wissen, was er aufgab.
Er gab Nina noch einmal 5.000 Mark, damit sie die Hotelrechnung bezahlen konnte. Als sie ihn um das Geld bat, war Elisabeth dabei. Er hatte darauf bestanden. Auch das stand sie durch. Manchmal redete Ludwig mit Elisabeth über Nina, als sei sie ein Wesen von einem anderen Stern. Er sprach von seiner Liebe zu ihr. Er sagte: „Vielleicht habe ich sie zu sehr geliebt!" Und: „Meine Beziehung zu Nina ist mit dem Verstand nicht zu klären." Nein, das war sie wohl nicht. Es machte Elisabeth rasend. Es gab neue Fotos von Nina. Niemand, nicht einmal Frank, ihr eigener Sohn, hatte Zweifel daran, daß sie aus einem Pornofilm stammten. Und was tat Dressler? Nichts. „Ihre Vergangenheit interessiert mich nur wenig", sagte er.
Elisabeth fand es unerträglich. „Tingeltangel und Pornofilme. Sie hat haufenweise Liebhaber gehabt."
Aber nicht einmal das schien ihn zu berühren. Nichts erreichte ihn, was sie und andere Schlechtes über Nina sagten. Als Elisabeth Nina eine Hure nannte, weil es ihr guttat, ihn zu verletzen, und weil sie sich nicht mehr anders zu helfen wußte, sagte er nur: „Deine Bemerkungen sind in jeder Hinsicht unqualifiziert." Und dann versetzte er ihr nach einer Auseinandersetzung den Todesstoß, als er bekannte: „Ich liebe Nina. Ich habe niemals aufgehört, sie zu lieben. Sie ist die Frau meines Lebens. Egal, was sie tut, wieviele Liebhaber sie hatte und wie unmoralisch du sie findest. Zufrieden?"
Noch in der gleichen Nacht verließ Elisabeth die gemeinsame Wohnung. Sie hatte gekämpft, sie hatte verloren. Endgültig! „Rien ne va plus!" sagte sie müde. Sie blieb bei Carsten. Er und Beate waren erleichtert. Sie hatten Elisabeths passiv abwartende Haltung nie verstanden. Einen Mann, der sich so benahm wie Ludwig Dressler, verließ man, um ihn zu vergessen.

Das Aus für Ludwig Dressler kam am Tag von Ninas größtem Triumph. Sie hatten einige Tage in seiner Ferienwohnung am Starnberger See verbracht, die Praxis war geschlossen. Jetzt waren sie in die Stadt zurückgekommen, um im Hotel „Vier Jahreszeiten" nach Post zu fragen. Die Direktion empfing sie mit tausend Entschuldigungen. Man hatte schon nach ihr gesucht. Das Zimmer war inzwischen bezahlt worden. Außerdem war Post gekommen. Sie war ausgelassen, bestellte Champagner. Sie war so zärtlich wie nie zuvor. Ludwig ertrank in seiner Liebe zu ihr.
Und dann erzählte sie ihm endlich ihre Geschichte, machte Schluß mit den Geheimnissen, die sie umgaben, die sie nicht gelöst hatte, weil sie auf das Vertrauen der Menschen setzte, die sie liebten. Einem Mann, ihrem unvergleichlichen Orphée zuliebe, hatte sie ihre Amerika-Karriere aufgegeben, hatte fünfzehn Jahre nur für ihn, einen berühmten Schauspieler, gelebt. Sie hatte es nie bereut.

Und die kompromittierenden Bilder? Sie lachte. Private Fotos, die seiner Frau den Ehebruch ihres Mannes bewiesen hatten. Die Obenohne-Fotos? Ein Spaß anläßlich einer Wohltätigkeitsveranstaltung.
Ludwig wurde nachdenklich. Sie lag neben ihm auf dem Bett, schön und glücklich, gelöst wie nie. „Wenn du diesen Mann, diesen Orphée, so liebst, warum bist du dann zurückgekommen?"
Der Glanz in ihren Augen erlosch. Sie wurde ernst. „Orphée ist tot. Er starb an Krebs." Ludwig wollte etwas sagen, sie unterbrach ihn. „Bitte, sag' jetzt nichts. Du hast ihn nicht gekannt. Ich erwarte nicht, daß du mich je verstehst. Er hat mir alles vererbt, sein gesamtes Vermögen. Seine Verwandtschaft und die Kinder aus der ersten Ehe haben dagegen rechtliche Schritte unternommen. Solange diese Dinge juristisch nicht geklärt waren, hatte ich keinen Zugriff auf irgendein Konto. Seit acht Tagen ist aber alles zu meinen Gunsten geregelt. Hier ... " Sie legte ihm ein amtliches Schreiben vor, das sie eben an der Rezeption in Empfang genommen hatte. „Glaubst du", sagte sie ohne Spott, „Elisabeth freut sich, wenn du dein Geld wieder zurückbekommst?"
Aber es war nicht die Tatsache, daß sie einen anderen mehr geliebt hatte als ihn, was ihn vernichtend traf. Völlig unvorbereitet traf ihn die Eröffnung, daß sie ihn verlassen würde. „Warum?" schrie es in ihm.

„Warum?" fragte er sie. „Die letzten fünf Wochen, hab' ich da nur geträumt, daß wir uns lieben?"

Sie nahm sein Gesicht in beide Hände, sah ihm in die Augen. „Bei mir war nur der Wille zu lieben, auch weil ich geliebt werden wollte. Du hast mir geholfen, meinen Schmerz zu besiegen. Ich bin dir dankbar, aber ich ..." sie küßte ihn auf die Augen, „ich liebe dich nicht."

Manchmal wünschte Elisabeth sich, sie wäre ein etwas schlichteres Gemüt. Dann wäre sie jetzt glücklicher. Ludwig schien wieder ihr zu gehören. Er ging nicht mehr zu Nina. Er hatte nicht darüber gesprochen. Aber Nina schien aus seinem Leben verschwunden zu sein, ebenso plötzlich, wie sie aufgetaucht war. Alles schien zur alten Ordnung zurückzukehren: Ludwig hatte die regelmäßigen Sprechstunden wieder aufgenommen. Sie saß in seinem Vorzimmer.

Auch das Private schien gefestigt. Elisabeth wohnte wieder in der gemeinsamen Wohnung. Und doch war alles ganz anders. Es fehlte die Vertrautheit, das Vertrauen. Sie begegnete Ludwig mit Fremdheit. Er spürte es. Sie litten beide darunter. Doch Klarheit erhielt sie erst durch einen Besuch bei Nina. Danach kehrte sie wie benommen zu Ludwig zurück. Nina hatte ihn wieder freigegeben. Und sie hatte Elisabeth die entscheidende Frage gestellt. „Lieben Sie ihn noch?"

Ja, sie liebte ihn noch. Sie wußte es, als sie Nina verließ. Sie liebte ihn mehr, als ihr je bewußt war. Und jetzt?

Völlig durchnäßt vom starken Regen kam sie in der Wohnung an. Dressler war da. Er hatte den Kaffeetisch liebevoll gedeckt. Ein unförmiger Kuchen stand in der Mitte des Tisches. Er mußte ihn selbst gebacken haben. War sie für einen Kuchen käuflich?

„Magst du mit mir Kaffee trinken?" fragte er.

„Vielen Dank."

„War das jetzt ein Ja oder ein Nein?"

Sie ging in ihr Schlafzimmer, ließ sich vor dem Spiegel auf einen Hocker fallen, sah sich an, sprach mit ihrem Spiegelbild.

„Ruhig bleiben - Kaffee trinken? Oder nein sagen? Dialog verweigern? Schweigen? Schweigen kann ich nicht."

Sie begann langsam, ihre nassen Strümpfe auszuziehen. Sie ging zum Schrank. Ein schlichtes Kleid war angemessen. Sie wählte eines in einer besonders schönen Farbe, trat vor den Spiegel. „Ich bin verrückt", murmelte sie. Dann ging sie zu ihm hinaus. Sie redeten Belangloses. Über Carsten und Beate, über Frank. Und dann sagte sie plötzlich: „Ich möchte mich von dir scheiden lassen, Ludwig."

Er reagierte nicht, blickte starr auf seinen Teller.

„Was hat Nina dir gesagt?"

Er wußte, daß sie sich getroffen hatten. Nina hatte ihn angerufen und ihm Vorwürfe gemacht, weil er Elisabeth nicht die Wahrheit gesagt hatte. Es machte sie wütend. Bestimmte Nina, was er ihr sagte? „Sie meint es gut mit dir", behauptete er. „Sie meint es gut mit uns."

Er redete von Nina, bis sie ihn anfuhr. „Ich will nicht mehr hören, was Nina gesagt hat. Hast du denn selbst nichts mehr zu sagen?"

„Doch, die Wahrheit." Er holte tief Luft.

„Ich liebe Nina, aber sie hat mich ein zweites Mal verlassen."

Nach einer Pause fragte Elisabeth: „Was erwartest du von mir?"

„Erwarten? Ich habe kein Recht, irgendetwas zu erwarten. Ich ... ich kann nur hoffen, daß ... "

„Daß was?"

„Daß du deinen Entschluß, dich von mir scheiden zu lassen, noch einmal überdenkst."

Aber hatte sie denn überhaupt eine Chance, durch Denken zu einem Ergebnis zu kommen? Sie liebte ihn, das war die einzige Wahrheit. Es war der einzige klare Gedanke, den sie fassen konnte. Und wenn sie ihm ein Zeichen gab? Ein kleines Zeichen?

Es war Nacht. Er hatte eine Flasche Wein und zwei Gläser aus der Küche geholt. Da stolperte er im Flur über ihren Schuh, eben war sie noch im Wohnzimmer gewesen. Mit beiden Schuhen. Er hob den Schuh auf, ging zur Schlafzimmertür, klopfte an. „Elisabeth, Aschenbrödel - darf ich reinkommen?" Er erhielt keine Antwort, drückte vorsichtig die Türklinke herunter. Die Tür ließ sich öffnen. Sie hatte nicht abgesperrt, zum erstenmal nicht nach ihrer Rückkehr zu ihm. Er betrat den Raum. „Du willst schon ins Bett?" fragte er leise.

Er starrte Elisabeth an. Sie trug ein wunderschönes, bodenlanges Nachthemd und war gerade dabei, das Bett abzudecken. Sie hielt in der Bewegung inne. Dressler näherte sich ihr vorsichtig, hielt ihr den Schuh vors Gesicht.

„Ich hab unter allen Töchtern des Landes Ausschau gehalten. Aber keiner paßte dieser Schuh", sagte er leise. „Möchtest du ihn anprobieren?"

Er kniete vor ihr nieder, hob ihr Nachthemd von den Füßen. Sie trug nur einen Schuh. Der zweite Fuß war nackt. Er nahm ihn behutsam in die Hand, zog ihr mit liebevoller, zärtlicher Sorgfalt den Schuh an. „Er paßt, Cinderella. Es ist wie ein Wunder."

Er legte seine Arme um ihre Schultern. Für einen kurzen Augenblick schloß Elisabeth die Augen, lehnte ihren Kopf an seine Brust. Er küßte ihr das Haar. Sie gab sich diesem Moment hin, bevor sie sich wieder aus seiner Umarmung löste. Ernst sagte sie: „Du mußt mir Zeit lassen, Ludwig. Cinderella ist ein Märchen, eine Geschichte, die wir verloren haben. Wir sollten uns beide nichts vormachen."

Er nickte. „Du hast recht", sagte er leise. „Trinkst du noch einen Wein mit mir?"

Sie lächelte. Ein Glas Wein, eine zärtliche Geste, ein versöhnliches Wort. Es war nicht viel nach allem, was geschehen war. Und doch empfand sie so etwas wie Glück. Für ein Märchen wurden viele Kapitel geschrieben. Ein böses hatten sie hinter sich. Vielleicht kamen auch wieder bessere.

„Ja", sagte sie, „trinken wir ein Glas Wein zusammen." Sie zog ihn neben sich auf das Bett. Er schenkte ein, sie hoben die Gläser, sahen sich in die Augen.

Bennys Notizbuch

Benny Beimer ist ein aufgeweckter Junge. Daß er mit offenen Augen durch diese Welt läuft, zeigt uns sein Notizbuch. Auf zwei Seiten hat er da wichtige Adressen notiert: von Initiativen, Vereinen und Gruppen, für (fast) alle Fälle.

Da kann er sich informieren und engagieren, Geld spenden oder um Hilfe bitten. Für sich und andere.

Brücke e.V.
(für straffällig gewordene Jugendliche)
089-4708153

Robin Wood
Postfach 102172
Lohnstr. 65
2800 Bremen
0421-500405

Terre des hommes
Ruppenkampstr. 11a
4500 Osnabrück
0541-71010

Öko-Bank
Bornheimer Landstr. 22
6000 Frankfurt 1
069-4058920

B*U*N*D
(Bund für Umwelt u. Naturschutz)
Im Rheingarten 7
5300 Bonn 3

Mo Demo
11.ah

PEACE - BIRD
Alsterdorfer Straße 377 B
2000 Hamburg
040-5387427

Verband der Initiativgruppen in d. Ausländerarbeit
Theaterstraße 10
5300 Bonn 1
0228-655553

So sehen's die Zuschauer

Sarah (6) mit ihrem Bruder Hannes (2): „Lindenstraße – find' ich gut!"

Tatjana Kaskamanides (27), Studentin:

Ich finde Lindenstraße super, weil da die besten Intrigen und Verwicklungen der Welt laufen.

∗

Nicole Hauser (13):

Das ist eine große Familie, das spielt sich ab wie im richtigen Leben. Ich find' die gut. Am besten gefällt mir, daß Benny Beimer und seine Freundin für den Umweltschutz sprechen. Doof ist, daß die deswegen von der Schule geflogen sind.

∗

Veronika G. (16), Schülerin:

Ich lieg' oft genug mit meinen Eltern im Clinch, da brauch' ich mir doch so was dann nicht noch in der Glotze anzusehen!

∗

Christa Grünewald (47), Hausfrau:

Lindenstraße? Köstlich naiv. Episoden aus dem täglichen Leben, manchmal zu geballt und übertrieben dargestellt. Familie Beimer und Else Kling finde ich schauspielerisch spitze.

Andreas Scheer (17), Azubi:

Lindenstraße ist unterhaltsam, lustig, spannend, brutal und manchmal erotisch.

Katharina Kiezol (19), Schülerin:

Wenn die Schauspieler ihre Rollen weniger ernst nehmen würden; wenn Benny Beimer vielleicht doch lieber nur privat den Sonnyboy spielen würde und der neuerdings so „freie" Schildknecht doch wieder normaler und somit weniger peinlich werden würde, wenn ... na, dann wäre die Lindenstraße richtig gut.

∗

Lindenstraßen-Fanclub in der AG Vereinter Fanclubs, AVF:
(c/o Sascha Bücher
Käthe-Kollwitz-Str. 9
5040 Kerpen-Sindorf)

Als erste deutsche Fernsehserie ist es der Lindenstraße gelungen, den „Blick ins deutsche Wohnzimmer" zu öffnen, das Leben der Menschen in der BRD unverhüllt und realistisch darzustellen. Sie ist Woche für Woche Blickpunkt täglicher Ereignisse und Erlebnisse, in ihr treffen Harmonie und Liebe, Mut und Angst, Ehrgeiz und Haß aufeinander, wenn es darum geht, die menschlichen Stärken und Schwächen zu zeigen. Darauf können und wollen wir nicht verzichten! Denn die Lindenstraße ist eine Serie, deren Erfolgsrezept das Leben ist.

Magdalene Kölsche (59), Hausfrau:

Ich kenne mich zwar nicht so gut aus, weil ich die Serie nicht jeden Sonntag sehe, aber sie gefällt mir. Die Leute, die da mitspielen, kommen mir viel realistischer vor als zum Beispiel in der Schwarzwaldklinik.

∗

Michael Groß, Schwimmer:

Lindenstraße ist nicht so mein Fall. Ich finde diese Klischees in den Familienserien einfach unmöglich. Das hat doch nichts mit dem wirklichen Leben zu tun.

∗

Peter Jebsen (29), Musik-Journalist:

Nur zwei kleine Mäkeleien zur Perle der bundesrepublikanischen Vorabend-Unterhaltung: Bringt die echte Chris Barnsteg zurück! (Wie bei Dallas könnte die Episode mit der Fälschung nur ein böser Traum gewesen sein.) Und die zweite Bitte: Gebt Frau Beimer Valium! Wenn ich eine solche Karikatur von Mutter gehabt hätte, wäre ich schon in Klausis Alter für immer von zu Hause weggelaufen.

Lindenstraßen-Fanclub:
(c/o Stephan Wolf
Schönbergstr. 20
7070 Schwäbisch Gmünd)

Zugegeben, die allerersten Folgen waren noch etwas miefig. Das Leben in einem deutschen Mietshaus wurde etwas zu düster dargestellt. Doch mit der Zeit wurde die Serie immer lockerer. Heute ist Lindenstraße besser als je zuvor. Sie hat die gewisse Portion Selbstironie und nimmt sich nicht mehr so bierernst. Wir glauben, der Erfolg der Serie liegt in erster Linie in der Identifikations-Möglichkeit mit den ganzen Figuren. Jeder von uns kann sich irgendwo wiedererkennen.

*

Rolf Seelmann-Eggebert,
Fernseh-Programmdirektor
des NDR:

Gäbe es sie nicht, müßte sie erfunden werden: Die Lindenstraße spiegelt den deutschen Alltag wider und bietet die Chance einer Anleitung, wie Familien mit Problemen umgehen sollten, die jeden jederzeit treffen können.

*

Doris Hillebrands (55), Friseurin:

Ich sehe Lindenstraße, weil ich mich dann von meinem Mann erholen kann.

Rüdiger Becker (38), Hörfunk-Redakteur:

Die Lindenstraße ist Glasnost im deutschen Fernsehen. Noch nie hat es eine derart offene und schonungslose Abrechnung mit dem Hier und Jetzt im deutschen Mieterleben gegeben. Wenn Klausi Beimer sich die erste Fixe aufzieht, Franz Schildknecht zum Triebtäter und Egon Kling zum Gattinnenmörder wird, dann ist es an der Zeit, über die ersten Entziehungskuren für Lindenstraßen-Süchtige nachzudenken.

Fürs erste würde es mir aber schon genügen, wenn Carsten Flöter endlich wieder einen Freund (vielleicht einen minderjährigen) bekommt, die Pizzeria mit Schutzgeld-Erpressungen kämpfen muß und das Problemthema Okkultismus mit einem Gläserrücken bei den Beimers und dem lang ersehnten Wiederauftauchen von Stefan Nossek abgehandelt wird.

Ina B. (27), Groupie:

Also, ich stehe auf Lindenstraße, weil ich in Sascha Hehn verliebt bin

*

Sabine Senkbeil (23) und Beate Wulf (23), Kinderkrankenschwestern:

Die Lindenstraße wird auch bei uns auf der Krebsstation gesehen. Deshalb finden wir es ziemlich unmöglich, daß das Leiden und der Tod eines leukämiekranken Kindes geradezu in melodramatischen Ausmaßen gezeigt wurde. Das ist doch kein Spiel! Und - Action hin, Action her - es ist ja wohl kaum realistisch, wenn in einem Haus in so kurzer Zeit zig Leute krepieren. Ehrlich, wir sitzen sonntags um 18.40 Uhr nur noch vor der Glotze, um uns einen Adrenalinstoß zu verpassen.

Hanns-Joachim Friedrichs,
Fernseh-Journalist:

Ich habe mich sehr an Lindenstraße gewöhnt, kommt immer kurz vorm "Weltspiegel". Ich sehe sie sehr gerne.

*

Hannelore Dittmann (59),
Hausfrau:

Ich als Mutter von neun Kindern kann mir zwar nicht regelmäßig Lindenstraße anschauen, aber in einigen Situationen kann ich mich mit der Familie Beimer identifizieren, daher finde ich sie am sympathischsten. Manche Situationen werden zu drastisch gespielt und auf Dauer wird die Handlung doch etwas eintönig.

*

Ilona Markowsky (23), Mutter:

Ich hasse die Lindenstraße. Alles nachgeäffter Quatsch. Ihr glaubt doch wohl nicht, daß es so viele Probleme in einer Straße gibt und jeder mit jedem schläft!

Fritz Egner, "Dingsda"-Moderator:

Solange nur die Laufzeit dieser Serie verlängert wird und nicht die Straße selbst - die dann unübersichtlich würde - solange ist das in Ordnung.

Karl-Heinz Urfeld (25), Fan der ersten Stunde:

1. Der Auszug der Kronmayrs. 2. Das Ende von Meike Schildknecht. 3. Die Auswechslung von Chris Barnsteg. 4. Der Tod von Stefan Nossek. 5. Die Mini Pigs. 6. Die Eltern für Gabi Zimmermann. 7. Der Pudeldompteur im Akropolis. Sehen Sie, Herr Geißendörfer, das sind Ihre sieben Todsünden!

Monika Raber, Jens Hinricher, Hannes Oberlindober - Studenten:

Wir als letzte Bastion studentischer Intelligenz in dieser Republik müssen die voyeuristische Freak-Show aus der Nachbarschaft mit aller Schärfe ablehnen. Außerdem ist Lassie viel schöner.
Fuck the Lindenstraße!

*

Wolfgang Rademann, Fernseh-Produzent:

Kompliment den Kollegen für eine Serie, die erfolgreicher ist als ihr Ruf. Viel Glück für die nächsten Jahre und die neuen Folgen.

*

Judith Dohnke (9):

Die Sendung sehen wir alle mit Vorliebe - Mama, Papa, Anna und ich. Trotzdem finde ich eines oder vielleicht auch mehreres nicht ganz so gut. Zum Beispiel die Sache mit Benno Zimmermann: Er wird oft untersucht, und nachher kriegt man raus, daß er Aids hat. Wieso wurde er nicht noch mal untersucht, und man stellt fest, daß er keins hat? Na ja, sonst ist die Serie aber echt spitze! Papa meint, ich könnte als Schwester von Zorro mitspielen.

Die Meinungs-Macher

Ponkie, Abendzeitung:

Ich bin unbedingt dafür, daß die Lindenstraße fortgesetzt wird.

Gustav Jandek, Bunte:

Die Lindenstraße sollte unbedingt weitergeführt werden. Sie wird von Folge zu Folge besser. Die Serie kommt, wie die Einschaltquoten belegen, beim Publikum sehr gut an. Sie enthält mehr denn je Zündstoff. Und einer TV-Reihe kann nichts Besseres widerfahren, als ständig für Gesprächsstoff zu sorgen und Diskussionen auszulösen.

Giesbert Karnebogen, Bild+Funk:

Lindenstraße ist für ein Drittel der Zuschauer zur Dauerunterhaltung im Sonntag-Nachmittagsprogramm geworden - deshalb weitermachen. Aber mit besseren Drehbüchern und mehr Humor.

Karlheinz Mose, HÖRZU:

Solange dem WDR die sonntäglichen Einschaltzahlen Interesse bescheinigen, wäre er schlecht beraten, aufzuhören. Ich persönlich kann auf den voyeuristischen Blick in die gerammelt volle Problemkiste gut verzichten.

Detlev Ahlers, Die Welt:

Die Einschaltquoten sprechen eine eigene Sprache. Solange die Leute das sehen wollen, soll die Lindenstraße im Programm bleiben.

Hans R. Beierlein, medien-telegramm:

Nachdem am 8. Dezember 1985 die erste Folge der Lindenstraße ausgestrahlt wurde, standen die Wetten für ein langes Leben dieser Serie nicht allzu gut. Inzwischen ist sie eine der Trumpfkarten der ARD im Dauerduell um die Gunst des Publikums geworden.

Reginald Rudorf, Bild:

Mir gefällt die Lindenstraße nach wie vor nicht - aber sie ist klasse gemacht. Ich würde an der Lindenstraße weiterkurbeln, bis Nowottny ein Bart wächst.

Erich Heller, tz:

Es tut nicht weh, auch wenn die Lindenstraße noch bis ins 21. Jahrhundert geht. Der regelmäßige Zuschauer hat darin seine Freude gefunden, die er nicht so schnell missen möchte. Das Verschwinden würde mehr Proteste hervorrufen als das Weitermachen.

Karl-Otto-Saur, Süddeutsche Zeitung:

Die Lindenstraße anschauen, das ist wie mit dem Hammer auf den eigenen Daumen schlagen. Es ist so schön, wenn der Schmerz nach 30 Minuten nachläßt.

Günter Strack, Schauspieler:

Ich bewundere die Darsteller, die unter diesem Zeitdruck Woche für Woche die Serie produzieren. Mein Kompliment.

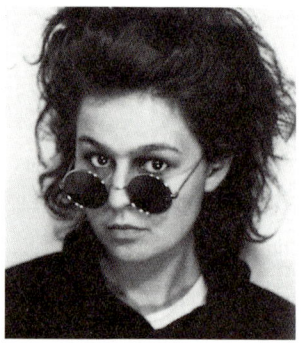

Hans Joachim Kulenkampff, Schauspieler:

Lindenstraße? Ein Witz.

*

Herbert Lichtenfeld, Serien-Autor:

Die Lindenstraße bringt fast immer Geschichten, die näher am sozialen Elend wohnen als die Geschichten der Schwarzwaldklinik. Die Frau betrügt ihren Mann, die Fünfzehnjährige läßt sich von einem Türken bumsen, die Hausmeisterin ist ein geiferndes Weib. Das ist legitim, aber es ist genauso verlogen wie die Schwarzwaldklinik. Denn niemand kann mir weismachen, daß es so eine Straße wie die Lindenstraße tatsächlich gibt.

*

Willy Millowitsch, Schauspieler:

Wenn die Zuschauer diese Serie sehen wollen, dann sollen sie sie auch haben. Das Publikum hat zu entscheiden - und es hat entschieden.

*

Brigitte Richter (35), Anwaltsgehilfin:

Kann sein, daß ich die Lindenstraße interessant finden würde, aber ich kann doch nicht nur wegen so einer Serie jeden Sonntag abend zu Hause hokken, oder ?!

*

Dr. Arnd Stein, Dipl.-Psychologe:

Die erste deutsche Fernsehserie, die den Zuschauern realistische Lösungen für ihr persönliches Schicksal liefert.

Tilman von Brand (15), Schüler:

Lindenstraße hat weder den typisch deutschen Schmalz, noch irgendwelche pseudoamerikanische Action und besitzt trotzdem die Spannung, die ein Zuschauer braucht, um sich mehrere Teile einer Serie anzuschauen.

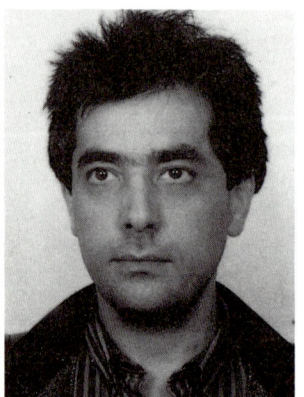

Mauro Cattivelli (36), Beamter:

Ich mag Lindenstraße, weil wir Italiener da endlich mal so gezeigt werden, wie wir immer schon sein wollten: Viel singen, viel trinken, viel Pizza.

Tanja Taube (21), Schülerin:

Wenn ich Friedrich N. nicht hätte sagen hören: „Ab der fünften Folge wird's gut!", hätte ich nach der ersten nie wieder die Lindenstraße eingeschaltet. Er hatte recht. Und so bin ich inzwischen nicht nur chronischer Sonntags-Spanner, sondern auch bestens amüsierter Else-Kling-Fan.

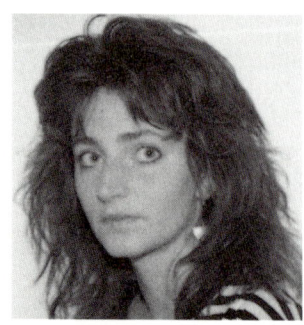

Daniela Küpper (25), Sozialpädagogin:

Ich sehe Lindenstraße, weil meine Hausmeisterin auch eine alte Schrulle ist und ich neue Ideen bekomme, wie ich sie ärgern kann.

Auguste Kos (54), Kaufmännische Angestellte:

Die Lindenstraße ist für mich wie die Nachbarn von nebenan. Die Beate ist meine Lieblingsfigur: nett, schick, fleißig und doch sehr zartfühlend. Frau Nolte ist eine Persönlichkeit, die ihresgleichen sucht. Zorro ist wie ein Straßenköter mit Herz zwischen Rassehunden. Herr Nossek! Der war auch mehr eine besondere Pflanze. Seine Art zu leben konnte ich nie so richtig verstehen. Ich bin wohl ein wenig altmodisch.

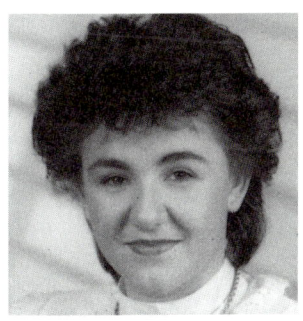

Christiane Schlieper (17), Schülerin:

Das Negative ist: Einige Episoden sind zu langgezogen. Das Thema „Liebe, Lüge, Leidenschaft" wird viel zuviel behandelt. Das Positive ist: Die Lindenstraße zeigt das Leben einigermaßen realistisch. Sie nimmt auch heikle Themen auf, zum Beispiel Aids. Außerdem ist die Familie Beimer voll aus dem Leben gegriffen.

Melanie Trauselt (11):

Anfangs fand ich die Lindenstraße toll. Da lebte noch die Meike und ihre Mutter, Benno und noch andere. Jetzt spielen nur noch wenige mit. Langsam aber sicher stirbt die Lindenstraße aus. Kann das Fernsehen nicht einmal die erste Folge wiederholen?

Die Pop-Musiker

Hagen Liebing, Bassist, DIE ÄRZTE, Berlin:

Die wichtigste deutsche TV-Serie der Neuzeit. Keine prägt unseren Alltag mehr. Für mich der Inbegriff des Sonntags. Habe seit zwei Jahren keine Folge verpaßt. Ob ich da mitspielen würde? Jederzeit!

Campino, Sänger, DIE TOTEN HOSEN, Düsseldorf:

Ich liebe die Lindenstraße, weil ich ein sensibler Typ bin und diese Sendung meine Seele kitzelt. Außerdem bin ich nach der Sportschau meistens schon so besoffen, daß ich nicht mehr umschalten kann. Seit Benno tot ist, schau ich nicht mehr so gern hin. Das war mir einfach zu hart. Schade, denn man kann immer so prima Wetten abschließen, ob es der Fahrradfahrer im Abspann noch schafft oder nicht. (Campino hat recht und genau hingesehen: Ganz am Ende des Abspanns kommt ein Fahrradfahrer von rechts ins Bild gefahren. Nur wenn sehr viele Darsteller dabei waren, ist der Abspann so lang, daß der Radler den ganzen Weg durchs Bild schafft - und in letzter Sekunde klingelt.)

Norbert Hänel, Sänger, DER WAHRE HEINO, Berlin:

Lindenstraße gehört zu den Sendungen, die tatsächlich was bewirken. Jedes Mal, wenn ich die Sarikakis sehe, kriege ich totalen Hunger und gehe zum Griechen an der Ecke. Und da sitzen dann immer so verdammt viele Leute rum, daß ich mir denke, das kann kein Zufall sein.

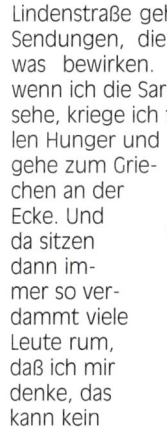

Joe „Mirage" Moffet, Sänger, BILLY MOFFET'S PLAYBOY CLUB, Oldenburg:

Lindenstraße ist meine Lieblings-TV-Serie. Würde sie jeden Tag gesendet, bräuchte ich nie wieder meine Wohnung zu verlassen und hätte trotzdem alle Unerträglichkeiten und schlechten Witze dieses Daseins auf eine halbe Stunde komprimiert. Mehr kann einem die Realität auch nicht geben. Ich wünsche mir einen elektronischen Badewannenkran für Dr. Dressler, damit Vasily endlich die peinlichen Ganzkörper-Rasuren vergessen kann. Weiter so, Herr Geißendörfer!

DIE FROHLIX, Mainz:

Lindenstraße sehen gehört zum allsonntäglichen Ritual wie der dicke Kopf und die leere Brieftasche. Lindenstraßen-Fans sind eine ganz eigene Gattung. Debatten, wie und warum es so oder so weitergeht, sind abendfüllend und unterhaltsam. Lindenstraße enthält ein für eine Endlosserie minimales Maß an Volksverdummung. Es ist eine Art „Was bin ich?" für jedermann, Selbsterfahrung über den Bildschirm.

Der Sekunden-Auftritt

Statist in der Lindenstraße kann jeder werden. Voraussetzung: Man muß viel Zeit und Geduld haben und sehr zuverlässig sein. Als Gage gibt's 80 bis 120 Mark pro Tag. Die Journalistin Regine Schneider hat's probiert.

Zwischen Rougetöpfen, Lidschattenpaletten und Cremedosen dampft heißer Kaffee in Plastikbechern. Kalt und früh ist es in der Lindenstraße. Unausgeschlafen frösteln Schauspieler und Statisten Stuhl an Stuhl in der Maske. Eine Statistenkollegin und ich werden bemalt und gekämmt für unseren Auftritt als Kundinnen in Isolde Panowaks Friseur-Salon. „Ihr Make-Up ist von vorgestern", haut mir die Maskenbildnerin Sabine Lanzinger um die Ohren. „So trägt das heute kein Mensch mehr."

Meine Komposition aus Braun, Gold und Perlmutt zwischen Augenlid und Brauen saugt ein feuchter Schwamm auf. Bald rahmen metallicbrauner Lidschatten und Kajal meine Augen. „Da, tuschen Sie die Wimpern mal selber", drückt mir die lila-pink gestylte Sabine mit den Gelhaaren den Mascarastift in die Hand. Der Fotograf ist beeindruckt: „Sehr ausdrucksvoll." Ich finde, ich sehe eher übernächtigt aus. Aber schließlich müssen die von der Lindenstraße wissen, wie sie mich haben wollen. Die Statisten-Kollegin lacht laut, als ich die Kantine betrete. Meine Haare sind auf Lockenwickler gedreht, der Haaransatz kringelt sich in eingeklipsten Schnekken. Ein ziemlich scheußliches rosa Netz umspannt das Malheur.

Sie mustert meinen Kopf: „Mäin Jott, dat hat Sie aber auch net schöner jemacht." Dann versöhnlich: „Naja, dat Publikum liebt ja so Lück, in dene es sich wiedererkenne kann." Ungefähr zehn Wochen wird es dauern, dann werden mich einige Millionen Zuschauer als lockengewickelten Background wahrnehmen, während im Vordergrund der entsetzten Mutter Beimer endlich aufgeht, wer Anna Ziegler geschwängert hat.

Unter der Haube: Regine Schneiders Einsatz als Statistin

„Schauspieler und Kleindarsteller bitte ins Studio", tönt es aus dem Lautsprecher. Wir zwei hasten in das 1500 Quadratmeter große Studio. Gedreht wird in der Kulisse des Friseur-Salons. Die Regie gibt uns das Gefühl, wir Statisten seien das Wichtigste der ganzen Szene. Die Regieassistentin erteilt mir Anweisungen, und ich bin voll damit beschäftigt, planmäßig zu blicken. Zwei Kameras sind auf mich gerichtet. Das macht befangen. Ich soll aber ganz locker sein. „Ganz zwanglos", wurde mir geraten, wie man beim Friseur halt so ist. „Und Sie kriegen die angespannte Situation mit. Also kucken Sie auch mal neugierig oder mitfühlend." Wie bitte kuckt man neugierig, mitfühlend? Solange die Klappe noch nicht gefallen ist, übe ich fleißig. Aber aus dem Spiegel sehen mich nur zwei verschreckte Kaninchenaugen an. Ich versuche es wenigstens mit gleichgültig, sozusagen als Vorstufe zu neugierig. Jemand drückt mir eine Illustrierte in die Hand. „Hier. Sie können ja zwischendurch lesen." Also lese ich, in den Spiegel sehe ich lieber nicht mehr.

Ich bewundere Marie-Luise Marjan. Die spielt ihre Helga Beimer wirklich überzeugend. Auf Kommando der Regie macht sie Augen, als hätte ihr jemand gerade seinen blanken Hintern gezeigt. In der Pause zwinkert sie mir zu wie einer Kollegin. Tut mir richtig gut. Befriedigt stelle ich fest, daß die andere Statistin auch keine übermäßig berauschende Figur abgibt. Viermal die gleiche Szene. Mein Nacken wird langsam steif unter der Trockenhaube. Die Kameras beobachten mich gnadenlos, die Scheinwerfer brennen auf der Haut. Endlich ruft die Regie: „Rückspielung." Und das bedeutet, wir können uns auf dem Videoschirm bewundern.
Ich stürze zum Fernseher und kann es kaum abwarten. Dann die große Er-

Regine Schneider im Gespräch mit Kollegin Marie-Luise

nüchterung. Mein Gott, bin ich bedeutungslos. Pure Kulisse.
Die vermeintlich auf mich gerichteten Kameras haben die hochschwangere Anna Ziegler voll im Bild, von mir sehe ich lediglich ein Ohr und den gewickelten Hinterkopf. So erkennt mich kein Mensch. Eine Blamage. Ich bin unzufrieden. Die Regie auch. Gott sei Dank, wir drehen die Szene neu. Diesmal setze ich mich in eine Lücke zwischen Anna Zieglers Bauch und dem Spiegel, der meine Nase verdeckt. „Rückspielung." Wieder renne ich zum Bildschirm. Ich hab's geschafft, fast eine Sekunde lang ist mein ganzes Gesicht zu sehen.

Im Statisten-Container warten wir eingehüllt in warme Wintermäntel Stunde um Stunde auf den nächsten Auftritt. Wir sind inzwischen 15 Leute. Kahle Wände, verrauchte Luft. Die Stühle aufgereiht wie im Wartezimmer eines Arztes. „Mich hanse off de Appellhofplatz entdeckt", erzählt mir ein 79jähriger Kölner mit akkurat sitzender Grauhaarperücke. „Da sacht de Regisseur, hier hanse 20 Mark, wollense bei uns mitspiele? Wie ich das Stück dann später kucke, da hanse mich russjeschnitte." Bedeutungsvoll sieht er mich an. „Da han ich umjehend an die Sender jeschriebe und mich beschwert. Un da wolltense dat wieder jutmache." Seitdem ist Walter Lehmann Statist und stolz darauf.

Endlich, der Außendreh. Gefilmt wird auf der Lindenstraße. Wir Komparsen sollen sie beleben. Herr Lehmann muß quer hinüber zum Restaurant „Akropolis" gehen. Er nimmt seine Aufgabe sehr ernst. Stellt sich nach jeder Probe exakt wieder auf die gleiche Stelle, als habe ihm jemand eine Markierung auf den Asphalt gemalt. Und seine Strecke marschiert er jedesmal vom ersten bis zum letzten Meter ab, als erfasse ihn die Kamera dabei ganz allein und formatfüllend.

Auf dem Monitor erscheint er, wie die anderen auch, als ein vorbeihuschender Schatten. Das Ergebnis ist niederschmetternd. „Irgendwann", träumt Klaus, ein gutaussehender Mittzwanziger mit Grübchenkinn und Robert de Niro-Nase in der nächsten Pause, „irgendwann gefällt jemandem mein Gesicht, dann komme ich ganz groß raus." Und selbstbewußt setzt er noch einen drauf: „ich sehe mich als starken Typen, als ausgeprägten Individualisten."
Später, im Studiocafé, sagt mir jemand aus dem Team: „Wissen Sie, Cary Grant und Marilyn Monroe haben auch als Statisten angefangen." Das baut ungemein auf.

Warten auf den Einsatz: Statisten-Alltag

Auf dem Sprung

Wenn die Schule aus ist, fängt der Drehtag an

Die Kinder aus Bullerbü haben den Kindern aus Bocklemünd eines voraus - sie bleiben immer jung und jagen ihr ganzes Leben Schmetterlingen hinterher. Dort, wo die Sommersprossen wachsen, gibt es kein Waldsterben, und der Schulmeister ist ein liebenswürdiger alter Herr. Das Leid der Welt zieht an den Bullerbüs vorbei.

Wer jedoch in der Lindenstraße wohnt, bekommt es mit Ehescheidung, Aids und Alkoholikern zu tun; die Kinder geraten in Versuchung, Tennislehrer zu verführen oder in der Schule Stromkreise lahmzulegen.

Die Teens sind mit und in der Fernseh-Serie groß geworden, jeden Sonntag ein Stück mehr. Der Benny Beimer, der in der ersten Folge noch artig mit seiner Familie Weihnachtslieder anstimmte, droht 180 Folgen und dreieinhalb Jahre später mit dem Auszug. Sein Darsteller Christian Kahrmann ist mittlerweile ein Schauspiel-Profi und fast so was wie ein Teenie-Star.

Moritz A. Sachs, der kleine Klausi, ist Dauergast auf den Zeitungsseiten und versuchte es sogar, wie einst Heintje, als „Mama"-Sänger. Sybille Waury, die Tanja Schildknecht, präsentiert Mode-Kollektionen und drehte bereits einen

Kinofilm – Sprungbrett Lindenstraße. Marcel Kommissin, Nina Vorbrodt und die Französin Brigitte Annessy sind als Manoel, Kornelia und Dominique dazugekommen; auch sie erhalten reichlich Fanpost und werden von Folge zu Folge prominenter.

Die jungen Schauspieler haben sich, manchmal unter großen Bauchschmerzen, mit ihrer Popularität arrangiert. Es ist nicht unproblematisch, wochentags als normaler Schüler die Schulbank zu drücken, wenn jeden Sonntag dein Gesicht über den Bildschirm flimmert.

Moritz Sachs ist KLAUSI

Moritz Sachs kam über die Masern in die Lindenstraße. Beim Vorstellungstermin sollte er sich ins Bett legen und krank spielen. „Das konnte ich gut", sagt der Kölner und überzeugte das Besetzungsbüro mit leidender Miene. Moritz durfte liegenbleiben: In der ersten Folge war sein Gesicht mit roten Pusteln übersät, die der Knirps nach Drehschluß in der Badewanne abkratzen mußte.

Mit sechs Jahren ging Moritz zur Schule, mit sieben in die Lindenstraße. Eine Fotografin, die den Jungen beim Spielen im Kölner Volksgarten beobachtet hatte, schlug Moritz vor, sich zu bewerben.

Das Filmgelände in Bocklemünd wurde zu einem zweiten Zuhause, mit einem Spiel- und Kinderzimmer gegenüber der Kantine. Klar, daß Moritz den Job liebt und mittlerweile ganz locker über seine Rolle spricht. „Ich werde die Stelle behalten, solange es die Lindenstraße gibt", sagt Moritz, der Weise.

„Wenn ich sterben soll, weigere ich mich; ich will auch nicht rausgeschrieben werden." Dabei, gibt der Elfjährige zu bedenken, sei die Schauspielerei ein wackliger Beruf. So will Moritz später Mathematik und Biologie studieren, etwas Solides also. Sein Vater ist schließlich Professor. „Aber kein zerstreuter", fügt Sohnemann schnell hinzu. Herr Sachs lehrt Öffentliches Recht.

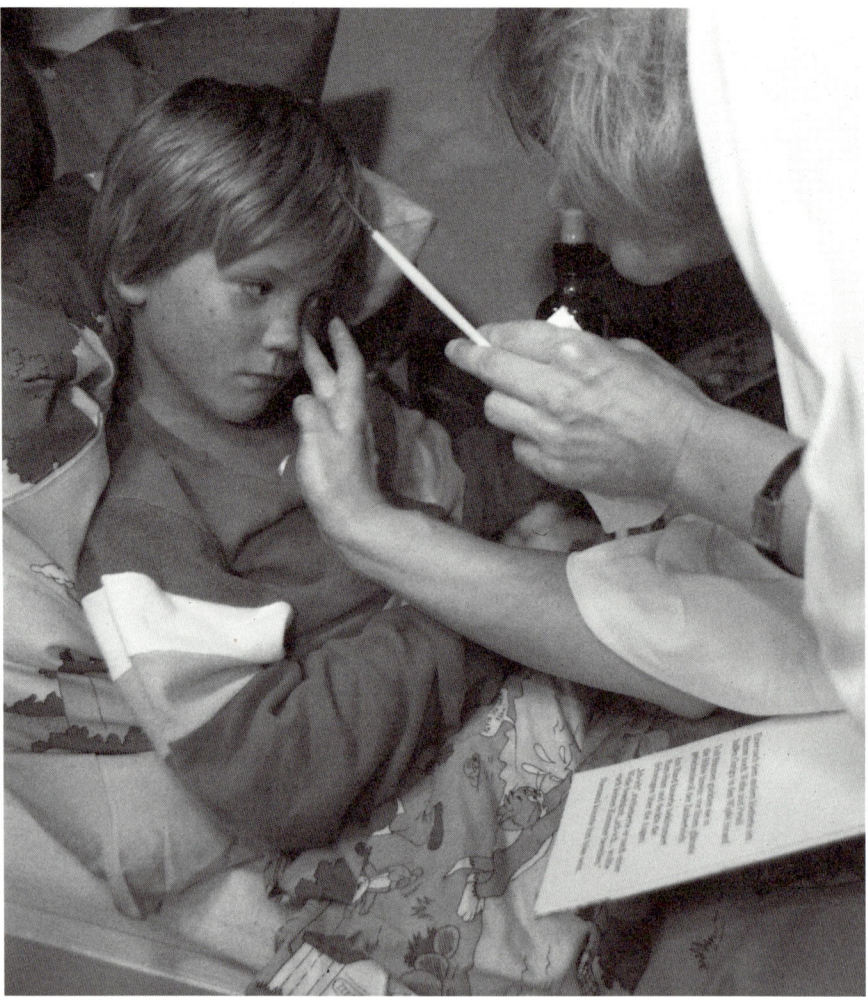

Falsche Masern: Für seinen ersten Dreh wurde Moritz von der Maskenbildnerin "krank" geschminkt. Mit roten Pusteln im Gesicht mußte er als Klausi in Folge 1 im Bett liegen.

Derzeit beschäftigt sich Moritz am liebsten mit seiner Briefmarkensammlung oder mittelalterlichen Kreuzrittern auf dem Teppichboden. Und wenn im Fernsehen dieser Superspieler Chang den Ivan Lendl putzt, ist Moritz mit dabei. Fußball, sagt er, ist gegen Tennis doch Quatsch.

Dreimal die Woche, im Schnitt, fährt Moritz ins Studio. Raus aus der Schule, rein in den Bus, ab in die Lindenstraße. Mit Füllfederhalter und Tornister. Für einige Zeit bleibt er dann in Bocklemünd, in den Drehpausen werden die Hausaufgaben erledigt.

Das ist nicht immer einfach. „Da biste am rechnen, und plötzlich kommt mitten in der Aufgabe die Lautsprecheransage". Zwischen Plus und Minus ruft die Arbeit, danach klemmt sich Moritz wieder hinter den Füller.

Trotzdem bringt der Gymnasiast nur gute Noten nach Hause. In Deutsch wäre er gern besser, „die Astrid Lindgren hatte 'ne Eins." Moritz hat 'ne Drei, aber er ist eben kein Schriftsteller. Doch schlechte Aufsätze und Geschichten regen ihn auf. Vor allem Zeitungsartikel über den kleinen Klausi. „Am schlimmsten", sagt Moritz, „sind die Interviews mit ungeübten Reportern. Völlig chaotisch."

Eine Sache, über die Moritz ungern redet, ist das Verhältnis zu den Mitschülern. Oder besser: ihr Umgang mit seinem Erfolg. In der Grundschule beneideten ihn viele Klassenkameraden um die Fernseh-Rolle: „Die haben mich ständig mit dummen Sprüchen geärgert: Klausi Beimer ist im Eimer."

Er würde der Frau Kling, dieser alten Schreckschraube, gern noch einmal in

Zeitungspapiere eingewickelte Hundescheiße vor die Haustür legen, wie in Folge 100. „Das ist meine Lieblingsszene."

Marcel Kommissin ist MANOEL

An diesen denkwürdigen Augenblick erinnert sich auch Marcel Kommissin, der Manoel aus Mexiko, mit Begeisterung. Schadenfroh hockte er damals mit Klausi am Treppengeländer, als Else Kling unversehens in Kot geriet.

Die Benjamins der Lindenstraße sind gute Freunde und, das meint zumindest Marcel, Naturtalente. Er sagt das so unbekümmert, als sei Fernseh-Arbeit die normalste Sache der Welt. Marcel erklärt den Unterschied zum Theater: „Theater ist das Schwerste, du darfst dich nicht versprechen, alles live." Hoppla, denkt der Zuhörer, der Mann hat Erfahrung. „Ach nee", meint Marcel, „man schnappt so Dinge eben auf."

Zum Aufschnappen hat Marcel oft Gelegenheit. In den Drehpausen wirbelt er durchs Studio, auf der Suche nach Tischtennispartnern. An der Platte werden Schläge ausgetauscht – und Erfahrungen.

Wenn man sieht, mit welcher Selbstverständlichkeit sich der Junge in Bocklemünd bewegt, wird man das Gefühl nicht los, die Lindenstraße sei nur erfunden worden, um Marcel eine Freude zu machen. Und wer seine Geschichte kennt, gönnt Marcel viele Freuden. Sein Schicksal teilen tausende von Kindern in der sogenannten Dritten Welt. Die wenigsten haben einen Schutzengel - Marcel hat zwei.

Als er 1979 sterbenskrank mit einer Lungenentzündung und Scharlach in einem Krankenhaus der peruanischen Hauptstadt Lima lag, entschlossen sich im fernen Deutschland die Fernsehansagerin Judith Mildner und ihr Mann Rolf-Dieter Kommissin, ein Kind zu adoptieren, einen Spielgefährten für ihren Sohn René. Zufällig hörten sie von Marcel; eine deutsche Krankenschwester in Lima hatte das Jugendamt Siegburg informiert.

Nach langen Kämpfen mit den Behörden und endlosen Bemühungen - aber das ist eine andere Geschichte - landete der kleine Marcel 1980 auf dem Frankfurter Flughafen, 15 Monate alt.

„Das winzige Kerlchen im roten Poncho wirkte so zerbrechlich", erinnert sich Judith Mildner. Marcels leibliche Mutter, ein 20jähriges Hausmädchen, hatte ihren Sohn zur Adoption freigegeben, weil sie für das Baby nicht sorgen konnte; der Vater, ein Bauarbeiter, ließ die junge Frau mit dem Problem allein.

Sieben Jahre später wurde Marcel zum zweiten Mal adoptiert – von Berta und Gottlieb Griese aus der Lindenstraße. Diesmal hatte der Schüler sein Schicksal selbst in die Hand genommen. Marcel bewarb sich schriftlich um die Stelle als Waisenkind Manoel. „Ich habe in der Zeitung gelesen, daß die einen wie mich suchen", sagt Marcel. Die Lindenstraße kannte er nicht. Er war ein Fan der Muppets-Show.

Nach einem kurzen Vorstellungstermin - Marcel mußte „still in der Ecke sitzen" spielen - klingelte das Telefon. „Marcel, einen wie dich haben wir gesucht." Bevor er sein Glück fassen konnte, durfte der Peruaner schon Texte lernen: Manoel aus Mexiko war laut Drehbuch auf dem Weg.

Marcel gelang es, die Schwierigkeiten des siebenjährigen Waisenkindes in einer völlig fremden Welt einfühlsam zu vermitteln. Eine anspruchsvolle Rolle für einen Jungen, der alles andere als zurückhaltend und ängstlich ist. Marcel mußte Disziplin und Ausdauer lernen, seine Mutter überraschte er mit einem „ausdrucksstarken Mienenspiel".

Für die Rolle lernte Marcel ein paar Brocken spanisch; er, der in Peru zur Welt gekommen ist, entdeckte erst in der Lindenstraße seine Muttersprache. „Aber ich habe das meiste wieder vergessen", sagt Marcel.

Vielleicht besucht der Zehnjährige mal seine Heimat, „aber nur zum Kucken." Südamerika, das ist eine ganz andere Welt. Dem Marcel Kommissin aus Wahlscheid im Bergischen Land sind die Stars vom 1. FC Köln oder die Leute aus „Knight Rider" im Fernsehen viel näher als die Straßenkinder von Lima.

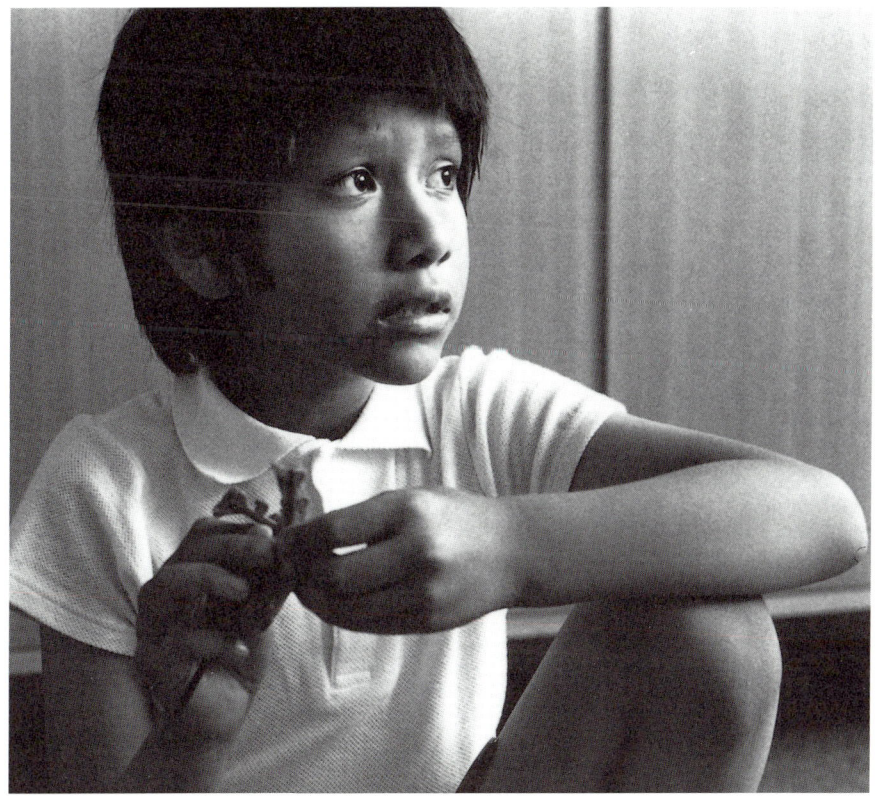

Das Adoptivkind: Marcel Kommissin stammt aus Peru und wurde - genauso wie Manoel, Berta Grieses Sohn - von deutschen Eltern adoptiert.

Nina Vorbrodt ist KORNELIA

Über die Not der Kinder in den Entwicklungsländern hat sich Nina Vorbrodt schon oft informiert. Sie half, Spendenaktionen zu organisieren, zum Beispiel für Nicaragua. "Das ist eine ganz wichtige Sache", sagt Nina, und es klingt nicht pathetisch, nicht nach aufgesetztem Mitleid. Mit zwölf Jahren ging sie zu den "Falken", der SPD-nahen Jugendgruppe. Es folgten Aktionen zum Frauentag, Pfingstcamps in Spanien und Besuche von Konzentrationslagern. Internationale Jugendbegegnungen und Demos gegen Neonazis: Für Nina ist politisches Engagement so selbstverständlich "wie ein Kirmesbummel oder Disco".

Doch für die Falken und die Revolution bleibt weniger Zeit, seit sie in der Lindenstraße die Kornelia Harnisch spielt. Eine Freundin hatte Nina überredet, "aus Jux" eine Bewerbung zu schreiben. Nina war die Serie völlig schnuppe, obwohl sie mit Hauptdarsteller Christian Kahrmann in einer Klasse fürs Abitur büffelte. "Das war schon 'ne lustige Sache, sich als seine Fernseh-Freundin zu melden", lacht Nina. 700 Mädchen hatten die gleiche Idee, doch die Kölnerin überzeugte Geißendörfer & Co. mit einer Sprechprobe aus Schillers Bürgschaft und einem Vortrag über Hundedreck auf Kölns Straßen. "Außerdem war ich frech", grinst Nina.

So frech, daß die Auserwählte nach der Kür patzte. Bei ihrem ersten öffentlichen Auftritt in einer Jugendsendung verkündete die neue Mieterin, daß sich die Leute aus der Lindenstraße "ziemlich unrealistisch" durch das Leben schlagen. "Ich wohne auch in einem Mietshaus, aber da kriegt nicht jede Woche eine ein Kind oder es wird jemand vergiftet. Bei uns passiert überhaupt nichts", sagte Nina. Das waren starke Worte für einen Newcomer, und Nina wurde zurückgepfiffen.

Noch vor ihrem Debut als Kornelia trat Nina also zum Nachhilfeunterricht in Sachen Öffentlichkeitsarbeit an: Wie lerne ich, die Wahrheit zu umschreiben? Heute ist der Schülerin die "Jugendsünde" fast peinlich; mittlerweile verteidigt Nina die Serie gegenüber allen Kritikern, denen die Mietshausgeschichten zu problembeladen sind.

Doch Journalisten geht sie, so weit wie möglich, aus dem Weg. "Bin ich", fragt Nina, "etwa eine interessantere Person, weil ihr mich im Fernsehen seht?", und schaut gelangweilt in die Runde. Sie wartet auf ein zustimmendes Nikken ihres Gegenübers und hofft, daß der einsichtige Journalist sie endlich in den nächsten Kleiderladen ziehen läßt. Sie benötigt noch dringend neue Knöpfe für die selbstgenähte Hose.

Der Medienrummel um Liebe und Leid nervt Nina - diese ständige Nachfrage, ob der Christian Kahrmann denn auch privat ...? Ja, gibt es um Gottes Willen nichts Wichtigeres auf der Welt? Soll Nina solchen Leuten erklären, daß "Demonstrationen notwendig sind, damit die Politiker nicht noch mehr Mist bauen?" Nina will genug Zeit zum Stepptanz und ihre Ruhe haben, auch vor Autogrammjägern und Fanpost. Mit diesen Begleiterscheinungen einer Karriere wird sie allerdings leben müssen - nach dem Abitur möchte Nina die Schauspielschule besuchen.

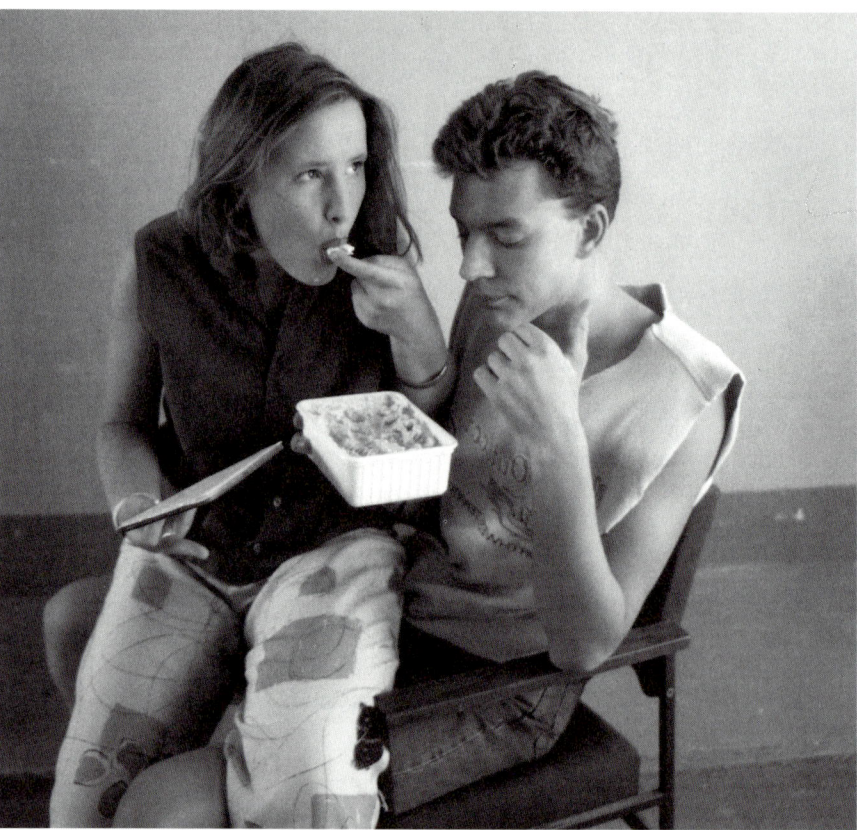

Eis in der Drehpause: Die Jungschauspieler Christian Kahrmann und Nina Vorbrodt

Christian Kahrmann ist BENNY

Christian Kahrmann hat wenig Probleme mit neugierigen Reportern, staunenden Fans und Klatsch-Kolumnisten. Geschichten über ihn sind gut fürs Geschäft, das weiß er. Unaufgefordert kommt der Arztsohn im Interview zur Diagnose. Er sei so etwas wie eine Person mit Öffentlichkeitswert; das klingt bei einer Einschaltquote um die 30 Prozent plausibel, Christian ist kein Prahlhans. "Also haben die Leute auch das Recht, etwas von mir zu erfahren." Der Medien-Profi übernimmt die Gesprächsführung, nippt noch einmal am Milch-Shake und setzt die Themen fest: "Benny Beimer, Schule, Privates." Schließlich ein Blick zur Uhr, "Eine Stunde - das schaffen wir!"

Christian ist ein Sonnyboy; er weiß, daß die Welt schlecht ist („dirty business"), aber der Kölner richtet sein Leben so ein, daß es ihm gut, „sehr gut", geht. Mit sechs Jahren stand er zum erstenmal vor der Kamera, nach kleineren Rollen folgte 1985 der ZDF-Kinderfilm „Mein Hund bellt", als 13jähriger zog er in die Lindenstraße, und mit 16 Jahren machte Christian in Amerika den Führerschein. Später will er mal in einem Jaguar auf den kalifornischen Highways der Sonne hinterherjagen. Christian gerät ins Schwärmen, wenn er daran denkt: „Eine scharfe Angelegenheit."

Mit dem Benny Beimer hat Christian nicht viel am Hut, der ist ein echter Öko und Weltverbesserer. Christian würde nie für „Robin Wood" auf die Bäume klettern. Trotzdem sei es eine Sauerei, wie zum Beispiel die Chemiefirmen die Umwelt vergiften. Aber Christian geht lieber in die Sauna als auf eine Demo.

Dennoch sorgte der Kölner 1988 für einen lautstarken Protest: Als Klassenkamerad Fikret Yildrim aus schleierhaften Gründen in die Türkei abgeschoben werden sollte, informierten Christian, Nina und viele Mitschüler Presse und Politiker. Fikret kam frei - und in die Schlagzeilen. Als Freund des Fernseh-Lieblings, dem Böses geschieht.

Christian ist bekannt. Wenn er durch die Fußgängerzone geht, tuscheln ihm die Teens hinterher, und Großmütter schauen sich nach ihm um. „Everybody's darling" werden aber manchmal auch Schläge angedroht. Einfach so. Dabei, meint Christian, ist er doch ein Typ, mit dem jeder auskommen kann. Daß er sich teure Klamotten kauft, mit seinem Vater Golf spielt und gern gepflegt aussieht, sei schließlich kein Grund für Prügel. In solchen Momenten der Mißgunst will Christian kein Star sein. Er fühlt sich auch überfordert, „wenn Mädchen am Telefon losheulen und mich bitten, ihre Probleme zu lösen." Ein guter Schauspieler ist noch lange kein Telefonseelsorger; „Der tolle Typ aus der Lindenstraße ist doch ein Trugbild", sagt Christian.

In seinem Zimmer stapelt sich die Fanpost, hundert Briefe täglich sind keine Seltenheit. Pakete mit Süßigkeiten, Strickpullovern und Teddybären kommen auch aus der DDR, Polen und der

Ein Wiedersehen: Meike Schildknecht-Darstellerin Selma Baldursson, zweieinhalb Jahre nach ihrem letzten Dreh

Selma Baldursson war MEIKE

Selmas letzter Dreh liegt lange zurück. Im Mai 1987 war das, da mußte sie die Schlußszene für Folge 84 spielen. Die Szene hatte keinen Text, es war der Tod von Meike Schildknecht im Krankenhaus.

Die Zuschauer waren traurig damals, aber für Selma Baldursson, die kleine Schauspielerin aus Brühl, war das Ende der Meike Schildknecht gar nicht so schlimm. „Mir hat das wirklich nichts ausgemacht", sagt sie fast entschuldigend, „ich wußte doch, daß ich da eine Rolle spiele. Und ich habe einfach versucht, es so zu machen, daß es echt aussieht."

Jetzt ist Selma fünfzehn, ein Teenager. Sie ist groß geworden, die langen Kinderzöpfe hat sie längst abgeschnitten, und gerade hat sie einen Tanzkurs begonnen. Wenn sie über die Lindenstraße redet, wird sie ein bißchen verlegen. Da kommt viel Wehmut ins Spiel. „Damals war ich erst froh, daß es vorbei ist", sagt sie, „es wurde ein bißchen viel. Aber nachher vermißt man das schon."

Denn als Meike beerdigt worden war, hatte Selma auf einmal viel Zeit. Kein Drehen mehr nach Schulschluß, keine Pressetermine, kein Textbuch. Der Alltag hatte sie wieder. „Na ja, die Lindenstraße hat eben unheimlich Spaß gemacht, und es war auch was ganz Besonderes. Nicht jedes Kind kriegt ja so 'ne Rolle in die Hand gedrückt."

Das stimmt, und bei Selma lag's an ihrer Mutter: Die ist Schauspielerin und wollte eigentlich in der Lindenstraße mitspielen. Als sie sich bewarb, waren aber schon alle Frauenrollen vergeben und Geißendörfer sagte: „Leider können wir nur noch Männer und Kinder gebrauchen." Und dann hat sie eben ihre Tochter geschickt.

Manchmal kriegt Selma auch heute noch Post von treuen Zuschauern. Es gibt einen Meike-Schildknecht-Fan, der sich über ihren Tod hinwegtröstet, indem er sich regelmäßig vergewissert, daß es Selma gut geht.

Und wie wäre das, wenn morgen einer käme, der ihr wieder eine Rolle anbieten würde? „Na klar, ich würde das gerne machen." Aber jetzt ist erst mal die Schule dran, und Ballett macht Selma auch noch. Ab und zu schaltet sie sogar die Lindenstraße ein: „Es ist schön", sagt Selma, „die alten Gesichter mal wiederzusehen."

Tschechoslowakei. Christian ist einer für alle – aber nur mit Rückporto.

Sollte die Lindenstraße mal dichtmachen oder Christian keinen Bock mehr auf Benny haben, will der 17jährige studieren. Christian reizt der Job des Regisseurs, hinter der Kamera, im Off.

Brigitte Annessy ist DOMINIQUE

Seine Kollegin Brigitte Annessy hat bereits als Regieassistentin gearbeitet. Die 20 Jahre alte Französin ist die einzige im Team der jungen Talente, die ihr Handwerk auf einer Schauspielschule gelernt hat. Besetzungschef Horst D. Scheel hatte sie in Paris entdeckt und Hans W. Geißendörfer schaffte es, Brigitte zu überreden, ihre Rolle im „Barbier von Sevilla" aufzugeben, um als Dominique in die Lindenstraße einzuziehen.

Schweren Herzens sagte sie dem Theater ab: „Geißendörfer hat ganz gut verkaufen seine Serie." Brigitte lacht leise und muß sofort erzählen, wie der Meister des Smalltalks sie im Hotel umwarb. „Er gab mir das Gefühl, das einzige Mädchen zu sein, das die Dominique spielen kann. Oui oui, der Mann hat wirklich Charme."

Brigitte steht nämlich lieber auf der Bühne. Als elfjähriges Mädchen trat sie im Schultheater von Versailles auf, 1988 tourte sie mit einem Ensemble durch Griechenland. Ein Jahr vorher war Brigitte für die Rolle einer Frau, die eine Atomkatastrophe überlebt, verpflichtet worden. Sie mag exzentrische Stücke, die ihr volle Konzentration bis zur Schmerzgrenze abverlangen. Wenn Brigitte davon spricht, einmal als „böses Mädchen, als Hexe" auftreten zu wollen, leuchten ihre Augen. Die zierliche Schauspielerin sucht die Herausforderung, dafür will sie hart arbeiten.

Und jetzt die Lindenstraße, ein paar Quadratmeter Deutschland mit einem Zweijahresvertrag. Brigitte weiß noch nicht so recht, was sie von der Aufgabe als Austauschschülerin halten soll. Ihr tut es weh, Angebote abzulehnen – und die flattern der rastlosen Französin weiterhin ins Haus. „Das ist größtes Schade, nicht alle Rollen gleichzeitig spielen zu können."

Größtes Schade, das mit den Angeboten. Aber Köln gefällt ihr, und deutsch lernte Brigitte bereits in der Schule gern. Deutschstunde bei Beimers, Vokabeltest mit Journalisten: Kaum hatte sie ihr Bett in der Lindenstraße bezogen, wollten Reporter wissen, ob Dominique auch nach Drehschluß dem Benny die Augen verdreht. Olala, schimpfte Brigitte akzentfrei, schreiben Sie doch, was Sie wollen. Ihren Freund wird's wenig stören – der arbeitet auf Guadeloupe. Deshalb trägt Brigitte zwei Uhren: eine für Termine in Köln, die andere für Telefonate in die Karibik.

Sybille Waury ist TANJA

Auch Sybille Waury flirtet oft im Sekundentakt. Ihr Freund wohnt zwar nicht in Übersee, aber Sybilles Terminkalender ist voll und die Telefonrechnung hoch. 1989 spielte die begehrte TV-Tochter drei wichtige Rollen gleichzeitig. Morgens, mittags und abends.

Sechsmal wöchentlich ein verliebtes Biedermeier-Mädchen im Kölner Millowitsch-Theater. Zweimal wöchentlich die Tanja in der Lindenstraße. Und täglich die genervte Schülerin, die fürs Abitur paukt. Damit nicht genug: Zwischen Mathe und Maske eilte Sybille zu Foto-Terminen und tauchte in den Klatschspalten der bunten Blätter auf.

„Jetzt bin ich noch in der Phase, wo ich alles ganz toll finde", sagt Sybille und meldet erste Zweifel an. „Ich habe nicht mehr diesen Kinder-Bonus." Elf Fernsehjahre steckt Sybille nämlich schon in der Rolle des (kleinen) Mädchens; mit acht machte sie Schulfilme und später Werbung für Müsli. Sie war die ideale Werbeträgerin – nett, sympathisch, kokett. „Ich könnte noch ein paar Jahre die 15jährige spielen", meint Sybille; aber Sybille mag nicht mehr.

Brigitte auf der Bühne: Die Darstellerin von Dominique Mourrait in der französischen Komödie "Les suites d'un premier lit"

Die Düsseldorferin möchte ihr Image ändern und „gegen das Bild kämpfen, das die Leute von mir haben." Also hat sie drei Entscheidungen getroffen. Erstens: Schauspielschule. Zweitens: Karriere. Drittens: Erfolg, aber nicht über die Drombuschs oder die Wicherts von nebenan. Die heile Fernsehwelt kränkt sie. Wenn schon Serie, dann die Lindenstraße mit den brisanten Themen. „Vor dem Tod von Benno Zimmermann wußten viele Zuschauer doch gar nichts über Aids, nach der Sendung informierten sie sich."

Na also, sagt Sybille, auch eine Unterhaltungs-Sendung kann Inhalte vermitteln. Die Schauspielerin sorgt in ihrer Freizeit für weitere Aufklärung: Sybille sitzt im Vorstand der Stiftung „Aids-Prävention", einer Initiative von Krankenkassen und Privatleuten. „Wir Jugendlichen dürfen das Thema nicht denen überlassen, die von Sex keine Ahnung haben", fordert Sybille. „Das Thema geht uns alle an."

Jetzt, nach dem Abitur, hat die Düsseldorferin wieder mehr Zeit für sich. Sie lernt Steppen, übt Saxophon und wartet darauf, daß ihr endlich mal einer die Welt erklärt. Das kann dauern; deshalb würde Sybille gern einen weiteren Kinofilm drehen. Als sie in der Doris Dörrie-Komödie „Geld" die - na, wen wohl? - vorwitzige Tochter spielte, ging für Sybille ein zweiter Traum in Erfüllung. Der erste war eine Rolle in der Lindenstraße.

Uli Hauser

Zweimal Sybille Waury: In einem Schwank mit Willi Millowitsch (links oben) und aus ungewohntem Blickwinkel in den Kulissen der Lindenstraße

CHRONIK

Die ersten 200 Folgen

Vieles ist passiert in den ersten zweihundert Folgen der Lindenstraße. Da hat es sieben Tote gegeben und sieben Hochzeiten. Da sind drei Kinder auf die Welt gekommen, und schon viermal hat die Lindenstraße Weihnachten gefeiert.
Das Wichtigste aus 100 Stunden Lindenstraße ist in dieser Chronik zusammengefaßt.
Dazu: Das Datum, das unter dem Titel jeder Folge steht, ist der Sendetag im ARD-Vorabendprogramm. Also jeweils ein Sonntag.
Die Handlung der Lindenstraße aber spielt immer drei Tage früher.
Am Donnerstag.

Mit 35 Schauspielern begann die Serie.
Jeweils von links nach rechts, in der obersten Reihe: Susanne Gannott (Beate), Dagmar Hessenland (Elisabeth), Georg Uecker (Carsten), Daniel Haydu (Frank), Ludwig Haas (Ludwig), Tilli Breidenbach (Lydia), Ute Mora (Berta), Johanna Bassermann (Philo), Herbert Steinmetz (Joschi), Fritz Bachschmidt (Gottlieb).

Mittlere Reihe: Marcus Off (Phil), Andrea Spatzek (Gabi), Bernd Tauber (Benno), Amorn Surangkanjanajai (Gung), Dirk Triebel (Wolf), Silke Wülfing (Chris), Ina Bleiweiß (Marion), Christian Kahrmann (Benny), Marie-Luise Marjan (Helga), Joachim Hermann Luger (Hans), Moritz A. Sachs (Klausi), Monika Woytowicz (Henny), Sybille Waury (Tanja), Raimund Gensel (Franz), Selma Baldursson (Meike).

Unterste Reihe: Annette Kreft (Bianca), Marianne Rogée (Isolde), Dietrich Siegl (Nossek), Annemarie Wendl (Else), Wolfgang Grönebaum (Egon), Franz Braunshausen (Sigi), Claudia Pielmann (Elfie), Hermes Hodolides (Vasily), Kostas Papanastasiou (Panaiotis).

Es fehlt: Domna Adamopoulou

153

1

HERZLICH WILLKOMMEN
8.12.1985

Der Zollbeamte Sigi Kronmayr und seine Verlobte Elfie ziehen heute in die Lindenstraße. Sigi hat sich nicht getraut, an diesem Tag Urlaub zu nehmen, weil gegen ihn auf dem Zollamt wegen Bestechlichkeit ermittelt wird. Elfie verstaucht sich, alleingelassen im Umzugschaos, den Knöchel. ● Die Hausmeisterin Else Kling tyrannisiert ihren Gatten Egon und pflegt liebevoll ihren Haß auf die Nachbarin Philo Bennarsch. Philos Mann Joschi macht merkwürdige Geschäfte mit „Heimaterde". ● Bei der Familie Beimer ist die Stimmung auf dem Nullpunkt: Klausi hat Masern, Benny hat keinen Bock auf die adventliche Hausmusik, und Marion haut ab, um ihren heimlichen Freund, den Griechen Vasily, zu treffen. Als sie spät nachts mit zerrissener Jacke und blutender Stirn nach Hause kommt, nimmt ihr besorgter Vater sie schon im Flur in Empfang.

2

SCHÖNES WOCHENENDE
15.12.1985

Marion schweigt sich trotz Hausarrest über ihr nächtliches Erlebnis aus. Erst nachdem die Polizei bei Beimers zu Besuch war, erzählt Marion ihren Eltern, daß sie und Vasily in eine Schlägerei mit türkischen Jugendlichen geraten sind. Für eine freudige Überraschung sorgt Klausi, der bei einem Malwettbewerb ein Fahrrad gewonnen hat. ● Krise bei den Kronmayrs: Elfie ist eifersüchtig auf Sigis Arbeitskollegin und Ex-Freundin. Nach einem Streit flüchtet sie heulend in die Waschküche. ● Auch bei den Schildknechts gibt es Streß: Franz ist total genervt von Hennys Körner- und Fitneßtick, außerdem ist er dagegen, daß Tanja eine Tennis-Karriere anpeilt. Als eine Zeitung eine Reportage über seine talentierte Tochter machen will, versucht Franz, das gegen den Willen von Henny und Tanja zu verhindern.

3

DIE ABSAGE
22.12.1985

Die Reportage, die Henny hinter dem Rücken von Franz organisiert hat, fällt aus, weil Tanja plötzlich an einer Allergie erkrankt. Franz hat nicht bemerkt, daß er gelinkt werden sollte und freut sich über die „Einsicht" seiner Frau. ● Elfie lernt die nette Nachbarin Gabi Skabowski kennen. In deren Wohngemeinschaft trifft sie auch Benno und die Alkoholikerin Chris. ● Beimers Familiendrama, zweiter Akt: Hans erwischt seine Tochter Marion nachts im Auto von Vasily.

4

FROHES FEST
29.12.1985

Weihnachten in der Lindenstraße: Henny regt sich so über den mickrigen Baum auf, den Franz gekauft hat, daß sie einen zweiten daneben aufstellt. Nach großem Streit feiern sie die Versöhnung ganz ohne Baum. ● Marion packt ihre Sachen und will mit Vasily die Weihnachtstage in Griechenland verbringen. Helga ist traurig, und Hans bringt zwei kleine Kinder mit, deren Eltern tödlich verunglückt sind. Er will ihnen wenigstens die Feiertage im Heim ersparen. Auch die Noltes und der Vietnamese Gung sind am Heiligabend bei Beimers zu Gast. ● Chris Barnsteg ist allein und läßt sich völlig deprimiert vollaufen.

5

UNABSEHBARE WENDUNGEN
5.1.1986

Henny hat den Tennisclubpräsidenten und Tanjas neuen Trainer Nossek eingeladen. Im teuren Kleid und mit edlen Cocktails will sie ihre Gäste beeindrucken, die aber schon angetrunken erscheinen und viel lieber Bier trinken wollen. ● Sigi ist glücklich, weil das Verfahren gegen ihn eingestellt wurde. Er hatte es einer Intrige seiner Ex-Freundin zu verdanken. Jetzt macht er Heiratspläne mit Elfie. ● Philo Bennarsch erfährt durch einen nächtlichen Anruf, daß ihr Mann Joschi auf seiner DDR-Reise wegen Spionageverdachts verhaftet worden ist.

6

DIE HEIMKEHRER
12.1.1986

Marion kehrt mürrisch und verschlossen aus Griechenland zurück. Ihr Vater macht sich Sorgen und will mit Vasily reden. ● Auch Joschi ist wieder zu Hause. Beim Sammeln seiner „Heimaterde" in der DDR hatte man ihn tatsächlich wegen Verdachts auf heimliche Bodenprobenentnahme festgehalten. ● Doktor Dressler und Elisabeth Flöter feiern die Rückkehr ihrer Söhne Frank und Carsten aus Amerika. Die heimliche Konkurrenz der beiden Urlauber um den ersehnten Medizin-Studienplatz stört die Harmonie des Wiedersehens. Am Nachmittag betrinkt sich Dresslers Sohn Frank bis zum Umfallen. Sein Vater untersucht ihn und stellt besorgt eine Herzschwäche fest. Carsten Flöter mißfällt, daß seine Mutter Dressler mag.

7

EIN UNGLÜCK KOMMT SELTEN ALLEIN
19.1.1986

Hans erfährt von Vasily, daß Marion Weihnachten allein in einer Jugendherberge in Saloniki verbracht hat: es gab Streit zwischen den beiden. Aus dem Skiurlaub der Eltern Beimer wird auch nichts: Hans baut kurz nach der Abfahrt einen Autounfall mit Totalschaden. ● Else Kling hat durch Zufall mitbekommen, daß der Hausverwalter Weinreb jahrelang zu hohe Heizkosten abgerechnet hat. Mit einem geschenkten Luxus-Schreibtisch will Weinreb sie zum Schweigen bringen. ● Sigi Kronmayr beschließt, Joschi Bennarsch wegen seines Erde-Handels anzuzeigen. Elfie ist dagegen.

Blutiges Ende der ersten Folge: Marion Beimers Heimkehr kurz nach Mitternacht

CHRONIK

8
BARGELD
26.1.1986

Dressler möchte Elisabeth heiraten und sie zur Hochzeit mit einer Ferienwohnung als Geschenk überraschen. Er verabredet sich mit einem Freund, der ihm die Wohnung verkaufen will, heimlich im „Akropolis" - zur Geldübergabe. Die mißtrauische Elisabeth beobachtet den Deal. Sie glaubt, daß Ludwig seinen Kollegen bestochen hat, um seinem Sohn Frank Vorteile bei der Studienplatzvergabe zu verschaffen. Als sie Ludwig zur Rede stellt, ist er tief enttäuscht. ● Beimers wissen nicht, wie sie ein neues Auto bezahlen sollen, bis Hans im Glück auffällt, daß ihnen jedes Jahr zu viel Heizkosten abgerechnet wurden, insgesamt rund 7000 Mark. ● Joschi kriegt einen Kollaps, als er eine Anzeige im Briefkasten findet.

9
DIE HOCHZEIT
2.2.1986

Elfie und Sigi heiraten. Fast alle Lindensträßler erscheinen zur Feier im „Akropolis". Wolf Drewitz, der Freund von Chris, und Berta Nolte sorgen für musikalische Unterhaltung. Die Bennarschs schenken den Kronmayrs eine wertvolle handgemalte Bibel. ● Als Chris Barnsteg sich plötzlich übergeben muß, stellt Elena mit sicherem Auge fest: Sie ist schwanger. ● Elisabeth, der es nicht gelingt, Ludwig zu versöhnen, hat neuen Ärger. Ihre aufmüpfige Tochter Beate ist schon wieder aus einem Internat geflogen. Jetzt hängt sie nörgelnd und ohne Pläne zu Hause rum.

10
GIN UND DIE FOLGEN
9.2.1986

Chris ist tatsächlich schwanger. Dr. Dressler rät ihr wegen ihrer Alkoholabhängigkeit zur Abtreibung. Auch Wolf ist nicht begeistert von der Aussicht, Vater zu werden. Aber Chris will das Kind und wirft alle Gin-Vorräte in den Müll. ● Während

Gestörter Flirt: Franz Schildknecht findet seine Frau Henny in den Armen von Tennislehrer Nossek (Folge 11)

Lydia über guten Benimm und ihre große Vergangenheit nachsinnt, bricht für ihre Tochter Berta eine Welt zusammen. Sie hat ihre Arbeit verloren, aber nicht den Mut, es der Mutter mitzuteilen. ● Elisabeth Flöter ist erleichtert: Isolde Panowak hat ihr angeboten, Beate als Hilfskraft im Friseur-Salon einzustellen.

11
DIE DRIFT
16.2.1986

Noch immer verheimlicht Berta ihrer Mutter die Kündigung. Sie tut so, als ginge sie zur Arbeit, treibt sich aber in der Stadt herum. In einem Kurs der Volkshochschule trifft sie überraschend Gottlieb Griese und verknallt sich ein bißchen in ihn. ● Tanja wird Bezirksjugendmeisterin im Hallentennis. Eine günstige Gelegenheit für ihren Trainer Nossek, Mutter Henny näherzukommen. Franz wird Zeuge des heftigen Flirts. ● Chris Barnsteg leidet unter höllischen Entzugserscheinungen.

12
DIE ÜBERSCHWEMMUNG
23.2.1986

Stefan Nossek hat Henny gekonnt den Kopf verdreht. Tanja ist im Tennisfieber, Franz ist völlig down, und die kleine Meike leidet sehr unter der angespannten Stimmung. ● Berta verbringt ihren ersten Abend mit Gottlieb. Behutsam kommen sie sich näher. ● Elfie besucht Gabi und erzählt ihr glücklich, daß sie schwanger ist. Plötzlich taucht Sigi auf und macht Elfie eine grobe, fast gewalttätige Szene: Durch ihre Schuld ist die Badewanne übergelaufen, das halbe Haus wurde überschwemmt. Elfie wehrt sich und teilt ihm heulend mit, daß sie ein Kind erwartet.

13
OHNE LIEBE GEHT ES NICHT
2.3.1986

Dr. Dressler stellt bei Elfie eine Scheinschwangerschaft fest, also eine Psychose. Die Schuld daran gibt er Sigi, der sich offensichtlich gegen die Kinderwünsche seiner Frau sträubt. ● Beate Flöter verlangt von Isolde Panowak einen Lehrvertrag, die aber hat andere Probleme: Ihr Mann, der als Tonmeister zu Dreharbeiten in Nairobi ist, betrügt sie wieder einmal. ● Ein Unbekannter terrorisiert Familie Beimer: Im Briefkasten liegt ein fauler Fisch und am Auto sind die Reifen zerstochen. Beim Abendessen fliegt ein Stein mit der Botschaft „Das ist erst der Anfang" durchs Fenster. ● Chris hat einen schweren Rückfall. Sie trinkt wieder, weil Wolf sie im Stich läßt und einen Job als Bordmusiker auf einem Kreuzfahrtschiff annimmt.

14
DIE SÖHNE
9.3.1986

Klausi ist verschwunden. Die panische Suche hat ein Ende, als ein Müllmann Klausi nach Hause bringt: Er hatte den Müllwagen verfolgt, um sich seinen alten Teddy wiederzuholen, den Helga weggeworfen hatte. Auch die Belästigungen haben ein Ende: Ein geflohener Sträfling wollte Hans, der für seine Verurteilung mitverantwortlich war, einen Denkzettel verpassen. ● Ludwig Dressler läßt sich nach einem Streit mit seinem Sohn, der sein Medizinstudium abbrechen will, enttäuscht volllaufen. Als Chris Barnsteg ihn wegen gräßlicher Unterleibsschmerzen anruft, geht er nicht ans Telefon.

15
INA
16.3.1986

In der WG herrscht absolutes Chaos. Benno und Gabi kommen aus dem Urlaub und erfahren, daß Chris vor einer Woche unter Lebensgefahr ins Krankenhaus gebracht wurde. Da sie mal was mit Drogen zu tun hatte, befürchten sie großen Ärger. ● Familie Beimer überlegt, ob Hans das Angebot, ein Internat in Lissabon zu leiten, annehmen soll. Marion erklärt, daß sie auf keinen Fall mitgehen würde. ● In Grieses Kiosk wärmt Berta sich von den langen Spaziergängen auf. Auch Gottlieb hat keine Ahnung von ihrer Arbeitslosigkeit und bewundert ihre Energie, bei jedem Wetter zu Fuß ins Geschäft zu gehen.

LISSABON
23.3.1986

Dressler beschuldigt Elisabeth erneut, ihm hinterherzuschnüffeln und weist ihr die Tür. Seine Unversöhnlichkeit macht ihr schwer zu schaffen. Als sie am Abend zusammenbricht, ruft Carsten Dr. Dressler telefonisch um Hilfe. Der aber weigert sich zu kommen: Diese Tricks von Elisabeth kenne er. ● Beimers wollen doch nach Portugal. Hans und Helga sind auf eine Party bei Hans' zukünftigem Arbeitgeber eingeladen. Auf dem Weg zum Auto wird Hans von einem verwahrlosten Mädchen erwartet, das seine Hilfe braucht. Er schickt Helga allein auf die Party. ● Chris Barnsteg geht es wieder besser. Sie hatte eine Fehlgeburt. Wolf Drewitz besucht sie im Krankenhaus.

DIE ANZEIGE
30.3.1986

Beimers bleiben in München. Das Erlebnis mit dem Mädchen hat Hans davon überzeugt, daß er hier gebraucht wird. Benny beginnt sich für Frauen zu interessieren. Als sein Vater deshalb mit ihm ein „aufklärerisches" Gespräch führen will, amüsiert sich Benny sehr über dessen Verklemmtheit. ● Die Mittel im Kleinkrieg Dressler-Flöter werden immer drastischer: Dressler hat Elisabeth gekündigt, sie hat ihn wegen unterlassener Hilfeleistung angezeigt. ● Chris ist wieder zu Hause, frustriert und einsam.

AM WEIHER
6.4.1986

Sigi Kronmayr erfährt von Lydia Nolte, daß Else Kling ständig über seine Frau tratscht. Er stellt Else zur Rede, hat aber keine Chance gegen ihre Boshaftigkeit. ● Berta kommt nach einem weiteren Abend mit Gottlieb sehr spät nach Hause. Sie hat einen ordentlichen Schwips. Lydia stellt sie zur Rede, aber Berta erzählt ihr aufmüpfig wirres Zeug. ● Marion jobbt bei den Sarikakis und ist wieder total verliebt in Vasily. Benny filmt heimlich die Leute aus der Nachbarschaft. Seine Eltern sind schockiert, als er ihnen ein Video mit Chris Barnsteg präsentiert, die halb bekleidet und betrunken im Treppenhaus herumliegt.

GEHEIMNISSE
13.4.1986

Berta hat eine Lungenentzündung. Sie erzählt Dr. Dressler von ihrer Arbeitslosigkeit und den Schwierigkeiten mit ihrer Mutter. Als Gottlieb sie besuchen will, plaudert er ahnungslos vor Lydia das Geheimnis aus. ● Hans Beimer will Chris Barnsteg helfen. Helga beobachtet mit einigem Argwohn, daß er lange Gespräche mit dem jungen Mädchen führt. ● Franz Schildknecht muß hilflos mitansehen, wie Henny und Tanja riesige Fitneß-Geräte im engen Wohnungsflur installieren.

VERWIRRUNG DER GEFÜHLE
20.4.1986

Benno paßt es überhaupt nicht, daß Gabi für den Betriebsrat kandidieren will. Er haut wütend ab und betrinkt sich. Mitbewohner Phil nutzt die Gelegenheit, um sich an Gabi heranzumachen und sie mit seinem „Intellekt" zu beeindrucken. ● Auf Beates Geburtstagsfeier bemüht sich Elisabeth, bei Carsten Interesse für die anwesenden Mädchen zu wecken. Als Beate aber zu heftig mit Gung flirtet, schreitet sie autoritär ein. Beate verhöhnt ihre Mutter und beendet sauer die Party. ● Zu Franz' Entsetzen taucht Meike barfuß beim Griechen auf. Sie kann nicht schlafen, weil Tanjas Trainingsgeräte quietschen. Wütend rennt er nach Hause und fällt prompt über die Ruderanlage. Nun will er ein Machtwort sprechen.

DER VATER
27.4.1986

Beates Vater ist auf dem Weg zu ihr mit dem Auto kurz vor München schwer verunglückt und im Krankenhaus gestorben. Obwohl Elisabeth strikt dagegen war, hat Beate ihn noch in der Nacht im Krankenhaus besucht. Nach seinem Tod erzählt ihr Elisabeth das erste Mal über ihre Vergangenheit und das gestörte Verhältnis zu Beates Vater. ● Helga macht Hans eine alberne Eifersuchtsszene wegen eines Lippenstiftflecks am Hemdkragen. Sie schämt sich, als sich herausstellt, daß Chris Barnsteg ihn verursacht hat, die sich mit einer überschwenglichen Umarmung bei Hans für eine Jobvermittlung bedankt hat. ● Gabi versucht erfolglos, Phil zu verführen. Diese Pleite beschäftigt sie viel mehr als Benno und seine Pläne, Hausbesitzer zu werden.

NIBELUNGENTREUE
4.5.1986

Benno hat ein kleines Haus gekauft. Er ist stolz. Aber Gabi flippt aus, weil er auch ihren Bausparvertrag eingesetzt hat. Tödlich beleidigt haut Benno ab. Gabi läßt sich von Phil trösten, der sie diesmal mit offenen Armen in seinem Bett aufnimmt. Später am Abend spricht der ahnungslose Benno mit Phil über Gabis ewige Treue. ● Berta geht es wieder besser, und sie plant eine Urlaubsreise mit Gottlieb. ● Der Prozeß gegen Joschi steht bevor. Else Kling will gegen ihn aussagen und sucht vergeblich weitere Zeugen.

HEIMATERDE
11.5.1986

Gabi ist von Phil sehr enttäuscht. Sie weiß jetzt, daß er sie nur als nette sexuelle Abwechslung gesehen hat. Dem ahnungslosen Benno gegenüber besteht sie weiterhin auf getrennten Betten. ● Die Beimers eifern den Schildknechts nach und beginnen den Himmelfahrtstag mit Jogging. Franz erteilt schadenfroh gute Ratschläge. ● Joschi Bennarsch hat den Prozeß ohne Verurteilung überstanden. Er weiß jetzt, daß Kronmayr ihn angezeigt hat. Frühmorgens schmeißt er ihn aus dem Bett und verlangt sein Hochzeitsgeschenk zurück. Sigi droht ihm mit der Polizei und erklärt, er habe die Bibel längst verkauft. Elfie ist schockiert von der Grobheit ihres Mannes. Joschi tut ihr leid.

VERLASSENE SEELEN
18.5.1986

Berta Nolte ist jetzt Sprechstundenhilfe bei Dr. Dressler. Elisabeth ist am Ende und kommt mit Beate überhaupt nicht zurecht. Sie liest heimlich deren Tagebuch - für Beate ein unverzeihlicher Vertrauensbruch. ● Gabi ist mittlerweile stinksauer auf Phil. Sie zeigt Elfie

Vollkommene Tristesse: Lydia Nolte mit ihrer altjüngferlichen Tochter Berta

Nackte Tatsachen: Gabi erfährt, daß Phil auch andere Frauen mag (Folge 23)

ein „Mädchenarchiv", das sie bei ihm gefunden hat: Der Casanova hat sorgsam jede Damenbekanntschaft beschrieben und mit verschiedenen Noten bewertet. ● Elfie will wieder arbeiten gehen. Sigi droht, daß er sie dann sofort verlassen würde.

LIEBE?
25.5.1986

Sigi ist zornig, denn Elfie hat heimlich eine Halbtagsstelle in einem Kindergarten angenommen. Im „Akropolis" kommt es zu einem heftigen Streit: Elfie rennt weg und Sigi betrinkt sich. In der Nacht verprügelt er seine Frau, die im Nachthemd zu Gabi flüchtet. ● Berta und Gottlieb sind sehr glücklich. Sie wollen heiraten, und Berta besteht auf einer weißen Hochzeit. ● Hennys Affäre mit Nossek wird ernst: Sie verbringt die erste Nacht in seiner Wohnung.

NEUROSEN
1.6.1986

Wegen ihrer Ehekrise hat Henny sich vorübergehend bei ihrem Vater Gottlieb einquartiert. Sie streiten sich, weil Gottlieb sich weigert, Probebohrungen auf ihrer gemeinsam geerbten „Zwetschgenwiese" zu finanzieren, um den Wert einer Mineraltherme herauszufinden. Er braucht seine Ersparnisse für die Hochzeitsreise und sein Boot. ● Sigi bittet Dr. Dressler um Hilfe, weil Elfie seit Tagen völlig apathisch im Bett liegt. Er verschweigt, daß er sie wieder geschlagen hat. ● Auch Lydia bemüht Dr. Dressler. Sie besteht darauf, daß sich ihr künftiger Schwiegersohn Gottlieb vor der Ehe untersuchen läßt.

GELD
8.6.1986

Henny leiht sich 30.000 Mark für die Bohrungen bei Nossek. Die Ehe mit Franz scheint sie abgeschrieben zu haben. Vor allem Meike leidet sehr unter dem Zerfall der Familie. ● Währenddessen laufen die Hochzeitsvorbereitungen von Gottlieb und Berta: In zwei Wochen ist es so weit. ● Ludwig Dressler schmeißt seinen Sohn Frank wütend raus, als der ihm mitteilt, daß er sein Medizinstudium endgültig abgebrochen hat. Er verweigert ihm in Zukunft jegliche finanzielle Unterstützung.

DAS HOCHZEITSKLEID
15.6.1986

Else Kling nimmt Gottliebs Angebot an, ihn für die Zeit seiner Hochzeitsreise im Kiosk zu vertreten. Gabi hat ein wunderschönes Hochzeitskleid für Berta genäht. ● Nach einem gescheiterten Versöhnungsversuch mit seinem Vater macht Frank Dressler heimlich einen Abdruck von dessen „Giftschrank"-Schlüssel. ● Franz versucht einen Neuanfang mit Henny. Er ist bereit, ihre Eskapaden zu vergessen und schenkt ihr feierlich einen wertvollen Diamanten. Henny reagiert kühl und lehnt das Geschenk ab.

BANDE FÜRS LEBEN
22.6.1986

Gottlieb und Berta heiraten. Die meisten Lindensträßler feiern mit. Else Kling stellt mit einer spitzen Bemerkung zum Thema Nossek die Schildknechts bloß und versaut damit die ganze Party. Noch in der selben Nacht zieht Henny nach einem heftigen Streit mit Franz zu Stefan Nossek. ● Gabi will sich von Benno trennen und erzählt ihm von ihrer Affäre mit Phil. Als Benno Phil zur Rede stellt, bestreitet der zu Gabis großem Erstaunen, je etwas mit ihr zu tun gehabt zu haben.

KAMPFSCHREIE
29.6.1986

Phil leugnet noch immer, mit Gabi geschlafen zu haben. Schließlich präsentiert Gabi der staunenden WG Phils Frauen-Kartei als Beweis. Benno be-

Hochzeit in der Lindenstraße: Berta wagt mit Gottlieb einen neuen Anfang (Folge 29)

ginnt eine heftige Prügelei mit Phil. Der verwundet Benno durch den Schlag mit einer Bierflasche schwer am Kopf. Auf dem Weg ins Krankenhaus überredet Phil Benno, das ganze als Unfall darzustellen. ● Auch Tanja ist jetzt zu Nossek gezogen. Sehr zum Ärger von Berta verschiebt Gottlieb die Hochzeitsreise: Er muß sich um seine Tochter Henny und deren Mann Franz kümmern. ● Else Kling, die in Dresslers Praxis putzt, überrascht dort einen Einbrecher und wird niedergeschlagen.

DIE VERTREIBUNG
6.7.1986

Benno liegt im Krankenhaus und hat die Schuld von Phil, den Gabi mittlerweile rausgeworfen hat, verschwiegen. ● Aus Dresslers Praxis sind Betäubungsmittel gestohlen worden. Bei der Vernehmung im Krankenhaus identifiziert Else Kling den Einbrecher eindeutig als Dresslers Sohn Frank. Er wird verhaftet, obwohl ihm sein Vater zur Flucht verhelfen will. ● Nachts klingelt es bei Grieses Sturm: Henny bittet, sehr konfus, ihren Vater, bei ihm übernachten zu dürfen.

BIRNE PHILOMENA
13.7.1986

Henny und Meike wohnen jetzt bei Gottlieb. Berta ist sauer darüber, fühlt sich vernachlässigt und zieht wieder zurück zu ihrer Mutter. Tanja wohnt weiter bei Nossek und ist bemüht, ihn zu verführen. Sie weigert sich, nach Hause zu Franz zurückzukommen. ● Hans' neuer Vorgesetzter Hütthusen war mit seiner Frau bei Beimers zum Abendessen. Noch in der Nacht erkrankt die ganze Familie. Helga schiebt die Schuld auf den Nachtisch aus eingemachten Birnen, die ihr Frau Bennarsch geschenkt hat.

GIFT
20.7.1986

Bei Beimers besteht Verdacht auf Salmonellenvergiftung. Auch Hütthusens sind schwer krank. Hans bringt erbost die restlichen Birnen Frau Bennarsch zurück, die diese zum Beweis ihrer Unschuld sofort aufißt. ● Henny versöhnt sich mit Nossek, der ihr versichert, daß sein Interesse an Tanja rein sportlicher Natur sei. ● Die Sarikakis' haben Probleme mit ihrer Vertragsbrauerei, weil der Bierumsatz zu niedrig ist.

THEMA MIT VARIATIONEN
27.7.1986

Die Beimers haben tatsächlich Salmonellen, allerdings nicht wegen Philos Eingemachtem, sondern wegen verdorbenem Lachs, den Beimers und Hütthusens bei einem Belegschaftsausflug gegessen hatten. Benny gesteht seinen Eltern, daß er sitzenbleibt. ● Henny wohnt wieder bei Nossek, Franz trinkt sich seinen Kummer von der Seele, und Meike weiß überhaupt nicht mehr, wo sie hin soll, zumal Opa Gottlieb mit Berta nun endlich seine Schiffsreise machen will. ● Frank Dressler schreibt Elisabeth aus der U-Haft einen Brief und bittet sie, seinen störrischen Vater zu einem Besuch bei ihm zu bewegen. ● Gabi ist schwanger - von Phil.

DAS GESTÄNDNIS
3.8.1986

Benno ist wieder zu Hause und völlig deprimiert, weil Gabi ein Kind von Phil erwartet. ● Franz säuft und versinkt im Chaos. Henny fordert das Jugendamt auf, ihm das Sorgerecht für Meike zu entziehen. Franz schmeißt die Beamtin in hilfloser Wut raus. ● Ludwig Dressler stellt Elisabeth wieder ein, bleibt privat aber weiter auf Distanz. ● Benny ist sitzengeblieben und erklärt seinen Eltern, daß er überhaupt nicht mehr zur Schule gehen will.

SCHOCKBEHANDLUNG
10.8.1986

Endloses Chaos bei den Schildknechts: ein Gespräch von Henny und Franz bringt neuen Streit. Henny möchte Nossek heiraten und wohnt wieder in der Wohnung ihres verreisten Vaters. Meike will bei Franz bleiben, und Tanja macht gegenüber Henny erste Andeutungen über ihre Beziehung zu Nossek. ● Benno wird arbeitslos. Seine Firma ist pleite. ● Benny hat offensichtlich eine Freundin und will Schauspieler werden.

DIE HERAUSFORDERUNG
17.8.1986

Tanja schockt ihre Mutter mit weiteren Einzelheiten über ihre Liebe zu Nossek und sagt ihr offen den Kampf um den Liebhaber an. Meike schafft es nicht, ihren Vater am Trinken zu hindern. Als das Jugendamt vor der Tür steht, um Meike abzuholen, schleicht sie sich davon.

Ein Kampf wie beim Tennis: Tanja erklärt ihrer Mutter, daß sie denselben Mann liebt wie sie (Folge 37)

● Frank Dressler wird zu zweieinhalb Jahren Haft verurteilt.
● Elfie Kronmayr glaubt wieder, schwanger zu sein. Ein Irrtum.

VERBOTENE LIEBE
24.8.1986

Franz hat aufgehört zu trinken. Er räumt mit Meike seine Wohnung auf, stellt eine Haushälterin ein und hofft, so die Verfügung des Jugendamtes rückgängig machen zu können.
● Helga Beimer beobachtet besorgt, daß Benny in Tanja Schildknecht verliebt ist. Sie versucht, ein Treffen der beiden zu verhindern. Am Abend feiern alle Beimers das 20. Kennenlern-Jubiläum von Hans und Helga. Benny schleicht sich davon, um mit Nossek über Tanja zu reden. ● Chris drängt Benno, Schmerzensgeld von Phil zu verlangen. Sie bekommt eine Postkarte von Wolf, der nicht mehr zurückkehren will, weil er die Frau seines Lebens getroffen hat.

NÄCHTLICHER DONNERSCHLAG
31.8.1986

Tanja macht sich lustig über Benny und liest Marion spöttisch einen seiner Liebesbriefe vor. Weil Tanja ihn verschmäht, ist Benny völlig verzweifelt und haut mitten in der Nacht von zu Hause ab. ● Nach einem gemeinsamen Abendessen kommt es zwischen Ludwig und Elisabeth erstmals wieder zu kleinen Zärtlichkeiten. ● Benno Zimmermann hat mit Lydia Nolte ihre Wohnung tapeziert. Als er nachts von einem Geräusch geweckt wird, macht er sich Sorgen. Er entdeckt, daß Lydia ein Stockwerk höher zusammengebrochen ist.

TRÄNEN AUF DER GEBURTSTAGSTORTE
7.9.1986

Meikes Wunsch, ihren Geburtstag so harmonisch wie früher zu feiern, bleibt unerfüllt: Nach einem Streit mit Henny verläßt Franz gekränkt die Kaffeetafel.
● Phil hat eine große Erbschaft gemacht. Gabi nutzt die Gelegenheit und verlangt von ihm ein Schmerzensgeld für Benno. Andernfalls, droht sie, würden sie doch noch die Wahrheit über die Ursache seiner Verletzung sagen. Phil willigt ein, Benno einmalig 20.000 Mark zu zahlen, und erfährt, daß Gabi ein Kind von ihm erwartet. ● Benny ist noch immer verschwunden. Hans und Helga werden von der Polizei gebeten, die Leiche eines Jungen zu identifizieren, auf den offensichtlich Bennys Beschreibung paßt.

MUTTERLIEBE
14.9.1986

Benny lebt: Er ist in Portugal und arbeitet bei einem Fischer. Obwohl er seine Eltern bittet, ihn nicht zu suchen, packt Helga sofort ihre Sachen. ● Nachdem Beate und Bianca im Friseursalon gestreikt haben, gibt Frau Panowak Beate endlich ihren seit langem geforderten Lehrvertrag. ● Tanja hat ihre Mutter ausgetrickst und macht an ihrer Stelle einen Ausflug mit Nossek. Sie droht, den Club zu wechseln, falls Stefan nicht das tut, was sie von ihm will.

DIE FRAU IN WEISS
21.9.1986

Henny ist nicht nur wegen Tanjas Verhalten deprimiert: Nossek hat ihr erklärt, daß sie nicht die einzige Frau in seinem Leben ist und er nicht treu sein kann. Plötzlich ist sie um eine Aussprache mit Franz bemüht. Der schickt sie aber weg. ● Helga kehrt aus Portugal zurück. Sie ist beruhigt, weil es Benny gut geht und er versprochen hat, bald nach Hause zu kommen. ● Gabi bekommt Besuch von Phil. Sie lehnt jedoch jeden Kontakt ab, und Benno setzt ihn vor die Tür.

Versöhnung und Zukunftspläne: Ludwig mit Elisabeth (Folge 43)

Mißglückte Verführung: Sigi Kronmayr ist sauer auf seine "reizende" Frau Elfie (Folge 46)

43
DIE GEZEITEN DER GEFÜHLE
28.9.1986

Dr. Dressler plant, seine Praxis zu schließen und aufs Land zu ziehen. Er schlägt Elisabeth vor, ihn zu begleiten, will sie aber nicht heiraten. Außerdem besucht er endlich seinen Sohn Frank im Gefängnis. ● Isolde Panowak erfährt, daß das Haus, in dem sich das „Akropolis" befindet, versteigert werden soll. ● Franz ist in seine junge Haushälterin verliebt und will die Scheidung. Meike möchte schwer krank werden, damit ihre Eltern sich wieder versöhnen: Als sie in Opa Grieses Eisschrank klettert, um sich zu erkälten, fällt die Tür zu, und sie ist gefangen.

44
ERPRESSUNG
5.10.1986

Seit einer Woche liegt Meike bewußtlos im Krankenhaus, und ihre Eltern machen sich große Vorwürfe. Sigi Kronmayr empört sich öffentlich über die Schildknechts und sammelt Unterschriften, damit ihnen die Erziehungsgewalt entzogen wird. Währenddessen erschleicht sich Tanja die Erlaubnis, zu einem Tennislehrgang in die USA zu fliegen. Sie verschweigt, daß Nossek sie begleiten wird. ● Isolde schickt ihrem Mann ein Telegramm nach Afrika, in dem sie ihren Wunsch mitteilt, das Nachbarhaus zu kaufen.

45
EIN FIEBERTRAUM
12.10.1986

Meike weigert sich nach ihrer Entlassung aus dem Krankenhaus, bei ihrer Mutter zu bleiben. Als der Doktor sie zu ihrem Vater bringt, bricht Henny zusammen und bittet Meike, ihr noch eine Chance zu geben. ● Gabi und Elfie vernichten Sigis Unterschriftenlisten. Elfie erzählt Gabi, daß sie sich Reizwäsche gekauft hat, um etwas gegen die Potenzprobleme ihres Mannes zu tun. ● Weil ihr Mann nicht bereit ist, den Hauskauf finanziell zu unterstützen, schlägt Isolde den Sarikakis' vor, gemeinsam das Haus zu ersteigern.

46
DER SCHLÜSSEL STECKT VON INNEN
19.10.1986

Elfies Idee, Sigi an seinem Geburtstag mit ihrer neuen Wäsche zu verführen, geht daneben: Angewidert von ihrer Aufmachung verläßt ihr verklemmter Gatte das Schlafzimmer. ● Obwohl die Schildknechts mittlerweile informiert sind, behauptet Tanja bei ihrer Rückkehr, allein in Amerika gewesen zu sein. Franz verliert die Nerven und beginnt eine Prügelei mit Nossek. ● Lydia hat Post von Berta. Die Mitteilung, daß Berta und Gottlieb zwei junge Männer an Bord genommen haben, macht sie mißtrauisch: Sie findet heraus, daß es sich um zwei gesuchte Raubmörder handelt.

47
DER SCHMUCK DER LYDIA NOLTE
26.10.1986

Meike ist immer noch schwer krank. Franz will Tanja in ein Internat geben, um sie auf Distanz zu Nossek zu halten. Auch Henny will einen Schlußstrich ziehen und lehnt Nosseks Annäherungsversuche ab. ● Benno ist unglücklich, weil er keine Arbeit findet und die Geldsorgen übermächtig werden. Zu Besuch bei Lydia Nolte, die wegen Berta und Gottlieb in heller Aufregung ist, stiehlt er der ahnungslosen Dame wertvolle Schmuckstücke.

48
MÄNNERTRÄNEN
2.11.1986

Benno plagt das schlechte Gewissen. Er bringt den Schmuck zu Lydia zurück. Sie verzeiht ihm großmütig. ● Beimers wollen einen Ausflug nach Portugal machen, um Benny abzuholen. Marion weigert sich mitzukommen. Unter der Be-

Freudentaumel: Isolde und die Sarikakis nach der Versteigerung (Folge 52)

dingung, daß sie zur Schule geht, darf sie allein zu Hause bleiben. Aber sie verabredet heimlich eine Fahrradtour mit ihrem neuen Freund Thomas. ● Völlig überraschend kehren Gottlieb und Berta zurück: Sie sind übermüdet und ohne Gepäck. ● Sigi Kronmayr ist nach Rosenheim versetzt worden und verläßt mit seiner Frau Elfie die Lindenstraße.

HONIG UND SALZ
9.11.1986

Berta und Gottlieb erzählen, daß sie von den beiden Gangstern ausgeraubt wurden. Henny und ihre Kinder kehren in die alte Wohnung zurück. Während Henny nun auf die große Versöhnung hofft, besteht Franz weiter auf der Scheidung. ● Carsten Flöter bittet Ludwig, seiner Mutter klarzumachen, daß er homosexuell ist. Elisabeth reagiert auf die von Ludwig behutsam vorgetragene Neuigkeit mit heulender Verzweiflung. ● Joschi Bennarsch hat einen Herzinfarkt und weigert sich, ins Krankenhaus zu gehen.

DER TOD UND DIE HASELBÄRCHEN
16.11.1986

Joschi stirbt zu Hause einen friedlichen Tod. ● Carsten konfrontiert seine Mutter zum ersten Mal mit seinem schwulen Freund. ● Sarikakis' wollen mit Isolde gemeinsam das Haus ersteigern. Sie haben in Griechenland ein Grundstück verkauft, um Geld aufzutreiben. ● Else Kling erfährt von der Polizei, daß Beimers sich nach ihrer Rückkehr aus Portugal sofort melden sollen.

DREI OHRFEIGEN
23.11.1986

Die Polizei teilt Beimers mit, daß Marion in Österreich mit dem Fahrrad verunglückt ist. Sie liegt in einem Hospital in Innsbruck. Ihr Freund ist bei dem Unfall ums Leben gekommen. ● Henny tut jetzt alles, um die Ehe mit Franz zu retten. Bei ihrem letzten Besuch in Nosseks Wohnung entdeckt sie zufällig ein Videoband mit einem Striptease von Tanja. ● Philo Bennarsch gibt im „Akropolis" den Leichenschmaus für ihren Mann.

JOSCHI IM HIMMEL
30.11.1986

Lydia Nolte und Meike versuchen, Philo über den Tod von Joschi hinwegzuhelfen. Aber die Witwe hat jeden Lebensmut verloren. ● Frau Panowak und Familie Sarikakis haben das Haus ersteigert. Isolde weiß noch nicht, wie sie die hohen Kredite zurückzahlen soll. ● Franz stellt Nossek wegen des Videotapes zur Rede, der das aber, ebenso wie Tanja, völlig harmlos findet. Tanja will sich auch weiter mit ihm treffen, bis sie plötzlich in seiner Wohnung eine ganze Kiste mit Kopien des Bandes entdeckt.

Es sprach ...

Egon zu Else: „Du hast ein Gemüt wie 'n Metzgerhund!"

Ludwig zu Elisabeth: „Ich bin Arzt und kein Showmaster für unterforderte Hausfrauen."

Henny zu Franz: „Unsere Ehe war wie 'ne Flasche Sekt, die seit Wochen offenstand: schal und ohne Prickeln."

Franz zu sich selbst: „Manche Zeiten sind sowieso nur besoffen zu ertragen."

Nossek zu Tanja: „Ich bin Spieler, was mich reizt ist die Jagd. Und ich habe kein Interesse an Frauen, die sich mir direkt vor die Füße legen, quasi zur Selbstbedienung."

Tanja zu Henny: „Das ist ein Kampf, Mama, genau wie beim Tennis. Und am Schluß gewinnt immer der, der die bessere Kondition hat. Das ist meist die Jüngere."

Chris zu Gabi: „Mehlschwitze? Das klingt ja widerlich, erinnert mich an Achselnässe. Und dann heißt es auf der anderen Seite, das Auge ißt mit. So'n Schwachsinn."

Klausi zu Hans: „Mich hat Mutti gefragt, ob ich sie hübsch finde. Ich hab' gesagt, sie ist gemütlich."

Helga zu sich selbst: „Wenn ich hunger', dann werd' ich grantig, und wenn ich grantig bin, dann muß ich essen, und wenn ich esse, dann werd' ich fett, und wenn ich fett bin, dann soll ich hungern. Was ist das bloß für 'ne Logik?"

Helga, eifersüchtig zu Hans: „Mir ist sowieso aufgefallen, daß du dich in letzter Zeit verändert hast. Du hast dir zum Beispiel ohne mich zu fragen neue Unterwäsche gekauft, und zwar farbige!"

Helga zu ihrem Pudding: „Wenn das nicht hilft, dann geh' ich zum Friseur."

DIE WELLEN DER BRANDUNG ...
7.12.1986

Franz droht, Nossek wegen der Videokopien anzuzeigen. Nossek vernichtet daraufhin vor seinen Augen die Bänder und verspricht, den Kontakt zu Tanja sofort abzubrechen. Tanja ist so enttäuscht darüber, daß sie mit der letzten Kopie, die sie behalten hat, zur Polizei gehen will. ● Benny findet, daß er zu alt ist, um mit Klausi in einem Zimmer zu leben. Er zieht in den Hobbykeller, wo er Else Kling mit seiner neuen Schlagzeugleidenschaft nervt. ● Isolde Panowak will mit einer gefälschten Unterschrift an das Konto ihres Mannes, stellt dann aber fest, daß es längst aufgelöst wurde.

SPÄTES GLÜCK
14.12.1986

Isolde braucht dringend 17.000 Mark zur Rückzahlung eines Bankkredites. Die letzte Chance sieht sie im Besuch einer Spielbank - und gewinnt das Geld. ● Tanja hat Nossek angezeigt. Die Polizei verhört ihre Eltern, und es wird eine Untersuchung auf Tanjas Jungfräulichkeit angeordnet. ● Elisabeth ist selig: Ludwig hat ihr mit einem riesigen Strauß Rosen endlich einen Heiratsantrag gemacht.

LYDIAS AUGEN
21.12.1986

Bei Schildknechts ist die Scheidungsklage von Franz eingetroffen, außerdem eine Vorladung in Sachen Nossek. Tanja wehrt sich gegen die ärztliche Untersuchung. ● Marion ist wieder zu Hause, steht aber noch immer unter Schock. ● Gabi und Benno sind wieder glücklich. Benno will Gabi heiraten, obwohl sie ein Kind von Phil erwartet.

FEST DER LIEBE
28.12.1986

Am Weihnachtsabend sind die Beimers sehr bemüht, Marion behutsam neuen Lebensmut zu geben. ● Tanja hat ihre Anzeige gegen Nossek zurückgezogen. Sie möchte möglichst schnell in ein Internat, um alles zu vergessen. Ihre Mutter ist entsetzt, weil sie auch die Tenniskarriere aufgeben will. ● Benno feiert mit Gabi ein ruhiges und glückliches Fest. Die Idylle wird nur von der betrunkenen Chris gestört. ● Philo sitzt vor dem Bild ihres verstorbenen Mannes und führt intensive Gespräche mit ihm.

KNALLBONBONS
4.1.1987

Am Silvestermorgen heiraten Ludwig und Elisabeth, Frank hat als Trauzeuge für diesen Tag Hafturlaub bekommen. ● Chris hat alle Sachen von Wolf zusammengepackt und mit der Post weggeschickt. Sie will ihn nie wiedersehen. ● Tanja trifft vor ihrer Abreise in ein Bonner Internat noch einmal Stefan Nossek. Als sie bemerkt, daß er bei dem Gespräch vorsichtshalber eine Zeugin im Nebenzimmer versteckt hat, rennt sie tief verletzt davon. Bei Bennys und Marions Silvesterparty tanzt sie sich später den Frust von der Seele.

KINDER, KINDER ...
11.1.1987

Berta will trotz ihres Alters noch Mutter werden. Gottlieb steht dem Kinderwunsch, den ihre Mutter Lydia eifrig unterstützt, skeptisch gegenüber. ● Henny ist sehr unglücklich und einsam, denn Tanja ist abgereist, und von Franz und Meike wird sie nach wie vor gemieden. ● Benno hat eine Idee, wie er an Geld kommen kann: Er will Holzspielzeug bauen und verkaufen. ● Beate weigert sich, mit ihrer Mutter zu Dressler zu ziehen und flüchtet in die WG.

WIE MAN SICH BETTET ...
18.1.1987

Auch Carsten Flöter will nicht zu seinem neuen Stiefvater ziehen, sondern mit seinem Freund Gert in Elisabeths alter Wohnung bleiben. Beate fragt bei Frau Bennarsch nach, ob die ihr ein Zimmer vermietet. Philo ist merkwürdig geistesabwesend, redet wieder mit dem toten Joschi und meint, sie würde ihre Wohnung sowieso nicht mehr lange brauchen. ● Helga Beimer ist gestreßt und erklärt ihrer erstaunten Familie, daß sie dringend und sofort Erholung nötig habe. Benny löst Beates Wohnungsnot, indem er ihr seinen Hobbykeller anbietet.

ERZIEHUNGSPRINZIPIEN
25.1.1987

Ludwig erfährt von Elisabeth den Grund für ihr gestörtes Verhältnis zu Beate: Deren Vater hatte Elisabeth kurz nach Beates Geburt verlassen. Aus Enttäuschung darüber hat Elisabeth dieses Kind lange Zeit abgelehnt. ● Helga ist tatsächlich losgefahren, um auf einer Schönheitsfarm auszuspannen. Beate wohnt weiter bei den Beimers und führt den Haushalt. ● Henny ist am Ende ihrer Kräfte: Die Scheidung steht bevor, sie fühlt sich von Franz und den Kindern alleingelassen und abgeschoben. Resigniert irrt sie durch die Stadt.

HILFE!
1.2.1987

Schon nach wenigen Tagen bricht Helga ihren Urlaub ab, weil sie sich ohne Familie völlig nutzlos vorkommt. ● Gabis Kusine Anna Ziegler zieht mit ihrem Mann in die Kastanienstraße. ● Während Franz und Meike zu Besuch bei Tanja sind, macht Henny, die auf dem Höhepunkt ihrer Verzweiflung

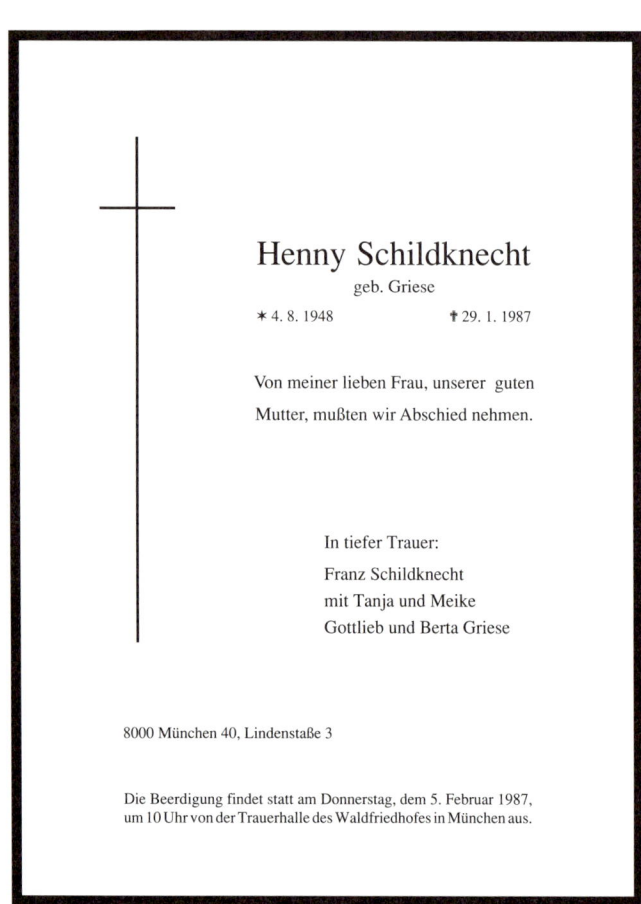

und Einsamkeit angelangt ist, einen Selbstmordversuch mit Tabletten und Alkohol. Vorher aber legt sie ihrem Vater einen Abschiedsbrief in die Wohnung. Unglücklicherweise findet er diesen Brief erst spät in der Nacht - für Hennys Rettung ist es zu spät.

SO FERN DER MORGEN VOM ABEND ...
8.2.1987

Hennys Tod hat alle schwer getroffen: Gottlieb macht Franz ungerechterweise Vorwürfe, der aber quält sich selbst mit schweren Schuldgefühlen. Tanja will den Tod ihrer Mutter einfach nicht wahrhaben und ist kaum ansprechbar. Die kleine Meike klammert sich in ihrer Trauer noch mehr an den Vater. ● Selbst Nossek ist irritiert und nachdenklich. Im Gespräch mit der Friseurin Bianca Guther sucht er Trost und erzählt ihr von seiner Zeit mit Henny. ● Beate Flöter flirtet heftig mit Benny, der sich Mut antrinkt und endlich den ersten Kuß wagt.

63

GEGENWIND
15.2.1987

Benny muß wieder in den Keller zurück, und Beate wird bei Marion einquartiert: So versucht Mutter Beimer, die beiden Verliebten besser zu kontrollieren. Sie hofft außerdem, daß Beate die etwas schwermütige Marion ein bißchen aufmuntern wird ● Phil taucht wieder in der WG auf und macht Gabi und Benno eine Szene wegen ihrer Hochzeit. Er will auch verhindern, daß sein Kind Bennos Namen trägt. ● Franz macht sich große Sorgen um Meike, die blaß und kraftlos erscheint. Auch Tanja kapselt sich noch völlig ab und will nicht zurück in die Schule.

FEST MIT HAKEN
22.2.1987

Benno und Gabi heiraten. Die Trauung wird von dem betrunkenen Phil gestört, bis Lydia Nolte ihn sehr resolut aus der

Glückliche Wendung: Der Pfarrer Matthias traut Gabi und Benno (Folge 64)

Kirche hinausbegleitet. Marion Beimer bleibt nach dem Gottesdienst traurig zurück und wird von dem jungen Priester Matthias Steinbrück angesprochen. Er bietet ihr Hilfe an. ● Die ausgelassene Hochzeitsfeier im „Akropolis" wird durch zwei Zwischenfälle unterbrochen: Phil taucht nochmal auf, und Meike bricht beim Tanzen zusammen.

ERSTE LIEBE
1.3.1987

Nach einer Blutuntersuchung überweist Dr. Dressler Meike besorgt an einen Spezialisten. Tanja tröstet ihren Vater in seiner großen Angst um Meike. Sie ist bemüht, eine neue, vertraute Beziehung zu ihm aufzubauen. ● Die nachdenkliche Marion verträgt sich nicht mit der flippigen Beate, die deshalb wieder in den Keller zieht - zu Benny. Seinen Eltern macht das große Sorgen. ● Nossek versucht vergeblich, mit seinen sonst so bewährten charmanten Tricks, Bianca Guther zu erobern.

„DIE SCHWERE STUNDE"
8.3.1987

Meike hat Leukämie. Dr. Dressler erklärt Franz, daß durchaus Chancen auf Heilung bestehen. Franz will Meike nicht die Wahrheit sagen. Das Kind hat sich aber schon selber informiert und reagiert sehr tapfer und gefaßt. ● Marion beschäftigt sich intensiv mit Glaubensfragen. Beate macht sich darüber lustig. ● Überraschend setzen bei Gabi die Wehen ein. Nur Chris ist bei ihr und ruft, vor Aufregung halb ohnmächtig, den Notarzt. Dr. Dressler ist nicht zu erreichen.

DIE FARBE DER HOFFNUNG
15.3.1987

Gabi hat einen gesunden Jungen geboren, er heißt Max. Benno ist doppelt glücklich, denn er hat gleichzeitig seinen ersten großen Spielzeug-Auftrag bekommen. ● Meike muß sofort ins Krankenhaus. Sie hat eine seltene Form von Leukämie, die Heilungschancen sind schlecht. ● Isolde Panowak erhält die Nachricht, daß ihr Mann aus Afrika zurückkehrt. Sie ist so nervös, daß sie Elisabeth Dresslers Haare grün färbt. Nach einem Essen bei Carsten und Gert bricht Elisabeth zusammen: Sie wird mit Carstens Homosexualität nicht fertig.

DAS VERSPRECHEN
22.3.1987

Elisabeth glaubt, daß ihre falsche Erziehung schuld an Carstens Homosexualität ist. Ludwig rät ihr, Carsten endlich so zu akzeptieren, wie er ist. ● Chris Barnsteg muß aus der WG ausziehen, weil Gabi und Benno ein Kinderzimmer für Max brauchen. Mit einiger Skepsis läßt sie sich auf Lydia Noltes Angebot ein, zu ihr zu ziehen.● Philo verspricht ihrem verstorbenen Mann, in einer Woche, am Tag ihrer Goldenen Hochzeit, zu ihm in den Himmel zu kommen.

DIE GOLDENE HOCHZEIT
29.3.1987

Helga Beimer findet Benny und Beate knutschend in Marions Zimmer. Nach einer Krisensitzung zieht Beate dann zu ihrem Bruder Carsten. Marion trifft sich inzwischen wieder mit ihrem Priester Matthias. ● Philo will sterben: Sie setzt sich vor das Bild von Joschi und hält einfach die Luft an. Stunden später wird sie ohnmächtig in ihrer Wohnung gefunden. Sie ist sehr unglücklich über ihre Rettung. Else Kling verspricht Dr. Dressler, sich um Philo zu kümmern. Sie beginnt umgehend mit einer „Zwangsernährung".

70
REINER TISCH
5.4.1987

Beimers sind die ständige Raumnot leid: Sie wollen ein Haus bauen. Helga beschließt, sich wieder Arbeit bei einer Bank zu suchen. Benny ist deprimiert, weil Beate mit ihm Schluß gemacht hat. ● Lydia Nolte und Chris Barnsteg haben Schwierigkeiten mit dem Zusammenleben. Die chaotisch-nachlässige Art von Chris paßt so gar nicht in die aufgeräumte Welt der alten Dame.

71
DER KLEINE KOLIBRI UND DIE SONNE
12.4.1987

Meike soll eine Blutwäsche bekommen. Sie ist tapfer und optimistisch. ● Isolde Panowak hat noch immer finanzielle Probleme. Sie bekommt ein Telegramm: Ihr Mann hatte in Nairobi einen Herzinfarkt. Sie lehnt es jedoch ab, zu ihm zu fahren. ● Stefan Nossek hat es endlich geschafft, Bianca Guther zu verführen.

72
WIRKLICHKEIT UND PHANTASIE
19.4.1987

Als Isolde bei der Arbeit die Nachricht erhält, daß ihr Mann gestorben ist, bricht sie zusammen. ● Meike ist durch eine Chemotherapie sehr geschwächt. Sie soll für einige Zeit nach Hause entlassen werden. Die Beziehung von Tanja zu ihrem Vater wird immer inniger. ● Frank Dressler ist auf Bewährung entlassen worden. Er will nicht zu seinem Vater ziehen und hat sich ein Zimmer gesucht. ● Gabi bekommt Besuch von ihrer Kusine Anna, die große Schwierigkeiten mit ihrem Mann Friedhelm andeutet.

73
VON LIEBE
26.4.1987

Meike wird bei ihrer Heimkehr rührend empfangen, sogar Else Kling schenkt ihr Blumen. ● Benny hat großen Liebeskummer und versucht vergeblich, Beate zurückzugewinnen. Helga hat noch keine Stelle gefunden, und Klausi überrascht seine Familie mit einem kleinen Hund, den er „Beimer" nennt. ● Marion, die nach wie vor viel über den Tod ihres Freundes nachdenkt, kehrt von einem Besuch bei Matthias nicht nach Hause zurück.

74
SPEKULATIONEN
3.5.1987

Marion hat eine ganze Nacht auf dem Friedhof verbracht und endlich ihre Trauer „begraben". Hans läßt sich von einem cleveren Makler überrumpeln und kauft völlig übereilt ein scheinbar sehr billiges Haus in Baldham. ● Tanja will die Schule verlassen und Krankengymnastin werden. ● Berta Griese muß zu einer Unterleibsuntersuchung ins Krankenhaus.

75
DIE STIMME DER NATUR
10.5.1987

Beimers haben den Hauskauf schon bereut, denn eigentlich will keiner so weit raus nach Baldham ziehen. Benny ist wegen Leistungsverweigerung für zwei Wochen von der Schule verwiesen worden. ● Phil Seegers macht Gabi und Benno auf einem Fest bei Lydia Nolte wieder unerwartet eine Szene. ● Bianca streitet sich mit Nossek über seine Geschäftsmethoden: Er hat Isolde für eine afrikanische Maske aus dem Nachlaß ihres Mannes 50 Mark geboten und sie dann für mehrere tausend Mark weiterverkauft. ● Berta Griese erfährt, daß sie aufgrund einer lange zurückliegenden Eileitererkrankung unfruchtbar ist.

76
DAS ANGEBOT
17.5.1987

Hans Beimer will aus dem Kaufvertrag aussteigen, aber der Makler verlangt 40.000 Mark Entschädigung. Marion hat sich in den Priester Matthias verliebt, Helga heult sich aus, weil sie schon wieder eine Absage von der Bank bekommen hat. ● Frank Dressler und Chris Barnsteg sind verliebt. Frank träumt davon, Schauspieler zu werden - wie seine Mutter in Amerika. ● Der kleine Max hat nachts einen Asthmaanfall, der durch giftige Dämpfe aus dem neuen Teppichboden im Kinderzimmer verursacht wurde.

77
WIDERSAGST DU DEM BÖSEN?
24.5.1987

Max ist wieder gesund und wird getauft. Als Phil Seegers auch bei dieser Feier auftaucht, verliert Benno die Nerven und schlägt ihn zusammen. Gabi kümmert sich um den verletzten Phil und macht Benno rasend eifersüchtig. Er glaubt, daß sie Phil immer noch liebt. ● Berta hat endlich den Mut, ihrer Mutter zu sagen, daß sie keine Kinder bekommen kann. Für Lydia bricht eine Welt zusammen. ● Beimers streiten sich weiter mit dem Makler, während Marion und Matthias sich ihre Liebe gestehen.

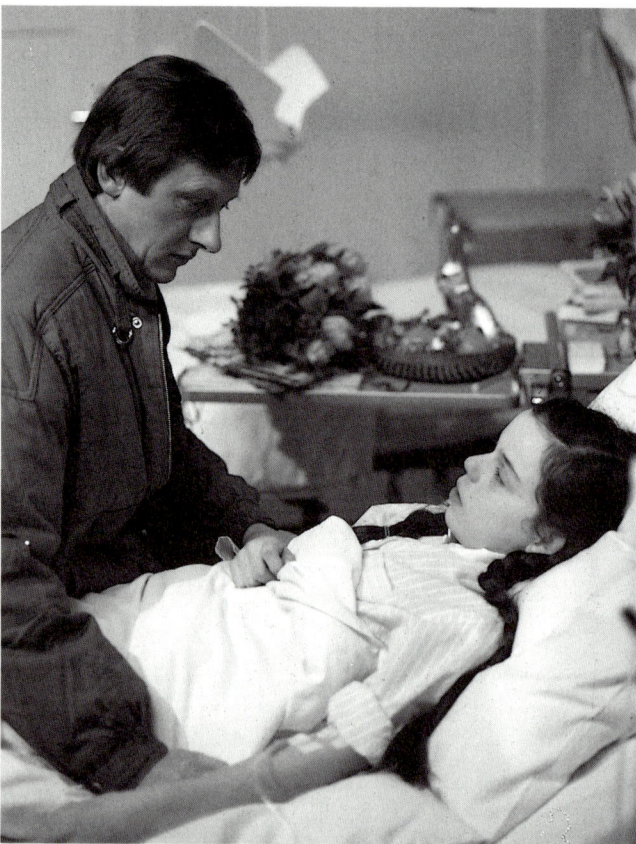
Schwere Zeiten: Franz zu Besuch bei der kranken Meike (Folge 71)

Anekdoten

Wer bin ich: Manchmal überfallen selbst Mutter Beimer Identitätskrisen. Dann fühlt sie sich abgearbeitet, häßlich, dick und langweilig. In einer solchen Krise saß sie eines Morgens, das war in Folge 59, in Isoldes Friseur-Salon und blätterte in den bunten Frauenzeitschriften dieser Welt. Bei einem Titel sah sie zwei Mal hin und war dann doch etwas verwirrt: Es war tatsächlich Marie-Luise Marjan, die sie da frisch und gutgelaunt anstrahlte.

Gastauftritt: Als Tanja Schildknecht noch Tennis-Sternchen spielte und in ihren Trainer Nossek verknallt war, versuchte sie mit allen Mitteln, sich interessant zu machen: zum Beispiel, indem sie mit dem Sohn vom Präsidenten des Konkurrenzclubs Concordia flirtete - vor Nosseks Augen. Das Bemerkenswerte an dieser Szene in Folge 41: Der Sohnemann, der damals nur einmal in der Lindenstraße aufgetaucht ist, sah einem jungen deutschen Tennisprofi aus Leimen sehr ähnlich, der gerade dabei war, die Tennis-Welt zu erobern.

Rollentausch: Als Benno Zimmermann kurz vor seinem Serien-Tod an Lungenentzündung erkrankte, wollte der Regisseur George Moorse ihn nicht einfach irgendeinem Arzt anvertrauen. Das sollte schon jemand sein, der sich richtig Mühe gibt. Deshalb kam für diese Rolle nicht ein x-beliebiger Schauspieler in Frage, sondern George Moorse hat den Arztkittel selbst angezogen und ist vor die Kamera getreten.

Der weiße Fernseh-Kittel: Ein versierter Kenner der Lindenstraße entdeckte einst Dr. Dressler in der Kölner Altstadt. Aufgeregt fragte er den Schauspieler Ludwig Haas, ob er das aus dem Fernsehen sei. „Tja, ich werd's wohl sein", lautete die bescheidene Antwort. Daraufhin rief der junge Mann in voller Lautstärke seinen Freunden zu: „Schaut her, da steht der Professor Brinkmann!"

Das Zwölf Monats-Kind: Im Fernsehen ist vieles möglich. Auch die Natur wird manchmal außer Kraft gesetzt: Anna Zieglers Tochter Sarah beispielsweise hat unnatürlich lange auf sich warten lassen. Schon in Folge 61 gratulierte Doktor Dressler der werdenden Mutter Anna, die damals zum ersten Mal in der Lindenstraße auftauchte: „Sie sind im dritten Monat schwanger." Und erst in Folge 100 kam Sarah zur Welt. Man muß kein Rechenkünstler sein, um da einen Schwangerschaftsrekord festzustellen.

---

und dann war da noch ...
... die Geschichtsschreibung der Lindenstraße – für alle, die es ganz genau wissen wollen:
Seit der ersten Folge am 8. Dezember 1985 wird Lindenstraße immer am Sonntag ausgestrahlt und dann an verschiedenen Tagen in den dritten Programmen wiederholt.
Spieltag der Handlung ist aber immer der Donnerstag, der dem Sonntag vorausgeht, und in einer Folge wird immer nur das erzählt, was an diesem Donnerstag passiert ist.
Die Hochzeiten, die Geburts- oder Sterbetage, die in den Biografien der Figuren notiert sind, sind natürlich auf den Donnerstag der Spielhandlung datiert und nicht auf den Sendetermin. Das bedeutet, daß zum Beispiel Anna Zieglers Sohn Tom, der in der Folge 191 zur Welt gekommen ist (Sendetermin: 30.07.89), in Wirklichkeit am 27. Juli Geburtstag hat.
Ausnahmen dieser „Donnerstags-Regel" in der Lindenstraße sind die Weihnachts-, Silvester- und (ab 1989) auch die Osterfolgen. Sie spielen jeweils an den Festtagen.

Alles klar?!

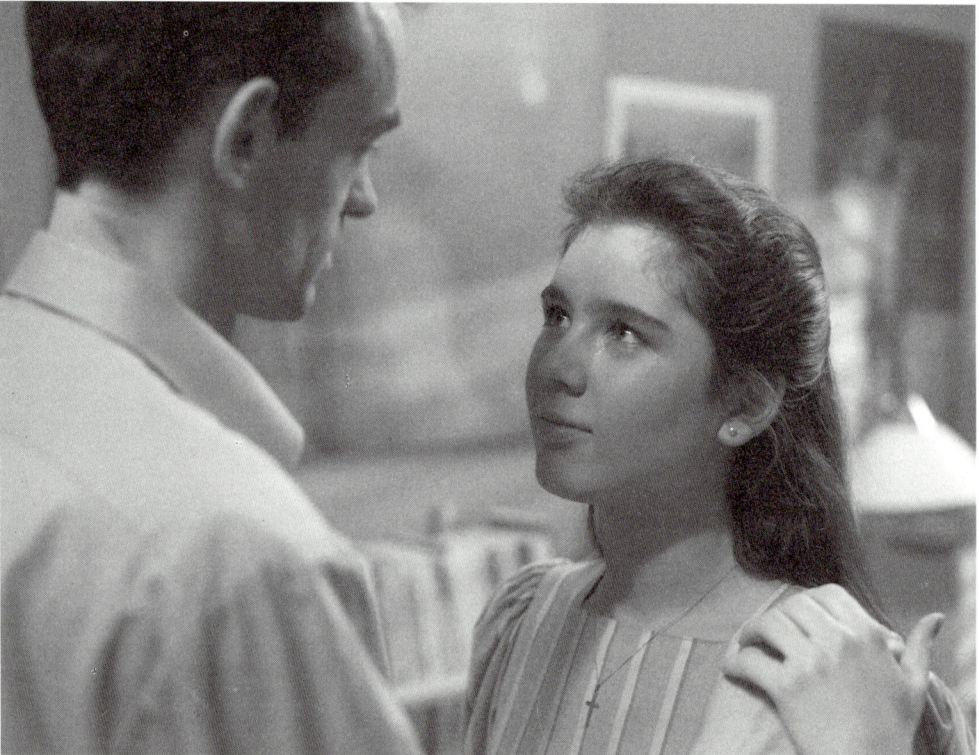
Priester in Not: Wegen des Zölibats will Matthias sich von Marion trennen (Folge 78)

78
DIE LETZTE CHANCE
31.5.1987

Meikes Zustand hat sich dramatisch verschlechtert. Sie muß zurück ins Krankenhaus. Tanja erklärt sich zu einer Knochenmarkspende bereit. ● Bei einem Ausflug zu dem Haus in Baldham entdeckt Hans große Risse in den Grundmauern. ● Matthias teilt Marion mit, daß er sich wegen des Zölibats nicht weiter mit ihr treffen kann. ● Benno und Gabi sind wieder versöhnt. Nun verliert sie ihre Arbeit - wegen Rationalisierung im Betrieb.

79
MITGEFÜHL
7.6.1987

Tanja wird auf die Knochenmarkentnahme vorbereitet. Meike hat große Schmerzen. Sie äußert erstmals den Wunsch zu sterben, falls es ihr nicht bald besser geht, und bittet Franz um Hilfe. ● Hans Beimer fordert den Makler Panofski auf, den Kaufvertrag wegen der Schäden zu annullieren und droht, die Baubehörde einzuschalten. ● Else Kling hat vier Richtige im Lotto und setzt den Gewinn komplett für ein neues Spiel ein.

80
DER GEWINN
14.6.1987

Marion besucht die Schildknechts im Krankenhaus: Tanja hat die Transplantation gut überstanden, und auch Meike hat neuen Mut gefaßt. ● Else Kling hat nochmal im Lotto gewonnen, diesmal 31.000 Mark. Vor Freude tanzt sie - leicht beschwipst - im Hinterhof und stürzt schwer. ● Benno hat seine Holzwerkstatt von der Wohnung in die Garage verlegt, die Geschäfte mit dem Holzspielzeug laufen gut. ● Beimers haben Grund zum Feiern: Marion hat die Abiturprüfungen hinter sich, und der Kampf gegen den Makler scheint gewonnen.

81
KINDER DER MUSEN
21.6.1987

Franz ist von Meikes Schicksal sehr mitgenommen. Er denkt über ihre Bitte nach, das Leiden zu verkürzen und führt mit Dressler ein langes Gespräch über Sterbehilfe. ● Lydia Nolte ist total empört, weil Frank Dressler heimlich bei Chris übernachtet hat. ● Beate Flöter erwägt, sich mit dem Erbe ihres Vaters an Isoldes Salon zu beteiligen. ● Else Kling läßt sich mit verrenktem Knöchel und Hals von Egon pflegen.

82
KINDERWÜNSCHE
28.6.1987

Franz erträgt das Leiden seiner Tochter nicht mehr. Nach einem verzweifelten Gefühlsausbruch bricht er zusammen. ● Berta redet mit ihrem Mann über die Möglichkeit einer Adoption. Eine Mineralwasserfirma bietet Gottlieb an, für 750.000 DM die „Zwetschgenwiese" zu kaufen. ● Beimers Kaufvertrag ist endgültig aufgelöst. Benny wird zum überzeugten Umweltschützer. ● Carsten und Gert wollen eine Theatergruppe gründen.

83
FIEBER
5.7.1987

Die Therapie für Meike ist fehlgeschlagen. Sie hat außerdem eine schwere Lungenentzündung. Franz will ihr den Wunsch, bald zu sterben, erfüllen. ● Von ihrem Lottogewinn richtet sich Else Kling im Keller einen Waschsalon ein. Der neue Hausbesitzer kündigt Egon schriftlich seinen Hausmeisterposten. ● Nossek mietet in Isoldes Haus eine Wohnung und richtet dort ein Fotostudio ein. Er zahlt die Miete für zehn Jahre, rund 100.000 Mark, im voraus.

84
DAS MÄDCHEN MIT DEN ROTEN HAAREN
12.7.1987

Meike stirbt im Krankenhaus - ohne die Hilfe ihres Vaters. ● Der neue Hausbesitzer heißt Phil Seegers. Er hat das Haus Lindenstraße 3 neben 34 weiteren von seinem Onkel geerbt. Phil besucht Gabi und wünscht sein Kind regelmäßig zu sehen. Als Gabi ablehnt, droht er mit der Kündigung des Mietvertrages. ● Marion hat Matthias zu einer kleinen Abitur-Feier eingeladen und teilt ihren Eltern mit, daß sie mit ihm nach Paris fahren will. Benny macht sich lustig über Marion, indem er das Wohnzimmer mit Papst-Porträts und Heiligenbildern schmückt.

85
GLAUBE, LIEBE, HOFFNUNG
19.7.1987

Meike wird neben Henny begraben. Franz ist verzweifelt, Tanja kümmert sich um ihn. ● Philo Bennarsch entdeckt in einem Fernsehfilm über die russische Hochseefischerei plötzlich ihren seit Kriegsende vermißten Sohn Paul. ● Phil kündigt eine Mieterhöhung an und untersagt Benno die gewerbliche Nutzung der Garage. ● Lydia Nolte arrangiert ein Treffen von Chris und Frank mit Carsten, Gert und Beate. Sie gründen gemeinsam eine Theatergruppe.

DAS ZÖLIBAT
26.7.1987

Marions Eltern gelingt es nicht, ihr und Matthias, der schon daran denkt, sein Priesteramt aufzugeben, die Parisreise auszureden. Benny ist mit knapper Not versetzt worden und will zur Belohnung nach Portugal fahren. ● Bianca entdeckt während der Einrichtung von Nosseks Foto-Atelier einen Spieltisch. Er behauptet, ihn nur als Zeitvertreib für die Models angeschafft zu haben. ● Philo versucht, von der Fernsehanstalt näheres über den Fischerei-Film zu erfahren. ● Beate organisiert im „Akropolis" einen Theater-Proberaum. Sie flirtet mit Vasily. ● Dresslers werden durch einen Besuch von Ludwigs Ex-Frau Nina Winter überrascht.

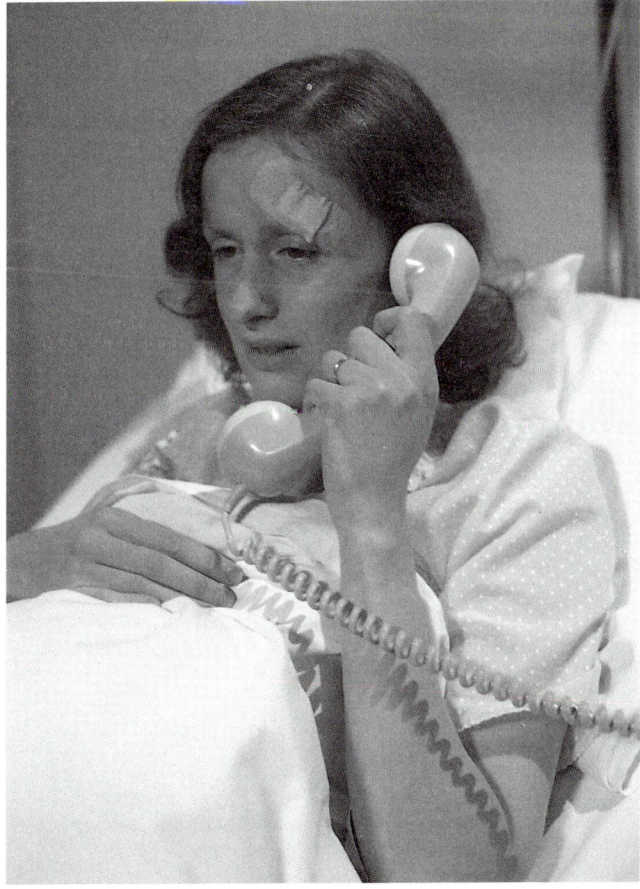

Mißhandelt: Die schwangere Anna im Krankenhaus (Folge 92)

ERINNERUNGEN
2.8.1987

Franz erträgt es nicht mehr zu Hause und fährt weg, ohne ein Ziel zu nennen. ● Gottlieb und Berta nehmen Kontakt zu „Terre des hommes" auf, weil sie ein Kind aus der Dritten Welt adoptieren wollen. ● Elisabeth beobachtet besorgt, daß Ludwig von seiner Ex-Frau Nina, die sich in einem Hotel einquartiert hat, völlig fasziniert ist. Auch Frank Dressler ist von dem Erscheinen seiner Mutter begeistert und stellt sie der Theatergruppe als gefeierte Schauspielerin vor.

DIE VERGANGENHEIT KOMMT ZURÜCK
9.8.1987

Ludwig hat eine Affäre mit Nina. Er ist ihr total verfallen und erwartet von Elisabeth Verständnis für sein Verhalten. ● Nina berät die Theatergruppe, die Cocteaus „Orphée" inszenieren möchte. ● Tanja sorgt sich um ihren Vater, den sie in Griechenland vermutet. ● Marion kehrt aus Paris mit dem Entschluß zurück, Architektur zu studieren. Benny dreht mit seiner Mutter einen witzigen Videofilm: „Wie mogel' ich beim Kochen?"

DIE FRAU AM STEUER
16.8.1987

Das Geld für den Verkauf der Mineralwasserwiese ist da: Gottlieb will von einer Hälfte eine Segelyacht kaufen, die andere geht auf ein Treuhandkonto für seine Enkelin. Tanja ist tatsächlich nach Griechenland gefahren, um ihren Vater zu suchen. ● Helgas Onkel Franz Wittich liegt mit Oberschenkelhalsbruch in der Klinik. Helga will ihn danach in Pflege nehmen. ● Elisabeth tut alles, um ihre Ehe zu retten. Ludwig und Nina werden bei einem Autounfall verletzt. Die Fahrerin, eine Freundin von Nina, stirbt.

SCHENKT MAN SICH ROSEN
23.8.1987

Dressler hat sich für Nina entschieden und will sich von Elisabeth scheiden lassen. ● Gottlieb und Berta sind zu einer Urlaubsreise nach Mexiko aufgebrochen, bei der sie auch ihr Adoptivkind Manoel abholen wollen. ● Egon Kling hat die Vertretung für Gottliebs Kiosk übernommen. Er ist in Isolde Panowak verliebt und überrascht sie mit heimlichen Blumengeschenken. ● Benny praktiziert Umweltschutz: Er baut eine Wassersparkonstruktion in Beimers Toilette und hängt eine Müllsortieranlage in die Küche.

DER ANTRAG
30.8.1987

Tanja ist mit Franz aus Griechenland zurückgekehrt: Sie verstehen sich ausgezeichnet und planen optimistisch einen neuen Anfang. ● Stefan Nossek überrascht Bianca mit einem Heiratsantrag. ● Beate Flöter und Vasily Sarikakis sind verknallt. ● Lydia Nolte erteilt Benno den Auftrag, für ihr Enkelkind einen „Top-Banana-Stuhl" zu bauen. ● Mitten in der Nacht flüchtet Gabis schwangere Kusine Anna in die WG: Ihr Mann Friedhelm hat sie brutal zusammengeschlagen.

DER VEREHRER
6.9.1987

Anna Ziegler liegt im Krankenhaus. Es besteht die Gefahr einer Frühgeburt. Dr. Dressler hat ihren Mann angezeigt. Elisabeth versucht, die Scheidung zu verhindern. Sie verwöhnt Ludwig. ● Chris ist es leid, daß Lydia Nolte ihr jedes Mal eine Szene macht, wenn Frank bei ihr übernachtet. Sie will ausziehen. ● Isolde ist enttäuscht, als sich herausstellt, daß Egon ihr heimlicher Verehrer ist. ● Marion entschließt sich, in Berlin zu studieren. Matthias will sich dorthin versetzen lassen.

RIEN NE VA PLUS
13.9.1987

Philo Bennarsch sieht sich bei den Beimers auf Video den Fischerei-Film an. Sie ist sich völlig sicher, daß der gezeigte Kapitän ihr Sohn Paul ist. Auch der Koch-Film von Benny und Helga hat Familienpremiere. ● Elisabeth verliert die Nerven, als Ludwig ihr mitteilt, daß er Nina immer noch liebt. Sie packt ihre Sachen und zieht zu Carsten und Beate. ● Anna Ziegler wird aus dem Krankenhaus entlassen. Sie will nicht zu ihrem Mann zurück und kann vorerst in der WG wohnen.

FEUERPROBE
20.9.1987

Die Renovierung von Isoldes Salon ist fertig. Bei der feierlichen Neueröffnung überrumpelt Nossek seine Freundin Bianca,

Kunst am Bau: Else Kling, Hans Beimer und andere diskutieren über eine gesprühte Schönheit (Folge 93)

indem er den Gästen einfach verkündet, sie hätten sich verlobt. ● Elisabeth wohnt weiter bei ihren Kindern und ist sehr niedergeschlagen, weil Ludwig sich nicht meldet. Er hat die Praxis geschlossen und ist seit ein paar Tagen mit Nina verreist. ● Gabi, Benno und Gung kümmern sich um Anna. Sie hat große Angst, daß ihr Mann sie findet und weigert sich, allein zu bleiben. ● Die Stimmung in der Theatergruppe ist sehr schlecht, weil Chris und Carsten ständig flirten.

BIENVENIDO
27.9.1987

Nina hat ihre Affäre mit Dressler beendet. Sie will bald zurück nach Amerika. ● Der Bayerische Rundfunk will den Film von Benny und Helga nicht kaufen, doch Benny gibt sich nicht geschlagen. Onkel Franz hat sich im Wohnzimmer auf der Couch einquartiert. Matthias will sein Priesteramt aufgeben und Marion heiraten. ● Grieses kehren mit Manoel aus Mexiko zurück. Der Junge reagiert mit völliger Apathie und Ablehnung auf die neue Umgebung. Berta und Gottlieb sind ziemlich ratlos.

SPIELE
4.10.1987

Mit viel Geduld und der Hilfe Dr. Dresslers gewinnt Berta allmählich Manoels Vertrauen. ● Chris ist bei Frau Nolte ausgezogen. Die Theatergruppe ist total zerstritten, weil Gert und Frank eifersüchtig auf Carstens und Chris' fröhliches Techtelmechtel reagieren. ● Bianca entdeckt, daß Nossek in seinem Atelier nachts illegales Glücksspiel betreibt. Er behauptet, daß es sich dabei um ein harmloses Treffen einiger guter Freunde handelt. ● Philo will nach Hamburg. Ihr Sohn, sagt sie, trifft dort mit einem russischen Schiff ein.

DAS KNIE DES KAPITÄNS
11.10.1987

Philo trifft in Hamburg den russischen Kapitän. Obwohl er kein Wort deutsch versteht und sich an nichts erinnert, beweist eine Narbe an seinem Knie, daß er Philos Sohn ist. ● Ludwig versucht, sich mit Elisabeth zu versöhnen. Sie reagiert darauf sehr zurückhaltend. ● Bennys Film wird wieder abgelehnt, aber die Redaktion bietet Helga an, bei einer Hausfrauen-Reportage mitzuwirken. Klausi hat Freundschaft mit Manoel geschlossen und bringt ihm deutsch bei. ● Lydia ist einsam. Sie will, daß Chris wieder bei ihr einzieht.

UNGEHEURE FORDERUNGEN
18.10.1987

Philo ist überzeugt, daß ihr Sohn das Gedächtnis verloren hat. Sie will zu ihm nach Rußland. ● Elena Sarikakis ist entsetzt über die Ankündigung ihres Sohnes Vasily, daß er Beate Flöter liebt und sie heiraten möchte. Sie verbietet ihm den Kontakt zu deutschen Mädchen. ● Helga ist stolz: Ein Fernsehteam will sie in der Wohnung filmen. Benny hat sich wieder dem Schlagzeug verschrieben und probt mit einer Band. Marion ist nicht begeistert darüber, daß Matthias sie nach Berlin begleiten will.

TEAMARBEIT
25.10.1987

Anna wird auch nach der bevorstehenden Geburt ihres Kindes in der WG wohnen bleiben. Mit ihrem Geld können Gabi und Benno die Mieterhöhung bezahlen, die Phil verlangt. ● Das Fernsehteam hat Beimers Wohnung besetzt: Helga ist nervös, Hans, Marion und Benny sind ziemlich genervt von den Dreharbeiten. Nur Klausi macht begeistert mit. ● Auch Vasilys Vater ist gegen die Verbindung mit Beate. Unter dem massiven Druck seiner Eltern erklärt Vasily ihr, daß er sie nie wieder sehen wird.

ERFOLGE
1.11.1987

Die Theaterpremiere von „Orphée" wird ein voller Erfolg. Alle

101
FREMDE LIEBEN
8.11.1987

Elena will Vasily klarmachen, daß Beate nichts taugt. Panaiotis schlägt ihm vor, traditionsgemäß das griechische Mädchen Daphne zu heiraten und Beate als Geliebte zu halten. Vasily droht, daß er seine Eltern verlassen wird, wenn sie der Hochzeit mit Beate nicht zustimmen sollten. ● Gottlieb findet keinen Zugang zu seinem Adoptivsohn Manoel. Berta schlägt ihm vor, für eine Weile allein in Urlaub zu fahren. ● Nossek ist enttäuscht, daß er bei einem Fotowettbewerb nichts gewonnen hat. Als Bianca ihn verspottet, schlägt er sie.

102
EINE ART TAUSCHGESCHÄFT
15.11.1987

Sarikakis haben das Mädchen Daphne, das Vasily versprochen ist, eingeladen: Sie hoffen, so ihren Sohn umstimmen zu können. Tatsächlich ist Vasily erfreut, Daphne wiederzusehen. Beate reagiert wütend. ● Helga ist endlich im Fernsehen und stolz auf das Lob ihrer Familie. Benny hat Else Kling überzeugt, Bio-Waschmittel zu benutzen. Klausi und Manoel werfen heimlich Farbtabletten in die Waschmaschinen, und Else macht natürlich Benny für die „Buntwäsche" verantwortlich.

sind glücklich. Chris Barnsteg kehrt in Lydia Noltes Wohnung zurück. ● Marion fühlt sich eingeengt von Matthias und beendet die Beziehung. Matthias ist tief verletzt. ● Vasily hat sich für Beate entschieden und sich heimlich mit ihr verlobt. Trotzdem verlangt sein Vater Panaiotis, daß er das Mädchen heiratet, das ihm, als er noch ein Kind war, in Griechenland versprochen wurde. ● Anna Ziegler hat ihre Tochter Sarah geboren. Unerwartet kommt ihr Mann Friedhelm ins Krankenhaus und schenkt ihr einen wertvollen Ring.

Kochstudio Lindenstraße

Italien

**Lasagne al leprotto
(Enricos Hasen-Lasagne)**

Man nehme für die Nudeln:
500 g italienische Bandnudeln
3 l Wasser, Salz, 1 EL Olivenöl

Für die Füllung:
300 g Hasenfleisch vom Rücken
200 g mageres Schweinefleisch
100 g geräucherter fetter Speck
1 Zwiebel, 1 Knoblauchzehe
1 Bund Petersilie
Salz, schwarzer Pfeffer, Oregano
3 EL alter Piemont Barolo
1/4 l saure Sahne
2 Gänseleber
250 g frische Champignons
40 g Butter

Für die Soße:
40 g Butter
40 g Mehl
50 g gekochter Schinken
1 Zwiebel
1/4 l Fleischbrühe
1/4 l süße Sahne
Salz, weißer Pfeffer

Butter zum Einfetten
Mozzarella zum Überbacken
dunkle Oliven zum Garnieren

Zubereitung:
Hasenfleisch häuten und, wie das Schweinefleisch, kalt abspülen und trockentupfen; in 2 cm große Würfel schneiden. Speck würfeln und auslassen, die Fleischwürfel darin 15 Minuten braten und anschließend mit der zerkleinerten Zwiebel und dem Knoblauch zweimal durch den Fleischwolf schicken. Die gehackte Petersilie, Oregano, Pfeffer, Salz, Rotwein und saure Sahne sorgfältig mit dem Fleisch vermischen.

Die gewaschene und abgetupfte Gänseleber in Scheiben schneiden und mit den blättrig geschnittenen Champignons 7 1/2 Minuten in der heißen Butter dünsten, dann mit Zartgefühl pfeffern, salzen - und warmstellen.

Die Nudeln im leicht gesalzenen Wasser unter Zugabe des Olivenöls al dente kochen und warmstellen.

Für die Soße den kleingewürfelten Schinken und die Zwiebel in heißer Butter 3 Minuten anbraten, das Mehl liebevoll darüber stäuben, Sahne, Fleischbrühe, Pfeffer und Salz unter ständigem Rühren hinzufügen. 5 Minuten sanft kochen lassen.

Ein Drittel der Nudeln in eine gebutterte Auflaufform geben, darauf ein Drittel der Fleischmasse und ein Drittel der Gänseleber-Champignon-Mischung. Darüber ein Drittel der Soße, den Rest der Zutaten in gleicher Reihenfolge darüber schichten. Mit Mozzarella-Scheiben abdecken und mit Oliven garnieren. Im Ofen backen, bis das Gericht eine goldene Farbe annimmt. Heiß servieren. Dazu alten Piemont Barolo.

Griechenland

**Moussaka
von Domna Adamopoulou**

Man nehme:
5 Auberginen
Olivenöl zum Ausbacken
2 Eiweiß

Für die Fleisch-Soße:
375 g Hackfleisch
1 gehackte Zwiebel
1 kl. Dose geschälte Tomaten
Olivenöl zum Anbraten
Lorbeerblatt
1 TL Zucker
1 TL Oregano
2 EL gehackte Petersilie
2 Messerspitzen Zimt

Für die Bechamel-Soße:
1/4 l Milch
2 EL Butter
2 EL Mehl
2 EL geriebener Parmesan
2 Eigelb
Muskat

Zubereitung:
Auberginen waschen und in 1/2 cm dicke Scheiben schneiden. Mit Salz bestreuen, nach 30 Minuten unter fließendem Wasser abspülen und trockentupfen. Hackfleisch mit Zwiebel anbraten, Tomaten und Gewürze hinzufügen. 20 Minuten köcheln lassen.

Unterdessen die Auberginenscheiben in Olivenöl ausbacken und die Bechamel-Soße zubereiten: Milch, Butter und Mehl auf kleiner Flamme verarbeiten, dann Käse und Eigelb unterrühren. Das ganze würzen und die Hälfte der Auberginen in eine ausgefettete Form legen. Das Eiweiß zu Schnee schlagen und damit die Auberginen abdecken. Darauf kommt die Hackfleisch-Soße, die restlichen Auberginen und die Bechamel-Soße.

Ungefähr 60 Minuten bei 175 Grad im vorgeheizten Backofen garen.

Deutschland

**Maultaschen
von Helga Beimer**

Man nehme für den Nudelteig:
250 g Mehl
2 Eier
2-3 EL Wasser
1/2 TL Salz

Für die Fleischfüllung:
2 Brötchen
1/4 L Milch
125 g Gehacktes
1 Ei
Salz, Pfeffer
Zwiebel
Petersilie

Zubereitung:
Das Mehl auf ein Brett sieben, in die Mitte eine Vertiefung eindrücken und darin Ei, Wasser und Salz verrühren. Zunächst mit einem Löffel in das Mehl einrühren, dann mit den Händen schnell zu einem Teig verkneten. Dünn zu zwei rechteckigen, gleich großen Platten ausrollen.

Für die Füllung werden die Brötchen mit der kochenden Milch übergossen und mit den anderen Zutaten verarbeitet. Kleine Häufchen dieses Fleischteigs in gleichmäßigen Abständen auf eine der beiden Teigplatten setzen, rundherum Eiweiß verstreichen. Mit der zweiten Teigplatte abdecken, andrücken, und mit dem Teigrädchen jeweils um die Füllung herum ausrädeln.

Die Maultaschen in siedendes Wasser geben und bei leicht geöffnetem Deckel ganz sanft kochen lassen - etwa 12 bis 15 Minuten.

Guten Appetit!

103
HOCHZEITS-VORBEREITUNGEN
22.11.1987

Die griechischen Elternpaare haben die Verbindung ihrer Kinder gelöst, denn auch Daphne hat sich schon vor Jahren heimlich verlobt. Vasily und Beate freuen sich überglücklich auf die Hochzeit. Die Skepsis von Elena bleibt bestehen. ● Friedhelm besucht Anna in der WG. Er beteuert, sich geändert zu haben und fleht sie an, zurückzukommen. Obwohl sie sichtlich gerührt ist, lehnt Anna ab. ● Seit Nina Schluß gemacht hat, trinkt Ludwig viel zu viel und vernachlässigt die Praxis. ● Matthias zeigt den Beimers einen anonymen Brief: Der Schreiber will wegen Matthias' Beziehung zu Marion den Bischof verständigen.

104
ENTDECKUNGEN
29.11.1987

Beate und Vasily heiraten in Griechenland. Hans, Helga und Klausi Beimer sind zur Hochzeit eingeladen. Benny nutzt ihre Abwesenheit aus und probt mit seiner Band im Hobbykeller. ● Als Matthias nach einem Gespräch mit dem Bischof sein Priesteramt aufgegeben hat, findet Marion entsetzt heraus, daß Matthias den anonymen Brief selbst geschrieben hat. ● Die Theatergruppe will sich auflösen, da kaum noch Besucher kommen. ● Das Rote Kreuz hat Philo bestätigt, daß der Kapitän tatsächlich ihr Sohn ist.

105
DIE HEXE
6.12.1987

Elena hat sich durch das Gerede einiger griechischer Frauen in den Kopf gesetzt, daß Beate eine Hexe sei. Sie hängt Kruzifixe auf, um das Lokal zu schützen. ● Die Beimers haben ihren Griechenland-Trip verlängert. Marion findet Matthias' Tat unverzeihlich. Onkel Franz benimmt sich so daneben, daß Benny und Marion ihn boykottieren. ● Die Theatergruppe fällt auseinander: Chris trennt sich von Frank. Gert verläßt gekränkt Carsten, weil Robert, ein alter Jugendfreund, überraschend in ihre Wohnung eingezogen ist.

Hexenzauber: Elena zeigt Panaiotis Beates verbranntes Brautkleid (Folge 105)

106
DER SIMULANT UND DAS CHAOS
13.12.1987

Die Kinder machen Helga klar, daß Onkel Franz gesund ist und zurück in seine Wohnung kann. Als sie ihm das mitteilt, simuliert er einen Schwächeanfall, und Helga ändert ihren Entschluß. ● Beate und Vasily ziehen nach ihrer Hochzeitsreise bei Carsten ein, der jetzt eine feste Beziehung mit Robert hat. ● Philo will illegal nach Rußland einreisen, weil ihr die Visabeschaffung zu lange dauert.

107
ABSCHIED
20.12.1987

Marion erklärt sich bereit, noch einmal mit Matthias zu reden, schließt aber eine weitere Freundschaft mit ihm aus. ● Friedhelm Ziegler betrinkt sich und verflucht Anna. Sie hat es abgelehnt, mit ihm Weihnachten zu feiern. ● Frank Dressler teilt seinem Vater mit, daß er schon am nächsten Tag mit seiner Mutter Nina nach Amerika gehen will, um dort Schauspieler zu werden. Ludwig ist tief enttäuscht.

108
O TANNENBAUM ...
27.12.1987

Am Heiligabend bemüht sich Elisabeth, ihre Enttäuschung darüber zu verbergen, wie sehr Ludwig Nina hinterhertrauert. ● Benny hat einen Weihnachtsbaum aus Plastik gekauft. Klausi ist begeistert von dem Luftgewehr, das Onkel Franz ihm geschenkt hat. Marion ärgert sich, weil ihre Mutter Matthias eingeladen hat. ● Lydia schenkt Manoel den „Top-Banana-Stuhl", und Gottlieb bekommt von Berta ein Flugticket auf die Bahamas: Von dort soll er eine Yacht nach Hamburg überführen. Gottlieb freut sich sehr auf diese Reise.

CHRONIK

109
DER WURM
3.1.1988

Bei der Silvesterfeier im „Akropolis" finden einige Gäste Würmer im Salat. Elena gibt Beate die Schuld. Beate kann das ständige Mißtrauen ihrer Schwiegermutter nicht mehr ertragen. Sie bittet Vasily, mit ihr wegzuziehen. ● Gottlieb tritt seine Reise an. Jetzt tut es Berta fast leid, daß sie ihrem Mann den Urlaub ermöglicht hat. ● Zum Jahreswechsel tanzen die Lindensträßler ausgelassen auf der Straße. Elisabeth sucht vergeblich ihren Mann.

110
REISE INS UNGEWISSE
10.1.1988

Marion reist ab nach Berlin. Um einer Abschiedsszene zu entgehen, nennt sie Matthias eine falsche Abfahrtzeit. Helga tröstet ihn. ● Das Gewerbeaufsichtsamt überprüft Elenas Küche, weil eine anonyme Anzeige wegen schlechter hygienischer Verhältnisse vorliegt. Wieder fällt Elenas Verdacht auf Beate. Diesmal verteidigt Panaiotis seine Schwiegertochter. ● Philo verabschiedet sich bei den Hausbewohnern. Mit dem Bus fährt sie zum Großmarkt und steigt unbemerkt in den Laderaum eines russischen LKW.

111
TARNUNGEN
17.1.1988

Beim Beladen des LKW in Hannover ist Philo halberfroren entdeckt worden. Sie wurde in eine Münchener Nervenklinik eingeliefert, ist sehr verwirrt und glaubt, in Rußland zu sein. ● Stefan Nossek hat einen teuren Sportwagen gekauft und scheint in Geld zu schwimmen. Als ihm Bianca wieder Vorwürfe wegen des Glücksspiels macht, verspricht er überraschend, ihr zuliebe damit aufzuhören. ● Franz hat in der Schule große Probleme mit seinen Schülern, er ist ausgebrannt und lustlos. Tanja freut sich auf ihr Praktikum als Krankengymnastin.

Warten auf Rußland: Philo am Großmarkt (Folge 110)

112
ALLES LÜGE
24.1.1988

Auf die Hauswand vom „Akropolis" wurden ausländerfeindliche Parolen gesprüht. Familie Sarikakis lädt alle Lindensträßler zu einem kostenlosen Solidaritätsessen ein. ● Isolde hat gesundheitliche Beschwerden. Sie denkt darüber nach, ihren Salon aufzugeben und bietet ihn Bianca an. Die ist nicht abgeneigt und will sich von Nossek dafür Geld leihen. Nossek wird nachts in seinem Atelier zusammengeschlagen. ● Berta Griese hat Probleme mit Manoel. Er will nicht zur Schule. Zudem ärgert sich Berta über Egon Kling, der mit der Kioskvertretung für Gottlieb sichtlich überfordert ist.

113
WO MAN SINGT ...
31.1.1988

Neue Hetzparolen stehen an den Wänden des „Akropolis". Nach dem Gratis-Essen wird vielen Gästen übel: Offensichtlich war der Fisch verdorben. ● Anna lebt wieder mit Friedhelm zusammen. Sie besuchen Dr. Dressler, um ihn zu überreden, die Anzeige gegen Friedhelm zurückzuziehen. Dressler lehnt ab und ist einmal mehr ziemlich betrunken. ● Nossek behauptet, daß er nicht weiß, warum und von wem er verprügelt wurde. Er will Bianca das Geld für den Kauf des Salons leihen. ● Onkel Franz und Klausi sind allein zu Hause und veranstalten mit Klausis Luftgewehr Schießübungen.

114
DAS URTEIL
7.2.1988

Dressler trinkt fast ununterbrochen. Er lehnt jede Hilfe ab und verspottet Elisabeth we-

Plastikbescherung: Beimers mit Onkel Franz und Matthias am Weihnachtsbaum (Folge 108)

Nach dem Prozeß gegen Friedhelm: Anna, Kusine Gabi und Dr. Dressler (Folge 114)

gen ihrer großen Geduld. ● Chris will Philo Bennarsch auf eigene Faust aus der psychiatrischen Klinik befreien. ● Im Prozeß gegen Friedhelm verweigert Anna die Aussage, aber Gabi und Dr. Dressler belasten ihn schwer. Friedhelm wird zu einem Jahr Haft auf Bewährung verurteilt. ● Die Behörden haben das „Akropolis" schließen lassen. Elena gibt Beate die Schuld an allem. Beate hängt sich zum Beweis, daß sie keine Hexe ist, ein Kreuz um den Hals.

115
DIE ENTFÜHRUNG
14.2.1988

Als alte Dame verkleidet, entführt Chris Philo aus der Klinik. Philo ist sehr verwirrt, aber glücklich, zu Hause zu sein. Sie glaubt, ihr Ziel erreicht zu haben, und stirbt am selben Abend einen friedlichen Tod. ● Nosseß ist angeblich in der Schweiz, um das Geld für Bianca aufzutreiben. ● Phil hat sich mit seiner Firma in Amerika niedergelassen: In einem Abschiedsbrief an Gabi schlägt er sehr versöhnliche Töne an. Er teilt ihr mit, daß er für Max ein Treuhandkonto eingerichtet hat.

116
DER ARME ONKEL
21.2.1988

Beate überführt Franz Wittich: Er ist verantwortlich für alle Aktionen gegen die Sarikakis'. Beimers sind entsetzt, als ihr Onkel seine ausländerfeindlichen Aktionen auch noch verteidigt und nicht bereit ist, den Griechen eine Wiedergutmachung zu zahlen. Benny klaut deshalb den Wohnungsschlüssel von Onkel Franz, um eigenhändig das Geld aufzutreiben. Als er ein Geheimfach in einem Schreibtisch untersucht, greift er in eine Rattenfalle. Onkel Franz muß die Beimer-Wohnung verlassen. ● Isolde ist urlaubsreif und will sofort nach Ischia. Sie bittet Bianca, sich um den Salon zu kümmern.

117
VERBOTENE FRÜCHTE
28.2.1988

Nossek hat unter dubiosen Umständen so viel Geld aufgetrieben, daß Bianca den Salon sofort übernehmen kann. Am Telefon verhandelt sie mit Isolde, die sich auf Ischia verliebt hat. ● Franz hat eine Kollegin, Vera Sash, kennengelernt. Er verabredet sich mit ihr, ihrem Sohn Celin und Tanja zu einem Theaterbesuch. ● Benny hat im Schreibtisch von Onkel Franz 24.000 Mark entdeckt. Beimers zahlen Sarikakis' davon eine Wiedergutmachung. ● Dressler ist so betrunken, daß Elisabeth seine Sprechstunde schließen muß. Traurig registriert sie, daß ihr Mann sich völlig aufgegeben hat.

118
VO DAO
6.3.1988

Mißtrauisch beobachtet Else Kling den zärtlich-verspielten Umgang von Franz Schildknecht mit seiner Tochter. Tanja ist in der Tat irgendwie verliebt in ihren Vater und enttäuscht darüber, daß der nun Gefallen an Vera Sash gefunden hat. ● Berta macht sich Sorgen um Gottlieb. Sie hat erst einmal Post von ihm bekommen. ● In der WG freunden sich Gung und Anna an. Der Vietnamese will sie die Kunst der Selbstverteidigung und Meditation lehren.

119
MITBRINGSEL
13.3.1988

Chris bewirbt sich an einer Schauspielschule. Auf dem Heimweg gerät sie in eine Demonstration und wird von einem Wasserwerfer völlig durchnäßt. ● Friedhelm will Anna zu einem Neuanfang bewegen. Anna bleibt hart und verlangt die Scheidung. Benno und Gabi werfen den wütenden Friedhelm aus der Wohnung. ● Berta weiß mit Manoel nicht mehr weiter: Er kommt in der Schule nicht zurecht und hat nur zu Klausi Beimer einen guten Kontakt. ● Bei einem Abendessen erweist sich Veras Sohn Celin als sehr verschroben und arrogant. Er geht Tanja mit seinem Getue gewaltig auf die Nerven.

120
TRICKS
20.3.1988

Onkel Franz möchte sich erneut bei den Beimers einquartieren. Helga läßt sich von seiner gut gespielten Hilflosigkeit beeindrucken und nimmt ihn, gegen den Willen ihres Mannes, wieder auf. ● Celin begleitet seine Mutter Vera zu jedem Treffen mit Franz und reagiert gekränkt und eifersüchtig auf ihren neuen Freund. ● Berta ist in großer Sorge um Gottliebs Schicksal. Von dem Yachteigner erfährt sie, daß der Funkkontakt zu dem Segelboot schon vor zehn Tagen abgerissen ist.

Aus heiterem Himmel: Vor den Augen seiner Freundin Bianca wird Stefan Nossek angeschossen (Folge 121)

Trost nach der Demo: Lydia Nolte kümmert sich um Chris, die von einem Wasserwerfer übel zugerichtet wurde (Folge 119)

121
DER VERGESSENE GEBURTSTAG
27.3.1988

Helga hat Geburtstag. Ihre Familie tut so, als ob sie ihn vergessen hätte. Erst am Abend bringt ihr Klausi überraschend mit Bennys Band ein rührendes Ständchen. ● Zu der Sorge um Gottlieb kommt für Berta der Ärger mit Egon Kling, der den Kiosk völlig heruntergewirtschaftet. ● Chris gibt eine Kontaktanzeige auf, um für die einsame Lydia Nolte einen Gesellschafter zu finden. ● Als Nossek mit Bianca im Cabrio durch die Lindenstraße fährt, bricht er plötzlich, von einem Schuß im Gesicht getroffen, zusammen.

122
DAS GELBE VOM EI ...
3.4.1988

Nossek ist erblindet. Im Krankenhaus gesteht er Bianca, daß er seit Jahren den Tennisclubpräsidenten Benninger erpreßt hat, weil der Mitgliederbeiträge veruntreut hat. Nossek vermutet, daß er auf ihn geschossen hat. ● Klausi liegt völlig apathisch im Bett. Seine Eltern rätseln über die Krankheitsursache. Onkel Franz beschwört ihn, auf keinen Fall etwas von den Schießübungen zu verraten, die sie am offenen Fenster gemacht hatten. ● Anna ist in Gung verliebt. Er versucht, sie zurückzuweisen, ohne sie zu kränken.

123
LYDIA UND DIE MÄNNER
10.4.1988

Seit Klausi weiß, daß Nossek blind ist, tut er so, als ob er nichts mehr sehen könnte. Schließlich gesteht er weinend, daß er Nossek bei Übungen mit Onkel Franz versehentlich getroffen hat. ● Als Friedhelm Anna besucht, um ihr die Scheidung auszureden, präsentiert sie ihm einfach Gung als ihren neuen Freund, der ihr aber hinterher klarmacht, daß er nicht in sie verliebt ist. ● Lydia Nolte ist gelangweilt von einem alten Herrn, der sie aufgrund der

Kontaktanzeige besucht. Viel wichtiger ist ihr, sich um den betrunkenen, vor sich hindämmernden Dressler zu kümmern.

124
DER ERSTE SCHRITT
17.4.1988

Nun erfährt auch Nossek, daß Klausi der Schütze war. Er verzichtet auf eine polizeiliche Untersuchung. Onkel Franz soll schnellstens ins Altersheim. ● Franz bittet Vera, zu ihm in die Lindenstraße zu ziehen. ● Dressler trinkt mehr denn je, seine Praxis wird von einem Vertreter geführt. ● Berta erfährt von einem Funkspruch, in dem Gottlieb wegen eines gebrochenen Ruders um Hilfe bittet und eine Kursänderung durchgibt.

125
RÖSLEIN AUF DER HEIDEN ...
24.4.1988

Bianca will Nossek dazu bringen, die Erpressung einzustellen. Er entgegnet, daß er gerade nach dem Unfall auf das Geld angewiesen sei. ● Tanja will nicht, daß Vera bei ihnen einzieht und plant für diesen Fall ihre Abreise zu einer Freundin auf Gomera. ● Elisabeth ist am Ende ihrer Kräfte. Ludwig wehrt sich gegen eine Entziehungskur. Abends schläft er betrunken ein und setzt mit einer brennenden Zigarette das Wohnzimmer in Brand.

126
ZITTERNDE HÄNDE
1.5.1988

Gottlieb ruft Berta an: Es ist alles in Ordnung. Er teilt zu ihrer Enttäuschung mit, daß er seinen Segeltörn um ein paar Monate verlängern wird. ● Manoel wird von einer Wespe, die er beim Kuchenessen verschluckt hat, in den Hals gestochen. Oma Lydia ruft Dr. Dressler zur Hilfe, der, obwohl er betrunken ist, dem Jungen mit einem Luftröhrenschnitt das Leben rettet. Lydia greift ihn wegen der Trinkerei hart an. ● Beate und Vasily sind ein glückliches Paar und ziehen in die ehemalige Kronmayr-Wohnung ein.

127
SCHERBEN BRINGEN GLÜCK
8.5.1988

Stefan Nossek wird aus der Klinik entlassen. Er ist sehr deprimiert. Bianca will verhindern, daß er in ein Pflegeheim muß. ● Tanja erfährt von Vera, daß sie nicht zu Franz zieht, weil Celin sich weigert, mitzukommen. ● Manoel nimmt Deutschunterricht bei Chris Barnsteg und macht rasche Fortschritte. Berta ist traurig, weil Gottlieb nicht zurückkehrt. ● Dressler hat mit dem Trinken aufgehört. Er will seine Sprechstunde wieder aufnehmen. Allerdings hat die Ärztekammer ein Disziplinarverfahren gegen ihn eingeleitet.

128
DEMONSTRATIONEN
15.5.1988

Lydia Nolte hat eine Demonstration organisiert: Dresslers Patienten sprechen ihm in seiner Praxis ihr volles Vertrauen aus. Das Verfahren gegen ihn wird eingestellt. ● Chris Barnsteg ist auf einer Anti-Atomkraftdemonstration Zeugin eines brutalen Polizei-Einsatzes geworden. ● Anna versucht hartnäckig, Gung zu verführen.

129
DER 80. GEBURTSTAG
22.5.1988

Lydia wird 80 Jahre alt. Chris hat für sie mit vielen Lindensträßlern im „Akropolis" eine große Überraschungsfeier organisiert. Berta beschließt, ihren Mann zu suchen und zurückzuholen. ● Klausi hat schlimme Schuldgefühle: Er bietet Nossek an, täglich mit ihm spazierenzugehen oder ihm etwas vorzulesen. Nossek hat die Geldforderungen an den Präsidenten Benninger noch erhöht, und Bianca wird von einem Unbekannten überfallen.

130
BLINDE WUT
29.5.1988

Nach dem Überfall hat Bianca die Polizei über Nosseks Erpressungen informiert. Benninger wurde festgenommen. Auch Nossek war inhaftiert, ist aber wieder frei, weil keine Fluchtgefahr besteht. ● Gung ist seit Monaten in seine Arbeitskollegin Katharina verliebt. Endlich hat er sich getraut, sie einzuladen. Anna ist sehr enttäuscht darüber. ● Berta hat herausgefunden, daß Gottlieb auf Frankreichs Kanälen unterwegs ist. Seinen Kiosk schließt sie, denn Egon Kling hat ihn völlig ruiniert.

131
KLARE VERHÄLTNISSE
5.6.1988

Nossek ist enttäuscht von Biancas Verhalten. Sie beteuert, daß sie nur aus Liebe zu ihm so gehandelt hat. Eine Pistole, die Nossek sich zu seinem Schutz angeschafft hat, vergräbt sie bei einem Spaziergang auf dem Friedhof. Klausi schenkt Nossek seinen Hund „Beimer". ● In Anwesenheit Katharinas macht Anna in einer heftigen Szene ihrem Ärger über Gung Luft. ● Berta findet Gottliebs Schiff in Frankreich. Als sie ihren Mann dort in Begleitung einer jungen Frau entdeckt, macht sie sich unbemerkt und traurig wieder auf den Heimweg.

132
KORBINIAN
12.6.1988

Berta hält es in Gottliebs Wohnung nicht mehr aus. Sie zieht mit Manoel in die leerstehende Bennarsch-Wohnung. ● Ludwig reist nach Italien, um eine Entziehungskur zu machen. Elisabeth begleitet ihn. ● Carsten hat Streit mit seinem Freund Robert, dem die ständige Bemutterung durch Carsten auf den Geist geht. ● Bianca erwartet ein Kind von Nossek, ist aber unsicher, ob sie es austragen soll. Als Nossek aus Freude über Biancas Schwangerschaft Champagner kaufen will, wird er vor ihren Augen auf der Straße überfahren. Er ist sofort tot.

133
EXPLOSIONEN
19.6.1988

Bianca ist seit Nosseks Tod völlig deprimiert. Sie weiß nicht, wie es weitergehen soll. ● Tanja hat ihr Flugticket nach Gomera gekauft, weil Vera mit Celin bei Franz einziehen wird. Als Celin seiner Mutter erneut eine Eifersuchtsszene wegen Franz macht, zeigt Tanja ihrem Vater einen Brief, den Celin verloren hat: Es ist eine leidenschaftliche Liebeserklärung an seine Mutter. ● Onkel Franz besucht Beimers. Er findet, daß er doch jetzt, da durch Nosseks Tod der ganze Ärger vorbei ist, wieder einziehen kann.

134
NATURINSTINKTE
26.6.1988

Friedhelm besucht Anna. Er ist rührend um sie und die kleine Sarah bemüht. ● Bianca kann sich nicht entscheiden, ob sie das Kind abtreiben soll. Sie hat mit Beates Hilfe den Salon wiedereröffnet und überraschend die Mitteilung bekommen, daß in zwei Wochen ihre Meisterprüfung stattfindet. ● Tanja ist abgereist. Franz hält Celins Brief für eine harmlose Schwärmerei. Vera und Celin ziehen bei ihm ein. ● Nach einer ausgedehnten Sauftour trifft Hans Beimer im Hausflur Anna Ziegler. Er ist sehr angetan von ihrer Erscheinung und macht eine recht anzügliche Bemerkung.

135
WECHSELBÄDER
3.7.1988

Marion erzählt ihrer Mutter, daß sie mit Freunden nach Nepal reisen will. Hans ist sauer, weil sein Urlaubsantrag abgelehnt worden ist. Als er Anna Ziegler begegnet, entschuldigt er sich ein wenig verwirrt bei ihr. ● Trotz eines Briefes von Gottlieb hat Berta ihre Ehe abgeschrieben. Auch ihre Mutter kann sie nicht umstimmen. Berta hat es satt, ihr Leben mit Warten zu verbringen. ● Bei einem weiteren Besuch von Friedhelm stellen Gabi und Benno fest, daß er sich offensichtlich verändert hat: Er ist beherrscht und liebevoll.

136
RÜCKSCHLÄGE
10.7.1988

Helga macht sich Sorgen um Marion. Sie reist zu ihr nach Berlin. Hans zecht mit Franz Schildknecht im „Akropolis" und schaut die ebenfalls anwesende Anna schwärmerisch an. ● Celin hat verhindert, daß Vera Franz ins „Akropolis" begleitet. Als sie Celin erklären will, daß sie Franz liebt, küßt er sie leidenschaftlich. ● Bianca hat die Meisterprüfung bestanden. Eine Feier fällt aus, weil sie große Angst vor der bevorstehenden Abtreibung hat. ● Carsten macht Robert eine Szene, weil der mal wieder in einer Kneipe versackt ist. Offensichtlich fühlt Carsten sich vernachlässigt.

137
HAPPY BIRTHDAY
17.7.1988

Die Abtreibung hat Bianca sehr mitgenommen: Sie läßt sich von Beate pflegen und plant, ihren Salon zu verkaufen. ● Überraschend kommt Isolde zu Besuch. Sie ist bester Laune und in Begleitung ihres italienischen Bräutigams Enrico. ● Helga ist wieder da. Marion geht es gut und die abenteuerliche Nepalreise hat sie aus Geldmangel abgesagt. ● Anna hat Geburtstag. Friedhelm lädt sie zu einer Reise ein und hofft, daß sie nun zu ihm zurückkehrt. Als sie zögert und daran erinnert, daß sie die Scheidung eingereicht hat, dreht Friedhelm durch: Er verriegelt das Zimmer und vergewaltigt sie.

138
ALPTRÄUME
24.7.1988

Anna hat Friedhelm, der untergetaucht ist, angezeigt. Sie wird von Alpträumen gequält und traut sich nicht mehr aus der Wohnung. ● Robert hat seinen Job bei der Zeitung verloren. Er träumt von einem eigenen Buchladen. Die Beziehung mit Carsten steckt in einer dicken Krise. Durch Zufall freundet er sich mit Manoel an und lernt auch Berta näher kennen. ● Celin kann es nicht ertragen, daß Vera allein mit Franz in Urlaub fahren will. Franz ist sehr verwirrt durch Celins Eifersucht.

139
EIN MEER VON BLUMEN
31.7.1988

Beimers Familienurlaub wird erstmals ohne Hans stattfinden. Er muß arbeiten, freut sich aber durchaus auf das Alleinsein zu Hause. ● Robert hat sich von Carsten getrennt. Er fragt Berta, ob er vorerst in die Wohnung von Gottlieb ziehen kann. Sie ist einverstanden. ● Nach einem dramatischen Abschied von Celin ist Vera mit Franz in den Urlaub gestartet. Doch schon an der nächsten Tankstelle läßt sie ihn stehen und fährt zurück. Zuhause wird sie von Celin erwartet, und es kommt zu einer Liebesszene.

140
VERA UND CELIN
7.8.1988

Endlich sagt Vera Franz die Wahrheit: Celin ist nicht ihr Sohn, sondern ein ehemaliger Schüler, mit dem sie in Würzburg ein Verhältnis hatte. Wegen Franz hat sie sich von ihm getrennt. Der enttäuschte Celin droht nun allerdings, sie wegen Unzucht mit Abhängigen anzuzeigen. ● Berta hat gute Laune. Sie hat Gottlieb aus ihrem Leben gestrichen und plant mit Robert Engel, den Kiosk in einen Taschenbuchladen umzuwandeln. Auch Manoel mag Robert sehr. ● Chris hat ihre Aufnahmeprüfung an der Schauspielschule bestanden.

Warten auf Vera: Celin und sein Liebesteppich (Folge 139)

Aktion Sauberer Bildschirm

Wenn die Lindenstraße baden geht, sind die Kameras immer dabei – und außerdem eine Menge Schaum.

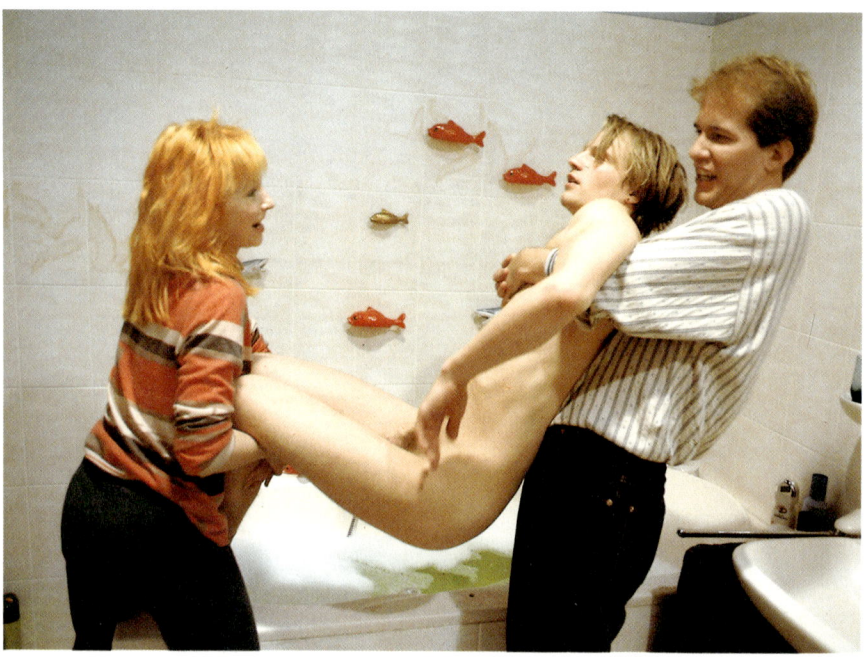

Zwangsbad für Zorro: „Ich hab 'ne Menge Autonome kennengelernt. Aber so hat keiner gestunken", fand Chris und verpaßte ihrem Freund, mit Carstens Hilfe, eine Grundreinigung. Vermutlich die erste seit der Pubertät. (Folge 150)

Besetzt: Wenn Carsten und Robert in der Wanne sitzen, ist Chris fehl im Bade. Vor allem, wenn sie ihnen gerade jetzt die Welt erklären will. (Folge 115)

Mama wird's schon richten: Gegen Klausis Schnupfen hilft nur eines. Ab in die Badewanne. (Folge 59)

...setzte Beate: „Sie Lustmolch, Sie. Hinaus!" Gemeint war nicht der Regisseur. Sondern Beates Ehemann Vasily. (Folge 143)

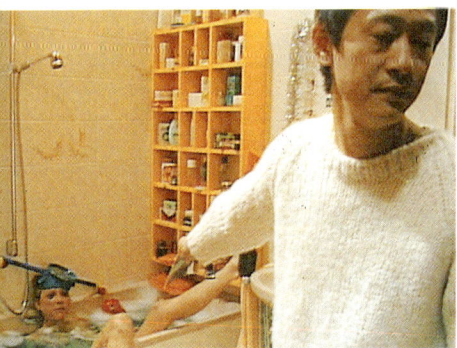

...amhafter Gung: „Sag mal", erkundigte sich Frosch-...ig Chris, „hast du Angst, daß du Kernschmelze kriegst, ...nn du mich ansiehst?" (Folge 67)

Schöner Reinfall: Zorro wollte nur mal Guten Morgen sagen – und Chris zog ihn gleich in die Fluten. Aus Liebe diesmal. (Folge 172)

141
DER UNTERMIETER
14.8.1988

Vor Kummer über die Trennung ist Celin zusammengebrochen, hat aber seine Drohung nicht wahrgemacht. Vera und Franz sind sehr erleichtert und wollen nun Tanja auf Gomera besuchen. ● Carsten hat einen neuen Untermieter: Franz-Joseph Pichelsteiner, der sich Zorro nennt und Carsten mit seiner ungepflegten, chaotischen Erscheinung irritiert. ● Friedhelm hat sich gestellt. In einem Abschiedsbrief bittet er Anna, seiner Tochter nie zu erzählen, was er getan hat.

142
BEGINN EINER AFFÄRE?
21.8.1988

Roberts Buchladen wird eröffnet. Bei der Feier unterhält sich Hans angeregt mit Anna Ziegler. Sie verabreden ein Wiedersehen. ● Mit einem riesigen Transparent gegen Rüstung blockiert Chris Barnsteg die Lindenstraße. Sie wird von der Polizei weggetragen. ● Zorro bringt Carstens saubere Wohnung völlig durcheinander. Er sammelt Sperrmüll, ist immer pleite und macht ständig den Kühlschrank leer.

143
PAARE
28.8.1988

Hans und Anna haben sich ein paarmal getroffen. Helga begegnet am Abend ihrer Rückkehr aus dem Langeoog-Urlaub zufällig Anna und lädt sie zum Krabbenessen ein. Sie bemerkt nicht die Spannung zwischen ihrem Mann und der Nachbarin. ● In der WG ist das Geld knapp geworden. Alle gehen gemeinsam Blutspenden, um mit dem Geld die Telefonrechnung bezahlen zu können. ● Beate und Vasily wollen das „Akropolis" attraktiver gestalten, indem sie eine Kleinkunstbühne einrichten.

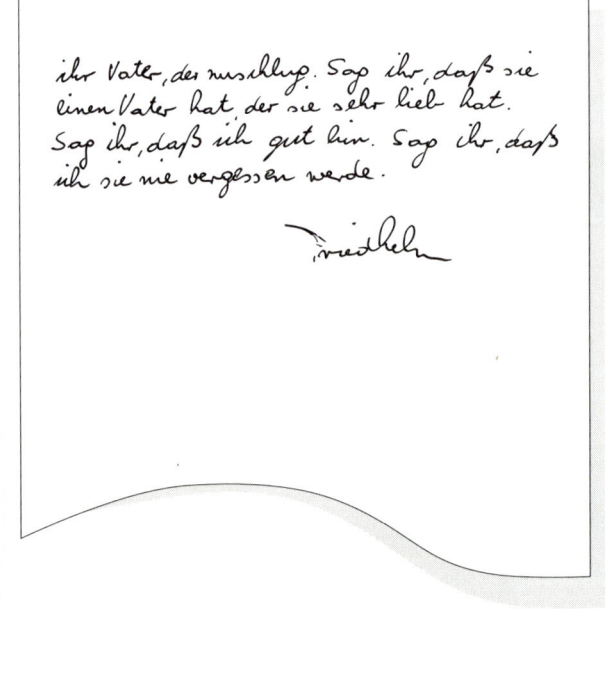

144
DIE HERRLICHE LEICHTIGKEIT DES LEBENS
4.9.1988

Panaiotis Sarikakis will in Nosseks Foto-Atelier eine griechische Tanzschule eröffnen. Bianca hat in Ulm eine Stelle als Maskenbildnerin angenommen und will wegziehen. Isolde möchte bald in die Lindenstraße zurückkehren und erklärt sich bereit, den Friseur-Salon wieder zu übernehmen. ● Gabi ist traurig. Die Vermutung, daß sie schwanger ist, bestätigt sich nicht. Benno ist froh, daß er durch Hans Beimers Vermittlung einen Job in einer Behindertenwerkstatt gefunden hat. Am selben Tag teilt ihm der Blutspendedienst mit, daß er den Aids-Virus hat.

145
HÄSCHEN IN DER GRUBE
11.9.1988

Benno ist völlig depressiv. Er hat nie mit einer anderen Frau als Gabi geschlafen, der Aids-Virus kann nur von einer Blutübertragung stammen, die er vor Jahren nach einem Unfall bekommen hat. Gabi reagiert panisch und hat große Angst, daß Benno den kleinen Max infiziert haben könnte. Gung ist unglücklich, weil Katharina ihn verlassen hat. ● Gottlieb kehrt überraschend heim und findet nicht Berta, sondern Robert Engel in seinem Bett. ● Auch Ludwig und Elisabeth kommen bestens erholt und sehr glücklich aus Italien zurück.

146
BESUCH AUS BERLIN
18.9.1988

Berta hat Robert in ihrer Wohnung aufgenommen. Sie zeigt sich Gottlieb gegenüber unversöhnlich, obwohl er sie für seine Untreue um Verzeihung bittet. ● Marion besucht mit sechs Freunden die Beimers, und sie belagern das Wohnzimmer. Helga bemerkt nachts verwirrt, daß Hans im Schlaf den Namen „Anna" ausspricht. ●

Vasily und Beate haben das Restaurant neu dekoriert und basteln an ihrer Kleinkunstbühne „Agora".

147
DER ERSTE TANZ
25.9.1988

Benno informiert Anna und Gung über seine Krankheit. Gung reagiert gelassen, aber Anna macht sich große Sorgen um Sarah und will sofort ausziehen. ● Gottlieb rätselt über Bertas Beziehung zu Robert, von dem er weiß, daß er homosexuell ist. Berta läßt keine Annäherung Gottliebs zu, sie ist in Robert verliebt. ● Bianca zieht nach Ulm. ● Als die Tanzschule eröffnet wird, bleibt Helga nicht verborgen, daß ihr Mann sehr innig mit Anna tanzt. Benny, der nachts mit dem Fahrrad von einer Robin-Wood-Versammlung zurückfährt, entdeckt in einem Hauseingang ein küssendes Paar: seinen Vater und Anna Ziegler.

148
BORA-BORA
2.10.1988

Hans erklärt seinem Sohn Benny, daß er sich in Anna verliebt hat, aber wegen seiner Familie dagegen ankämpfen will. Am Abend läßt er sich ratlos im „Akropolis" vollaufen. ● Anna arbeitet wieder als Erzieherin und ist in ihre alte Wohnung in der Kastanienstraße gezogen. ● Else Kling hat ein Gespräch zwischen Gabi und Dr. Dressler belauscht. Sie gibt an Phil Seegers aufgeregt die falsche Information weiter, daß Gabi Aids hat. Bennos Arbeitgeber hat von seiner Krankheit erfahren und ihm fristlos gekündigt.

149
TRÄUME
9.10.1988

Benno geht es sehr schlecht. Als Phils Geschäftsführer auftaucht, um den kleinen Max abzuholen, schmeißt Benno ihn raus und bricht zusammen. Auch Gabi ist hilflos. Sie hat Angst vor jedem Körperkontakt mit Benno. ● Carsten ist einsam und hat großen Liebeskummer. Zorro dagegen hat Chris kennengelernt und eine Nacht mit ihr verbracht. ● Gottlieb versucht, mit einem Dia-Vortrag über seine Reise, der zu einer Liebeserklärung an seine Frau wird, Berta zurückzugewinnen. Vergeblich.

150
DAS ZEICHEN
16.10.1988

Hans hat Anna besucht und mit ihr geschlafen. Am gleichen Abend möchte Helga ihn nach einer Feier zur Eröffnung der „Agora"-Bühne verführen. Hans zieht sich verstimmt zurück. ● Gabi ist mit Benno aufs Land gefahren, um ihn von seiner Krankheit abzulenken. ● Chris und Carsten unterziehen den schmuddeligen Zorro einer intensiven Grundreinigung und machen gegen seinen Willen für kurze Zeit einen gepflegten Menschen aus ihm.

151
AUS HEITEREM HIMMEL?
23.10.1988

Hans will seine Familie nicht verlassen, und, obwohl er Anna

Familienbande: Beate bei der Tanzschuleneröffnung (Folge 147)

Treff im Treppenhaus: Neumieter Zorro flirtet mit Chris Barnsteg (Folge 149)

liebt, die Beziehung zu ihr beenden. Helga ahnt, was los ist. Sie spricht mit Marion, die ihre Mutter auffordert, etwas zu unternehmen. ● Phils Geschäftsführer teilt Benno mit, mehrere Mieter hätten seinen Auszug verlangt. Phil bietet Gabi an, mit Max zu ihm nach Amerika zu kommen. Gabi, die jetzt halbtags in einem Schnellimbiß arbeitet, hat die Angst vor einer Infizierung überwunden. Sie gibt Benno ein Kondom und schläft mit ihm.

152
MAULTASCHEN
30.10.1988

Helga hat Anna erklärt, daß sie informiert ist. Sie redet auch mit Hans, der sehr schweigsam und hilflos wirkt. Helga glaubt, daß ihre dominante mütterliche Art Hans in die Arme der jungen, schwächeren Anna getrieben hat. Sie sagt, daß ihre Liebe zu ihm ungebrochen sei und verlangt eine Entscheidung. ● Benno spricht mit allen Hausbewohnern über seine Krankheit und stellt fest, daß nur Else Kling seinen Auszug gefordert hat. ● Chris, Zorro und Carsten planen eine Protest-Aktion: Mit Kleister wollen sie eine wichtige Verkehrskreuzung lahmlegen und Plakate auf die Straße kleben.

153
„WENN ICH EIN VÖGLEIN WÄR ..."
6.11.1988

Lydia Nolte fährt zur Kur nach Garmisch. Berta möchte wissen, woran sie mit Robert ist. Als sie ihn zu verführen versucht, wehrt er sie entschieden ab und verläßt fluchtartig die Wohnung. ● Helga liegt mit einer Grippe im Bett. Hans hat sich Urlaub genommen und pflegt sie. Er ist sehr lieb, und beide sind bemüht, sich zusammenzuraufen und den Seitensprung zu vergessen. ● Chris bekommt Skrupel vor ihrer Aktion, weil eine Gefährdung von Menschen nicht auszuschließen ist.

154
WAHRE FREUNDSCHAFT
13.11.1988

Chris und Carsten haben sich entschlossen, die Leim-Aktion abzublasen. Zorro betrinkt sich aus Enttäuschung über seine Freunde. ● Bennos Zustand hat sich verschlechtert. Er hat eine starke Erkältung und ist überzeugt, daß er bald sterben muß. ● Robert erklärt Berta, daß er sie sehr gern mag, aber schwul ist. Berta ist untröstlich.

155
UMARMUNGEN
20.11.1988

Helga und Hans renovieren gutgelaunt die Wohnung, der Neubeginn soll auch optisch deutlich werden. ● Zorro beschließt, ab sofort zu „privatisieren". ● Benno hat eine Lungenentzündung, er weigert sich, ins Krankenhaus zu gehen und will lieber in die Berge fahren, um dort zu sterben. Er schickt Lydia Nolte sein Testament.

156
DER ERSTE SCHNEE
27.11.1988

Berta hat ihre Führerschein-Prüfung bestanden. In glücklicher Sektlaune kommt es zu einer vorsichtigen Versöhnung mit Gottlieb. ● Helga wird bei den Weihnachtsvorbereitungen sehr traurig, weil Marion angekündigt hat, die Feiertage nicht zu Hause sondern in Paris zu verbringen. ● Gabi erfüllt Benno seinen großen Wunsch: Sie fährt mit ihm, der durch die Lungenentzündung stark geschwächt ist, in die Berge. Dort ist er groß geworden. Benno ist glücklich und bittet Gabi, für immer mit ihm in dem kleinen Berggasthof zu bleiben. In der Nacht fällt der erste Schnee, und Benno stirbt in Gabis Armen.

Bennos Ende: Gabi trauert am Grab ihres Mannes (Folge 149)

157
LAURA
4.12.1988

Tanja kehrt allein von Gomera zurück und ist geschockt über die Nachricht von Bennos Tod. ● Lydia Nolte hat für die Beerdigung ihre Kur unterbrochen und verliest Bennos Testament: Er hat alles an Gabi vermacht, nur sein kleines Haus in Aying soll Max bekommen. Gabis Mutter Rosi Koch will ein paar Tage bei ihrer Tochter bleiben. ● Bertas Versöhnung mit Gottlieb währt nicht lange: Sie findet einen Liebesbrief einer gewissen Laura, der jungen Frau vom Schiff.

158
DIE WAHRHEIT SCHMERZT IMMER
11.12.1988

Roberts Buchladen ist pleite, er will den Kiosk an Gottlieb zurückgeben. Berta hat das Vertrauen zu Gottlieb verloren. Nach einem heftigen Streit scheitert ihre Ehe endgültig. ● Tanja macht ein Praktikum bei einer Zeitung, denn sie will nun Journalistin werden. ● Gabi, die ihre Mutter in den letzten Jahren nur sehr selten gesehen hat, ist von ihrer ständigen Anwesenheit genervt. Sie braucht keine Hilfe, sondern Ruhe, um mit Bennos Tod fertig zu werden. ● Friedhelm Ziegler arbeitet als Aushilfskraft in dem Supermarkt in der Lindenstraße.

159
ABSCHIED IM ADVENT
18.12.1988

Gottlieb verläßt die Lindenstraße für immer. Er hat Berta den Kiosk überschrieben und sie großzügig abgefunden. Manoel versteht nicht, warum sein Vater weggeht. ● Anna Ziegler bricht bei Dr. Dressler zusammen: Sie ist schwanger von Hans Beimer. Elisabeth kümmert sich um sie und erfährt die ganze

Geschichte. ● Benny stellt den Eltern seine Freundin Kornelia vor. Klausis Hund, den er nach Nosseks Tod wiederbekommen hat, wird überfahren. Im Tierheim sucht er sich einen neuen aus: einen Terrier namens Esther.

DIE BESCHERUNG
25.12.1988

Bei Beimers fällt die Bescherung aus. Dafür wird für einen Skiurlaub, der am zweiten Feiertag beginnen soll, gespart. Helga leidet unter Marions Abwesenheit. ● Manoel ist untröstlich über Gottliebs Verschwinden. Auch Oma Lydia kann, weil sie noch in Kur ist, nicht mit ihnen feiern. ● Franz und Vera kehren aus Gomera zurück. Franz hat seine Leidenschaft für die Malerei entdeckt und will nicht mehr zurück in den Schuldienst. ● Hubert Koch, Gabis Stiefvater, ist zu Besuch. Gabi mag ihn nicht. Sie ist entsetzt, als ihre Mutter mitteilt, daß sie und Hubert für immer in die Lindenstraße ziehen wollen.

Kling Else Klingelingeling: Manoel und Klausi mit der neuen Version eines Weihnachtsliedes (Folge 161)

AM ENDE EINES LANGEN JAHRES
1.1.1989

Beimers haben ihren Urlaub abgebrochen, weil Hans und Helga einen Skiunfall hatten. Beide wurden eingegipst. Marion bittet von Paris aus ihre Eltern, im neuen Jahr eine französische Austauschschülerin aufzunehmen. ● Onkel Franz will Beimers besuchen. Er trifft unterwegs Else Kling, die ihn hocherfreut und zum Ärger von Egon zur Silvesterfeier bei Sarikakis einlädt. ● Gabi erträgt die Anwesenheit von Hubert und Rosi nicht mehr. Sie bittet Anna, wieder bei ihr einzuziehen, um ihre Eltern schnell loszuwerden.

ENGELS ABGANG
8.1.1989

Die Französin Dominique Mourrait trifft bei den Beimers ein. Sie ist sehr hübsch, sehr schüchtern und sehr reich. ● Hans erfährt, daß Anna wieder zu Gabi zieht und ist darüber nicht glücklich. ● Else Kling hat Franz Wittich bei sich einquartiert. Der ist froh, nicht ins Altersheim zurückzumüssen. ● Robert Engel räumt den Buchladen. Als er Manoel erklärt, daß er jetzt für immer weggeht, fühlt sich der Junge sehr einsam. Er macht sich heimlich auf den Weg zu Oma Lydia nach Garmisch.

FAMILIENPLANUNG
15.1.1989

Die Polizei hatte Manoel beim Trampen aufgegriffen und nach Garmisch zu seiner Oma gebracht. Lydia bringt ihn persönlich nach Hause. Nach einem Schwächeanfall kehrt sie jedoch noch am gleichen Tag nach Garmisch zurück. ● Isolde hat auf Ischia Enrico geheiratet und wird nun ihren Salon wiedereröffnen. ● Ein Bruder von Elena Sarikakis ist in eine Schmuggelaffäre verwickelt. Auf der Flucht vor der Polizei bittet er seine Schwester um Hilfe.

164
DER BRIEF
22.1.1989

Die Sarikakis' verstecken Dimitri und seine Schmuggelware - 300 Videorekorder verpackt in Eiernudelkartons - in der Tanzschule. Else Kling und Franz Wittich, die ungeniert flirten, entdecken, daß bei den Sarikakis' irgendetwas vor sich geht. ● Helga ist besorgt um Dominique, die noch immer sehr verschlossen ist und kaum etwas ißt. ● Chris zieht zu Carsten und Zorro, weil Berta die Wohnung ihrer Mutter auflösen will.

SPIONE
29.1.1989

Isolde und Enrico ziehen in die ehemalige Bennarsch-Wohnung im Erdgeschoß. ● Gabis Eltern wollen Lydia Noltes Wohnung mieten. Gabi ist unglücklich, sie nun für immer im Haus zu haben. ● Franz jobbt als Wäschefahrer und malt in jeder freien Minute. ● Else und Onkel Franz haben Dimitri und die Kartons in der Tanzschule entdeckt. Aber nur Egon, durch einen Zeitungsartikel über die Schmuggelaffäre informiert, zieht die richtigen Schlüsse. Er konfrontiert Panaiotis mit seinem Wissen.

MUMMENSCHANZ
5.2.1989

Egon hat die Sarikakis' nicht angezeigt. Er will ihnen helfen, aus der Sache rauszukommen und bringt Dimitri in der leerstehenden Nossek-Wohnung unter. Dafür tritt er bei der Hausverwaltung als offizieller Mieter auf. Else ist ahnungslos und spekuliert mit ihrem Hausfreund Franz weiter über die Eiernudelkartons. ● Im „Akropolis" wird Fasching gefeiert. Franz beobachtet besorgt, daß Vera mit einem fremden, jungen Mann flirtet. ● Berta wird über Lydias schlechten Gesundheitszustand informiert.

167
GIPSLOS GLÜCKLICH
12.2.1989

Manoel weigert sich, in die Schule zu gehen. Seit dem frühen Morgen sitzt er schweigend im Hinterhof, um für Lydia zu beten und die bösen Geister aus ihrem Körper zu vertreiben. ● Hans und Helga sind von ihren Gipsen befreit und sauer auf Benny. Er hat mit Kornelia die Schule geschwänzt und eine Entschuldigung gefälscht. ● Gabi erfährt von Annas Schwangerschaft. Sie glaubt, daß Friedhelm der Vater ist und macht Anna Vorwürfe. Ängstlich verschweigt Anna die Wahrheit.

168
GEHEIMNISSE
19.2.1989

Egon erklärt sich bereit, als Tourist getarnt Dimitris Videorekorder nach Griechenland zu bringen. Er erzählt Else, daß er demnächst mit dem Campingbus eines Freundes Urlaub machen will. Else sagt, daß sie und Franz Wittich ihn natürlich begleiten werden. ● Auf Vorschlag von Elisabeth verbringt Anna ein paar erholsame Tage in Dresslers Ferienwohnung in Percha. Sie sagt nun auch Gabi die Wahrheit, läßt sich aber nicht von ihr überreden, Hans Beimer zu informieren. ● Hubert und Rosi Koch ziehen in die Nolte-Wohnung.

169
WIND
26.2.1989

Enrico Pavarotti hat von Berta den Kiosk gemietet. Er will dort einen italienischen Schnellimbiß eröffnen. ● Else und Franz sind auf Egons Vorschlag nach Mallorca geflogen. Nun packen Vasily und Beate die Videorekorder auf ihren Lieferwagen, um sie später in den Campingbus zu verladen. Hastig und nervös starten sie. Vasily überfährt auf dem Zebrastreifen der Lindenstraße Ludwig Dressler, der einen Brief an Nina Winter einwerfen wollte. Wegen der Schmuggelware reagiert Vasily panisch und begeht Fahrerflucht. ● Egon reist ab nach Griechenland.

170
DAS JA-WORT
5.3.1989

Ludwig Dressler ist gelähmt. Beate und Vasily sind völlig verzweifelt. ● In vier Wochen findet der Prozeß gegen Friedhelm statt. Gabi und Gung suchen für Anna ein weites Kleid aus, das bei Gericht die Schwangerschaft verbergen soll. Dabei kommen sie auf die Idee, für Annas Kind einen Scheinvater zu suchen. ● Franz will Vera unbedingt Ostern heiraten, aber sie zögert noch. Bei einem Discobesuch entdeckt Tanja zufällig Vera, die sich sehr angeregt mit einem jungen Mann unterhält.

171
DER KULTURSCHIMPANSE
12.3.1989

Vera erklärt Tanja ihr heimliches Treffen mit dem jungen Mann. Er ist ein Freund von Celin und hat ihr besorgt mitgeteilt, daß es Celin sehr schlecht geht. Sie wollte näheres erfahren, aber Franz damit nicht belasten. ● Anna hat sich von der Idee, einen Scheinvater zu suchen, überzeugen lassen. Gabi und Gung schlagen vor, es mit Zorro zu versuchen. ● Else und Franz sind von Mallorca zurück. Die Familie Sarikakis ist in großer Sorge, weil Egon sich noch nicht gemeldet hat.

172
ROLLENSPIELE
19.3.1989

Zorro ist einverstanden, die Rolle des Scheinvaters zu spielen und erklärt das auch seiner Freundin Chris. Mit Carsten liegt er wegen seiner Unordentlichkeit nach wie vor im Dauerclinch. Anna kehrt in die Lindenstraße zurück. ● Vera ist einverstanden, Franz Ostern zu heiraten. Celin kommt und begleitet Franz auf den Friedhof. Er scheint sich damit abgefunden zu haben, daß er Vera verloren hat und redet sehr offen mit Franz. Als er ihm bei der Pflege der Gräber hilft, findet er den Revolver, den Bianca kurz vor Nosseks Tod dort vergraben hatte.

Mehr als ein Händedruck: Die erste Begegnung von Dr. Pauli und Elisabeth (Folge 176)

173
CELINS BEFREIUNG
26.3.1989

Franz und Vera heiraten in einer idyllischen Kapelle. Während der Trauung zieht Celin den Revolver aus der Tasche, wirft ihn später aber weg und verläßt ohne ein Abschiedswort traurig das Brautpaar. Die beiden treten nach einer Feier im „Akropolis" die Hochzeitsreise nach New York an. ● Die Polizei erkundigt sich bei Elena nach ihrem Bruder Dimitri, bekommt aber nicht die Wahrheit heraus. Endlich ruft auch Egon an. Er hat die Ware zwar abgeliefert, wartet aber noch auf das Geld. ● Zorro ist Carstens Gemotze leid: Er stellt einen alten Wohnwagen in den Hinterhof und zieht dort ein.

174
WAHRHEITSFINDUNG
2.4.1989

Der Vergewaltigungsprozeß gegen Friedhelm Ziegler findet statt. Zunächst streitet er jede Schuld überzeugend ab. Als dann Annas Verteidiger überraschend einen Zeugen präsentiert, der ihre Flucht aus Friedhelms Wohnung an jenem Abend beobachtet hat, gesteht Friedhelm alles. Er wird zu acht Monaten Haft verurteilt. ● Egon ist wieder da. Braungebrannt und stolz überreicht er der Familie Sarikakis das Geld. Dimitri wird allerdings von der Polizei verhaftet, als er sich auf der Straße von seiner Familie verabschiedet.

175
KATZ UND MAUS
9.4.1989

Helga trifft Anna im Friseursalon und bemerkt ihre Schwangerschaft. Sie hat die schlimme Ahnung, daß Hans der Vater ist und spricht mit ihm darüber. Bennys Versetzung ist wieder einmal stark gefährdet. ● Egon Kling hat sich sehr verändert. Er hat jetzt den Mut, seiner Frau zu widersprechen und setzt entschlossen ihren Hausfreund Franz Wittich vor die Tür. ● Als Else und Franz später die Polizei zu den Sarikakis' schicken, warnt Egon die Griechen, so daß sie alle Spuren ihrer Verwicklung in den Schmuggel beseitigen können.

176
SALZ IN DEN WUNDEN
16.4.1989

Hans fragt Anna, ob er der Vater ihres Kindes ist. Obwohl es ihr sehr schwerfällt, präsentiert ihm Anna Zorro als den Erzeuger. Hans verabschiedet sich enttäuscht und verwirrt. ● Dressler hat für seine Praxis eine Vertretung engagiert. Dr. Pauli ist liebenswürdig und auf Anhieb angetan von seiner Sprechstundenhilfe Elisabeth. ● Else versucht kleinlaut, ihren Egon zurückzugewinnen. Der ist aber sehr abweisend. Er macht nun offensichtlich das, was er will.

177
TRANSAKTION
23.4.1989

In Dresslers Haus wird ein Rollstuhllift eingebaut. Beate erträgt die Schuldgefühle wegen Vasilys Unfall nicht mehr. Sie gesteht alles weinend ihrer Mutter. ● Benny nimmt Nachhilfestunden. Mit großer Mühe gelingt es ihm, seine Mutter zu überreden, ihm die Teilnahme an einem Robin-Wood-Fest zu erlauben. ● Enricos Steh-Pizzeria ist ein voller Erfolg. Enrico ist stolz, aber irritiert über die deutschen Kunden, die immer alles gleich in bar bezahlen wollen.

178
VON ANGESICHT ZU ANGESICHT
30.4.1989

Nur aus Rücksicht auf ihre Tochter Beate hat Elisabeth Vasily nicht angezeigt. Sie findet sein Verhalten abscheulich und will ihn nie wiedersehen. Dressler wird aus der Klinik entlassen und versucht mit großer Kraft, sein Schicksal zu meistern. ● Berta Griese arbeitet zur Unterstützung Elisabeths nun auch halbtags in der Praxis. Außerdem gibt sie Klavierunterricht und begrüßt als ersten Schüler Enrico Pavarotti. ● Zorro hat im Hinterhof eine Gemüsezucht begonnen. ● Vera und Franz kehren aus New York zurück. Franz hat viele Skizzen mitgebracht und freut sich auf die Arbeit an den Bildern.

179
VERSCHLOSSENE TÜREN
7.5.1989

Beate hat Vasily schwere Vorwürfe gemacht und ihn vorerst verlassen. Vasily beschließt, sich der Polizei zu stellen. Im letzten Augenblick ist es doch Beate, die ihn zurückhält: Sie könnte es nicht ertragen, wenn er ins Gefängnis käme. ● Zorro, Egon, Hubert und Franz Schildknecht treffen im Hinterhof zufällig zu einem ausgedehnten Vatertags-Besäufnis zusammen. ● Jean-Luc Mourrait möchte seine Tochter an ihrem Geburtstag mit einem Besuch überraschen. Die Beimers müssen erstaunt erleben, daß Dominique panisch reagiert und sich weigert, mit ihrem Vater zu reden.

180
VA BANQUE
14.5.1989

Rosi hat einen heftigen Streit mit Hubert, weil er schlechtgelaunt war und sie herumkommandiert hat. ● Schwer belastet von seiner Schuld vernachlässigt Vasily das Lokal. Die Kunden bleiben aus, Enrico macht ihnen Konkurrenz. Vasilys Vater rätselt, was seinen Sohn so bedrückt. ● Elisabeth liest Ludwig jeden Wunsch von den Augen ab. Ihr ist nicht verborgen geblieben, daß Dr. Pauli sie verehrt. Aber sie ist überrascht, als er ihr mitteilt, daß er die Praxis nicht weiterführen kann, weil er sich in sie verliebt hat.

181
ZU NEUEN UFERN
21.5.1989

Elisabeth hat Pauli zum Bleiben überredet. Privat geht sie sehr auf Distanz, bis Pauli sie mit ausdrücklicher Billigung von Ludwig zum Essen ausführt. Sie muß sich eingestehen, daß er sehr nett ist. ● Chris kündigt Zorro völlig überraschend an, daß sie ihn noch in der Nacht verlassen wird. Sie will mit ihrer Theatergruppe für längere Zeit auf Tournee gehen. Zorro ist sehr traurig. Zum ersten Mal sagt er ihr, wieviel sie ihm bedeutet hat. Er glaubt kaum, daß sie zu ihm zurückkehrt. ● Else wird von ihrem Egon weiterhin völlig abgeblockt. Das macht ihr so zu schaffen, daß sie ein paar Sachen zusammenpackt und verschwindet.

182
WER ZULETZT LACHT
28.5.1989

Benny und Kornelia legen aus Protest gegen die Energieverschwendung in ihrer Schule den Stromkreis lahm und bekommen einen Verweis. Kornelias Vater ist überzeugt, daß Benny einen schlechten Einfluß auf seine Tochter hat. ● Egon macht sich Sorgen: Else ist seit einer Woche spurlos verschwunden. Dann entdeckt er sie zufällig in der leerstehenden Nossek-Wohnung. Sie hat ihn nicht bemerkt, und so läßt er sie einfach in ihrem Versteck sitzen. ● Vasily ist am Ende: Apathisch liegt er im Bett und weiß nicht mehr weiter.

183
LIEBESDIENSTE
4.6.1989

Auf das Risiko hin, von der Schule zu fliegen, planen Benny und Kornelia eine neue Protestaktion. ● Gabi hat finanzielle Probleme: Zwar kann sie mit ihrem Lohn aus dem Schnellimbiß Max und sich selbst versorgen, aber für die Hypotheken auf Bennos Haus reicht es nicht mehr. Gung und Anna helfen ihr aus. ● Else Kling bit-

Fete im Flur: Franz Schildknecht, Hubert Koch, Egon Kling und Zorro begießen den Vatertag (Folge 179)

tet Franz Wittich telefonisch darum, sie in ihrem Versteck mit Lebensmitteln zu versorgen. Er nutzt die Gelegenheit und nistet sich bei ihr ein.

184
DER NEUE MIETER
11.6.1989

Else ist wieder da. Sie hatte sich aus dem Haus geschlichen, ist mit dem Taxi vorgefahren und erzählt dem amüsierten Egon nun von ihrem schönen Urlaub am Wolfgangsee. ● Onkel Franz mietet die Nossek-Wohnung. ● Ludwig hat Vasily und Beate zum Essen eingeladen. Als er ihnen auch finanzielle Hilfe für ihr Lokal anbietet, dreht Vasily beinahe durch. ● Beimers Kinder haben keine Lust auf einen Familienurlaub. Benny und Kornelia hängen ein Transparent gegen Atomenergie aus dem Fenster ihres Klassenzimmers.

185
ABENDSEUFZER
18.6.1989

Für ihre Aktion sind Benny und Kornelia von der Schule geflogen. Benny ist entschlossen, überhaupt nicht mehr zur Schule zu gehen. ● Zögernd nimmt Elisabeth Dr. Paulis Angebot an, sie zur Ferienwohnung nach Percha zu fahren. Ludwig ist erfreut über seine Hilfsbereitschaft. Er will Vasily und Beate eine Lautsprecheranlage für ihre Bühne schenken. Mühsam erklärt Vasily, daß er das nicht annehmen kann und sagt Ludwig endlich die Wahrheit.

186
VITAMIN B
25.6.1989

Ludwig hat sehr ruhig auf Vasilys Geständnis reagiert. Er wird ihn nicht anzeigen. Vasily ist erleichtert und bietet ihm jede erdenkliche Hilfe an. ● Gabi befürchtet, daß sie das Haus, das Benno Max vererbt hat, nicht weiter finanzieren kann. Sie will sich bei Hubert Geld leihen. Der lehnt entschieden ab. ● Durch gute Beziehungen von Kornelias Vater zum Direktor wurde der Verweis für Kornelia rückgängig gemacht, nicht aber für Benny. Kornelia will gegen diese Ungerechtigkeit etwas unternehmen.

187
STREIK
2.7.1989

Manoel ist aus der Schule abgehauen. Er verweigert Berta den Gehorsam und verwüstet trotzig sein Kinderzimmer. ● Kornelia hat die Bestechung ihres Vater publik gemacht und streikt mit der ganzen Klasse. Nach einer Lehrerkonferenz erteilt der Direktor Kornelia den endgültigen Verweis. ● Vasily kümmert sich jetzt jeden Tag um Dressler. Sein Vater macht sich große Sorgen um die Zukunft des „Akropolis".

188
SCHULD UND SÜHNE
9.7.1989

Zorro nimmt seine Scheinvaterschaft sehr ernst und kümmert sich rührend um die hochschwangere Anna. Sein Bruder Otto, ein Rechtsanwalt, teilt ihm mit, daß die Gerichtsverhandlung wegen seiner Wehrdienstverweigerung bevorsteht. ● Ludwig weiß von Elisabeths Sympathie für Dr. Pauli. In einer Aussprache äußert er Verständnis, daß Elisabeth sich - auch sexuell - einem anderen Mann zuwendet. Er bittet sie allerdings, das nie vor ihm zu verheimlichen. ● Auf Anregung Bertas plant Franz, seine Bilder in Panaiotis' Tanzschule auszustellen.

189
FÖN
16.7.1989

Elisabeth weist Dr. Paulis Bemühen nun nicht mehr zurück. Vasily erfährt durch die vielen Stunden mit Dressler sehr viel aus dessen Leben. ● Manoel weigert sich, mit seiner Mutter demnächst in die Ferien zu fahren und macht ihr das Leben schwer. Als sie ihn zur Strafe in sein Zimmer sperrt, versucht er aus dem Fenster zu klettern

Schüleraustausch: Benny mit Dominique Mourrait (Folge 184)

Neue Liebe: Tanja und Dominiques Vater Jean-Luc (Folge 195)

Waffen-Wahn: Franz Wittich auf Verbrecher-Jagd (Folge 198)

und wird von Dominique vor einem Sturz gerettet. ● Franz Wittich hat in seiner Wohnung ein großes Waffenarsenal.

GRÜNES LICHT
23.7.1989

Manoel hat in seiner Retterin Dominique eine neue Freundin gefunden. Helga Beimer bietet Berta an, Manoel mit in den Urlaub zu nehmen. Benny geht nicht mehr zur Schule und nervt seine Eltern mit seiner Faulenzerei. ● Seit zwei Tagen ist Annas Entbindung überfällig. Zorros Antrag auf Wehrdienstverweigerung ist rechtskräftig abgelehnt. Er ist trotzdem entschlossen, nie eine Uniform zu tragen. ● Elisabeth hat Carsten einen Gebrauchtwagen geschenkt. Während einer Probefahrt erzählt sie ihm von ihrer Sympathie für Dr. Pauli.

FIXIERUNGEN
30.7.1989

Zorro wurde ein Einberufungsbescheid zugestellt. Er beschließt, sich in der Berghütte seines Bruder zu verstecken. Bei Anna setzen die Wehen ein. Ausgerechnet Helga Beimer fährt sie in die Klinik. Anna bringt ihren Sohn Tom zur Welt. ● Zur Eröffnung von Franz' Ausstellung hält Berta eine Rede. ● Vasily vernachlässigt weiterhin das Lokal, weil er sich so oft bei Dressler aufhält. ● Hans entdeckt empört die Waffensammlung in der Wohnung von Onkel Franz.

AUF UND DAVON
6.8.1989

Helga, Hans und Klausi fahren ins Fichtelgebirge. Hans ist sauer, weil nicht nur Manoel sie begleitet, sondern auch Berta sich dem Urlaub angeschlossen hat. Zuhause findet Benny im Badezimmer Dominique, die sich qualvoll übergibt. Er entdeckt in ihrem Zimmer überall verdorbene Speisen. ● In Pavarottis Pizzeria wurde eingebrochen. Onkel Franz beschließt mit seinen militanten Freunden, ab sofort nachts zu patrouillieren. ● Anna ist wieder daheim, und Zorro setzt sich in die Berghütte ab.

ZUFÄLLIGE BEKANNTSCHAFTEN
13.8.1989

Benny und Kornelia kümmern sich um Dominique. Während sie eine Fahrradtour machen, kommt ihr Vater Jean-Luc zu Besuch. Auf der Straße lernt er Tanja Schildknecht kennen. Sie erfährt, daß er Kunsthändler ist und lädt ihn in die Ausstellung ihres Vaters ein. Als Dominique zurückkehrt, lehnt sie es wieder ab, mit ihrem Vater zu reden, und fordert ihn auf, zu gehen. ● Hans hat im Urlaub schlechte Laune. Bertas Anwesenheit nervt ihn, und Helga macht ihn mit einer reizenden Urlaubsbekanntschaft eifersüchtig.

FROMME LÜGEN
20.8.1989

Früher als die anderen kehrt Hans aus dem Urlaub zurück. Er trifft zufällig Anna. Sie bringt ihn mit einer sehr merkwürdigen Andeutung in Zweifel, ob sie ihm damals über die Vaterschaft die Wahrheit gesagt hat. ● Schweren Herzens will Gabi das Haus verkaufen. Da es Max gehört, muß sie auf die Genehmigung des Vormundschaftsgerichts warten. ● Elisabeth macht sich Vorwürfe, weil sie Ludwig ihr Verhältnis mit Dr. Pauli verschweigt. Als sie sich nachts auf der Straße leidenschaftlich umarmen, werden sie von Franz Wittich beobachtet.

DIE MACHT DES SCHICKSALS
27.8.1989

Franz Wittich teilt Dressler mit, daß ihn seine Frau mit Dr. Pauli hintergeht. Dressler nimmt das scheinbar gelassen hin, später läßt er seine ohnmächtige Wut an Vasily aus. ● Jean-Luc Mourrait gelingt es wieder nicht, mit seiner Tochter ins Gespräch zu kommen. Dafür wird aus einem Wiedersehen mit Tanja ein leidenschaftlicher Flirt. ● Helga wird bei ihrer Heimkehr durch einen Blumengruß von Herrn Lösch, ihrer Urlaubsbekanntschaft, überrascht. Einem Gespräch über Annas Baby weicht Hans am Abend genervt aus.

ANTRÄGE
3.9.1989

In seiner Ratlosigkeit schickt Hans 500 Mark für das Kind an Anna. Sie nimmt das Geld nicht an. ● Dressler ist deprimiert. Er hat Elisabeth an seine Bitte, ehrlich zu sein, erinnert. Sie hat diese Chance nicht genutzt, ihre Beziehung zu Pauli einzugestehen. ● In der WG wird gefeiert: Zorro ist wieder da, und Gabi hat die Genehmigung bekommen, das Haus zu verkaufen. ● Franz, der eine künstlerische Krise durchmacht, ist um Tanja besorgt. Sie hat sich in den sehr viel älteren Mourrait verliebt.

VÄTER
10.9.1989

Nach einer heftigen Auseinandersetzung mit seinem Vater kündigt Benny an, daß er zu Kornelia ziehen wird. Trotz ihrer Sorgen um Dominiques Gesundheit freut sich Helga über den Besuch von Herrn Lösch. ● Carsten hat einen zwölfjährigen Ausreißer auf der Straße aufgelesen, der hohes Fieber hat. Bei der Untersuchung des Jungen gesteht Dr. Pauli Carsten, daß er seine Mutter Elisabeth liebt. ● Manoel ist wieder mal abgehauen. Berta findet ihn nachts auf der Straße, als Franz Wittich ihm gerade seine Pistole in die Hand drückt.

DEFEKTE
17.9.1989

Nachdem Dominique zusammengebrochen ist, erfahren Beimers von Dr. Pauli, daß sie an Magersucht leidet. Beim Besuch ihres Vaters weigert sich Dominique, mit ihm nach Paris zurückzukehren. ● Tanja schläft zum ersten Mal mit Mourrait. Sie ist sehr glücklich. Mourrait kauft ihrem Vater zwei Bilder ab. ● Carstens Schützling Michael ist wieder gesund. In der Nacht versucht der Junge, in die Pizzeria einzubrechen. Dabei überrascht ihn der patrouillierende Franz Wittich und schießt ihn nieder.

IM ERNST
24.9.1989

Mit zerschossenem Bein liegt Michael im Krankenhaus. Die Polizei hat Franz Wittich wieder auf freien Fuß gesetzt. Alle sind empört und lehnen weitere Kontakte mit ihm ab. ● In der WG taucht ein junger Mann auf, der Gabi das Haus abkaufen will. Zorro erklärt Anna, daß er als Deserteur gesucht wird, und daß sie ihn deshalb momentan nicht offiziell als Vater angeben kann. ● Bertas Geduld mit Manoel ist erschöpft: Als er mit einem Küchenmesser ihr Klavier demoliert, verprügelt sie ihn.

GROSSREINEMACHEN
1.10.1989

Jetzt verweigert Manoel sich total. Berta fühlt sich überfordert und glaubt, als Mutter wie zuvor als Ehefrau versagt zu haben. ● Elisabeth hat das Verhältnis mit Dr. Pauli beendet und sich für Ludwig entschieden. Der vertraut ihr allerdings nicht mehr. Er wirft ihr vor, daß sie nur aus Mitleid bei ihm bleibt. ● Annas Mutterschutzfrist ist abgelaufen. Sie geht wieder arbeiten. Gabi ist glücklich, weil sie das Haus für 1500 Mark im Monat vermieten kann. Nun braucht sie es doch nicht zu verkaufen. ● Hans wird sehr nachdenklich. Er erfährt, daß Anna sich bislang geweigert hat, den Namen von Toms Vater offiziell anzugeben.

Neues in der Lindenstraße

Das Café Bayer in der Kastanienstraße wurde schon im vergangenen Sommer zu einem beliebten Treff für die „WDR publik"-Besucher in Bocklemünd. Es bekommt demnächst auch in der Serie seinen festen Platz: Hier sitzen die Lindensträßler bei Kaffee und Kuchen zusammen, und ab Folge 230 werden sie von einem bekannten Gesicht bedient: Gabi Zimmermann wird dort als Serviererin arbeiten.

An der Hausfassade neben dem Café weist ein Schild schon lange auf einen

weiteren Neuzugang hin: Der Rechtsanwalt Dr. Richard Kirch wird sich voraussichtlich ab Herbst 1990 um die juristischen Probleme der Lindenstraßen-Bewohner kümmern.

Ein Umzug bahnt sich an: Dominique Mourrait wird die Beimers verlassen. Weit weg geht sie erfreulicherweise nicht: Sie mietet eine kleine Wohnung in der Kastanienstraße.

Und das Wiedersehen mit einem alten Bekannten steht uns bevor: Robert Engel, der Ex-Freund von Carsten Flöter, wird wieder vor seiner Tür stehen. Klar, daß Carsten ihn auch diesmal aufnimmt.

Die Französin Dominique Mourrait: Sie kann demnächst in ihrer eigenen Wohnung turnen.

Robert Engel: Sein Comeback steht ins Haus

Die Fernsehserie als Ausflugsziel: Bei „WDR publik" in Köln-Bocklemünd sind in den Sommermonaten an jedem Wochenende Tausende zu Besuch. Hauptattraktion für die neugierigen Ausflügler ist die Lindenstraße. Im Hintergrund ist die neu erbaute Fassade der Kastanienstraße zu sehen, mit dem Café Bayer, einem Blumenladen, der Rechtsanwaltskanzlei und weiteren Wohnungen.

Freigeg. Reg. Präs. Düsseldorf Nr. 02 B 43–54

Von der Manege ins Fernsehstudio: Artisten-Kind Rebecca (11), Tochter des Zirkusdirektors Gerd Siemoneit-Barum, zieht in die Lindenstraße. Sie wurde für die Rolle der „Iffi" Zenker ausgewählt.

Die Zenkers kommen!

Bei ihnen ist Tag und Nacht offene Tür, sie frühstücken mit Vorliebe auf dem Fußboden und sind meist ziemlich laut. Man muß sie nicht gern haben, aber übersehen und überhören kann man sie auch nicht: Die Zenkers kommen.

In Folge 220 passiert es: Andreas Zenker, ein Taxiunternehmer um die 40, zieht mit seinen vier Kindern in die Lindenstraße. Seit Zenkers Frau vor fünf Jahren bei einem Unfall ums Leben kam, kümmert er sich allein um seine Bande – und hat vollstes Vertrauen zu Josua (20), Timotheus (18), Valeria (16) und Iphigenie (11). Daß die Leute meinen, die Zenkers seien die schlechterzogensten Kinder auf der Welt, macht ihrem Vater nichts aus; daß er gleich in den ersten Tagen Knatsch mit Else Kling kriegt, scheint ihm sogar Spaß zu machen.

Eine große Rolle werden die Zenker-Mädchen spielen, die so ganz verschieden sind: Valeria, genannt „Walze", ist reichlich dick, träumt meist in den Tag hinein und ist oft unglücklich verliebt. Iphigenie, genannt Iffi, ist dagegen äußerst keß. Sie macht am liebsten Akrobatikübungen und wird mit Klausi und Manoel ein gefürchtetes Trio bilden.

Nadine Spruß (16) aus Wesseling: Sie spielt die Valeria Zenker, genannt „Walze".

WDR publik

Wenn Enrico Pavarotti seine Pizza-Bude auch am Wochenende öffnen könnte, wäre er schon ein reicher Mann. Dann ist in der LIndenstraße nämlich richtig was los. Aber am Samstag und Sonntag bleibt der Kiosk geschlossen - zum großen Bedauern vieler Besucher von „WDR publik".

Bis zu 15.000 Besucher bummeln am Wochenende in Köln-Bocklemünd über die Lindenstraße. Sie schmunzeln über die Häuser ohne Innenleben, drängeln sich in die Eingänge und klingeln versuchsweise bei den Beimers oder Klings.

Schüler und Studenten machen Führungen durch die Straße und verraten, was hinter den Kulissen passiert. Die Väter mit den Videokameras können ihre eigenen Lindenstraßen-Episoden drehen. Im Shop gibt jeden Sonntag ein Schauspieler Autogramme und verkauft Serien-Souvenirs. Der Erlös kommt Greenpeace oder der Kinderkrebshilfe zugute. Wer ein ganz besonderes Andenken will, kann sich in der „Fotokiste" in Beimers Wohnzimmer oder Dr. Dresslers Praxis fotografieren lassen - mit einem Trick.

Neben der Lindenstraße können bei „WDR publik" besichtigt werden: Die Werkstätten, der Kostüm- und Requisiten-Fundus, die Meier-Halle, das Cafe Millowitsch und die Action-Straße. Im Mittelpunkt des Geländes steht ein Freiluftstudio, aus dem Fernseh- und Radiosendungen übertragen werden.

WDR publik
Freimersdorfer Weg 6
5000 Köln 30
geöffnet von Mai bis September.
Samstag von 12.00 bis 18.00 Uhr
Sonntag von 10.00 bis 18.00 Uhr

Autogrammstunde für „WDR publik": Wolfgang Grönebaum, der Egon Kling-Darsteller, im Lindenstraßen-Shop. Der Erlös aus dem Verkauf von T-Shirts, Schallplatten u.a. geht an die Kinderkrebshilfe und Greenpeace.

Zu guter Letzt ...

Das Schlußwort der Herausgeberin

Längst sind sie alte Bekannte: Die Beimers und Schildknechts, die Dresslers, die Klings und die Kochs, Gabi Zimmermann und Anna Ziegler, Isolde Panowak und ihr Topolino, Berta Griese und Manoel, Zorro natürlich und Onkel Franz, die Sarikakis', Gung sowie all die anderen. Sie, die Lindensträßler, sind uns so vertraut geworden wie unsere Nachbarn - und manchmal sogar ein bißchen mehr. Man glaubt es kaum, daß es sie nur im Fernsehen gibt.

200 Folgen Lindenstraße - 100 Stunden Geschichten aus dem Alltag. Ein großes Stammpublikum von 13 Millionen Zuschauern schaut im Ersten und in den Dritten Programmen seit vier Jahren jede Woche zu. Im Sommer etwas weniger - da machen viele Ferien, wie die Beimers auch. Lindenstraße ist die unendliche Geschichte der Leute von nebenan - und ein wenig auch derjenigen, die gerade zuschauen.

Lindenstraße ist auch die Geschichte einer Komplizenschaft des Fernsehens mit dem Publikum. Das augenzwinkernde Einverständnis zwischen Autoren, Produzenten und den Zuschauern, daß es spannend ist, bei Leuten wie „Du und ich" durchs Schlüsselloch zu schauen. Wenn gefällt, was man da sieht, ist man es selbst. Wenn's nicht gefällt, oder etwas zu aufregend ist, sind's Gott sei Dank nur die anderen.

Lindenstraße zeigt ein Stück bundesdeutscher Gegenwart, die Zuschauer finden sich darin wieder. Und alle schauen hinein: Jede Altersstufe und alle gesellschaftlichen Schichten sind vertreten. Es gibt Jugendliche, für die Lindenstraße eine Art Alltagskult geworden ist. In Gruppen schauen sie gemeinsam jeden Sonntag zu, und keine Folge darf ausgelassen werden. Es gibt die alten Damen, die sich oft über die Geschehnisse in der Lindenstraße ärgern, das aber so pünktlich tun möchten, daß jeder Besuch sonntags um 18.40 Uhr zu gehen hat - oder aber mit zuschauen muß. Und es gibt diejenigen, die gelegentlich reinschauen und dann bedauern, daß sie einige Folgen verpaßt haben. Dann kommen die Briefe in die Redaktion, ob man nicht mal eben ein paar Cassetten schicken kann.

Nach vier Jahren hat die Dauerserie Lindenstraße Vertrautheit und Kontinuität geschaffen, die vielen im schnellebigen realen Alltag oft fehlt. Auch das ist ein Grund, warum die Zuschauer immer wieder einschalten - und regelmäßig protestieren, wenn die Sendezeit verschoben werden muß.

An Beimers Ehekrise, Elisabeth Dresslers Gewissensnöten, Vasilys Schuldgefühlen, an Bennys Schulproblemen, Else Klings Liebeskummer, aber auch an Isolde Panowaks und Enricos Lebenszuversicht, Zorros Charme und Gabi Zimmermanns Tapferkeit nehmen die Zuschauer intensiv Anteil. Sie teilen Freud und Leid der Lindenstraßen-Bewohner. In vielen Briefen schreiben sie ihre Meinung dazu oder erzählen ihre eigenen, ähnlichen Erfahrungen.

Keine Geschichte der Lindenstraße hat das Publikum jedoch so erregt und betroffen gemacht wie Benno Zimmermanns Aids-Erkrankung. Hier hat eine Unterhaltungsserie in einem seltenen Ausmaß konkrete Reaktionen sehr vieler Menschen bewirkt. Die Aids-Beratungsstellen wurden mit Bitten um Zusatzinformationen überschwemmt. Ein großer Teil des Publikums, der durch Informationssendungen nur schwer erreichbar ist, wurde durch Lindenstraße aufmerksam, daß Aids auch ihn betrifft.

Nach vier Jahren ist Lindenstraße die erfolgreichste Serie der ARD - und ist immer noch die einzige Dauerserie. Sechs Regisseure und zwei Regisseurinnen inszenierten 200 Folgen, mit einem Ensemble, in dem viele Schauspieler schon von Anfang an dabei sind. Das Team der Geißendörfer Film- und Fernsehproduktion (GFF) und das Team des Westdeutschen Rundfunks produzieren täglich in Köln-Bocklemünd die Geschichten der Lindenstraße, jede Folge in vier Tagen. Die immer noch einmalige, bis in das Produktionsteam hinein verzahnte Zusammenarbeit zwischen einer Fernsehanstalt und einer privaten Firma ist im Kölner Produktionsalltag längst fruchtbare und erfolgreiche Selbstverständlichkeit geworden.

Die kontinuierlich hohe Zuschauerzuwendung, das schnelle und häufig ganz direkte Feed-back, motiviert alle, das fünfte Produktionsjahr mit derselben Energie zu beginnen, die am Anfang Lindenstraße zu einem Erfolg gemacht hat. Und wenn die Zuschauer der Lindenstraße weiterhin so treu bleiben, besteht die gute Chance, daß die ARD sich entscheidet, ihre Gemeinschaftssendung auch im sechsten und siebten Jahr fortzusetzen.

Der Stoff für die Lindenstraßen-Geschichten reicht auf jeden Fall noch für einige weitere hundert Folgen.

Monika Paetow
WDR

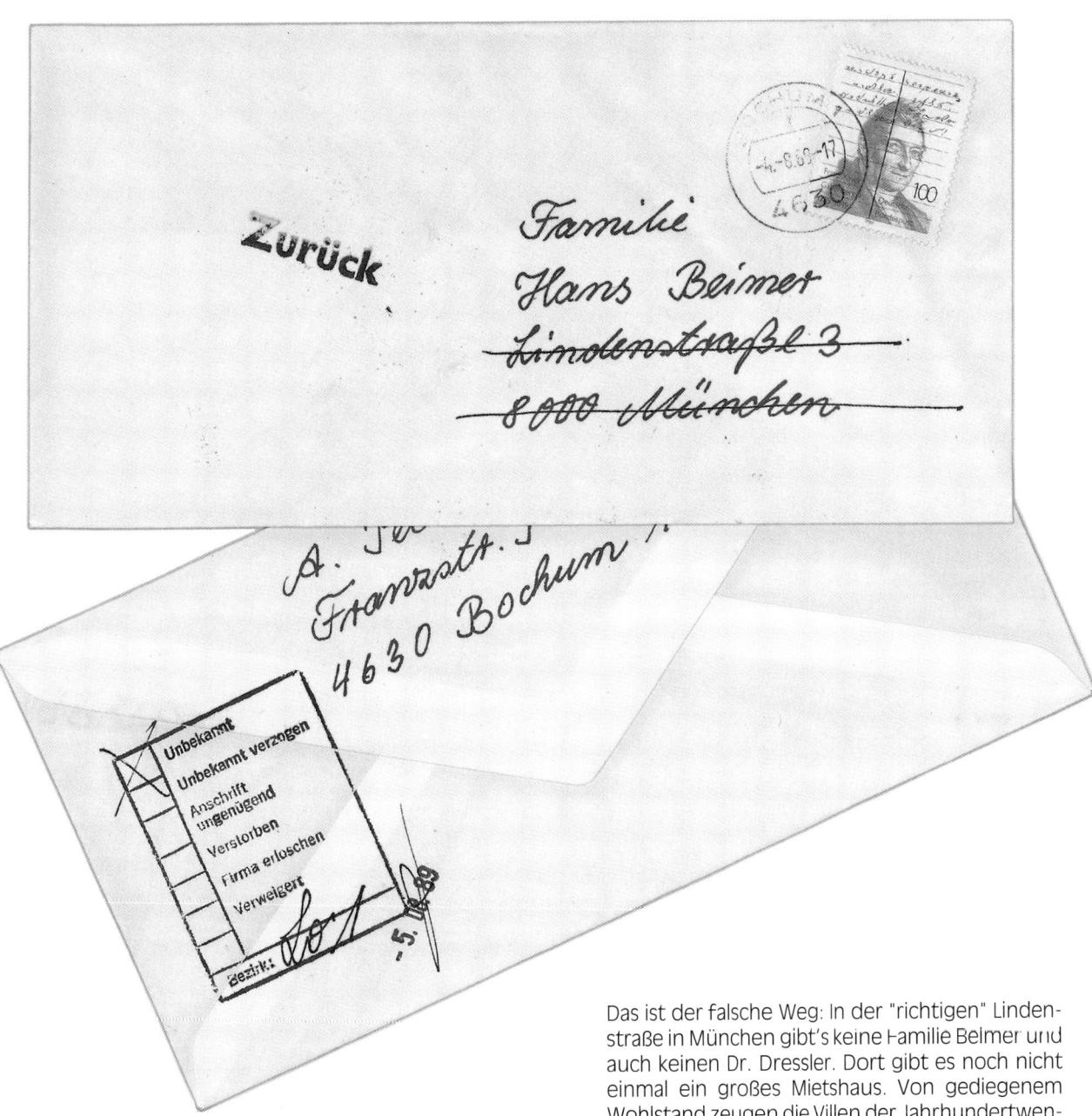

Das ist der falsche Weg: In der "richtigen" Lindenstraße in München gibt's keine Familie Beimer und auch keinen Dr. Dressler. Dort gibt es noch nicht einmal ein großes Mietshaus. Von gediegenem Wohlstand zeugen die Villen der Jahrhundertwende und die modernen Bungalows.

Wenn Sie Fragen an Bewohner der Fernseh-Lindenstraße haben, ein Autogramm wünschen oder Kritik, Lob und Anregungen loswerden möchten, dann schreiben Sie bitte an:

Lindenstraße
Geißendörfer Film- und
Fernsehproduktion (GFF)
Freimersdorfer Weg 6
5ooo Köln 3o

Die Münchener Lindenstraße

Die richtigen Antworten zum Test (Seite 8–13)

1. c
2. Foto 1=b (Beimer), Foto 2=c (WG), Foto 3=a (Carsten)
3. c
4. b
5. b (Sie hat sich in Folge 181 von Zorro verabschiedet)
6. e (In Folge 147, als Benny mit dem Fahrrad nach Hause fährt)
7. c (Herr Hülsch ist Angestellter von Phil Seegers)
8. b (1987, 1988)
9. a
10. b (Genauer: in Sesimbra)
11. c
12. a (Fünfmal, und das innerhalb eines Jahres, pendelte sie zwischen ihrer Familie, Stefan Nossek und ihrem Vater Gottlieb Griese hin und her)
13. b
14. a
15. c
16. c (Folge 14)
17. b (Kronmayr/Zimmermann/Griese/Dressler/Sarikakis/Panowak-Pavarotti/Schildknecht)
18. b (Folge 10. Das Lied war eine Baltikum-Melodie, die Bertas Onkel Berthold – ein Musiklehrer – in Riga komponiert hat)
19. a (Seit Folge 178)
20. c
21. 1d / 2a / 3b / 4e / 5c
22. a
23. b
24. b (Folge 184/85)
25. c (Das Rezept dazu finden Sie auf Seite 169)
26. b (In Folge 95 wird der Film von einem Redakteur abgelehnt)
27. c
28. d (Der Buchladen hat im Dezember 1988 Pleite gemacht)
29. c
30. a
31. e (Vier Wochen, von Folge 59 bis 63)
32. a (Armer Egon: Erstens bezog er dafür von seiner Else Prügel, und zweitens gab ihm Isolde einen Korb)
33. c (a=Folge 116, b=Folge 141, d=Folge 125)
34. c (In Folge 5 hat Henny den Clubpräsidenten und Trainer Nossek zur Silvesterfeier eingeladen)
35. b (Folge 141)
36. c
37. a (Das lag allerdings an Tanja. Benny war verliebt in sie)
38. c
39. b (Sie haben es in Folge 52 ersteigert)
40. b (Schüler des „Grundkurs Kino" am Nürnberger Peter-Vischer-Gymnasium veranstalteten vom 19.-21. Februar 1988 tatsächlich einen Lindenstraßen-Marathon, bei dem die Folgen 1 bis 116 nonstop auf verschiedenen Bildschirmen gezeigt wurden)
41. b (Folge 153, zur Erbauung von Robert Engel)
42. c (Folge 97. Philo hat ihren vermißten Sohn Paul im Fernsehen entdeckt – als Kapitän eines russischen Schiffes. Bei der Gegenüberstellung erkennt ihr Sohn sie nicht. Philo fordert ihn auf, sein Knie zu zeigen, da er dort eine Narbe hat)
43. a (Regie dieser Komödie führte Doris Dörrie)
44. b (Im Frühjahr 1987 verkauft Panofski Hans Beimer ein Haus. Der Kaufvertrag erweist sich später als ungültig)
45. d
46. d
47. b
48. b
49. d (Eine Literaturverfilmung nach dem Roman von Thomas Mann)
50. a

Bildnachweis

Reinhard Baumgarten (BRIGITTE): 36, 142/143, 144
Boragno: 141 (r)
dpa: 139 (o), 139 (r+u), 140 (l)
Norbert Enker: 20, 35, 38/39, 40, 189
Granada Television: 18
Bernd Hoff: 26/27, 37, 151
Angelika Jakob: 191
Jutta Jelinski: 147
Martin Keß: 149, 188 (u)
Diane Krüger: 34, 186 (o)
Peter Langenbach: 54 (u), 77 (u), 79 (u), 91 (u)
Bernd Platte: 188 (o)
Chris Rügge: 148
Horst Schreiber: 28, 145
Dietmar Seip: 8 (r), 16, 29, 30, 31, 49, 190
WDR: 14/15, 22, 151 (o), 187
ZDF: 140 (o)

alle anderen Fotos: Lindenstraße / Seip

Besonderer Dank an:

Anne Neunecker, Wolfgang Rux, Annemarie Wendl, Marie-Luise Marjan, Gunther Witte, Maria Elisabeth Straub, Dietmar Seip, Jürgen Knieper - und an alle Schauspieler und das Team der Lindenstraße.